Bernd Kollmann

Die ersten CHRISTEN in ROM

PALM VERLAG

Seite 2: frühchristliches Mosaik aus Tunesien, um 450 n. Chr.

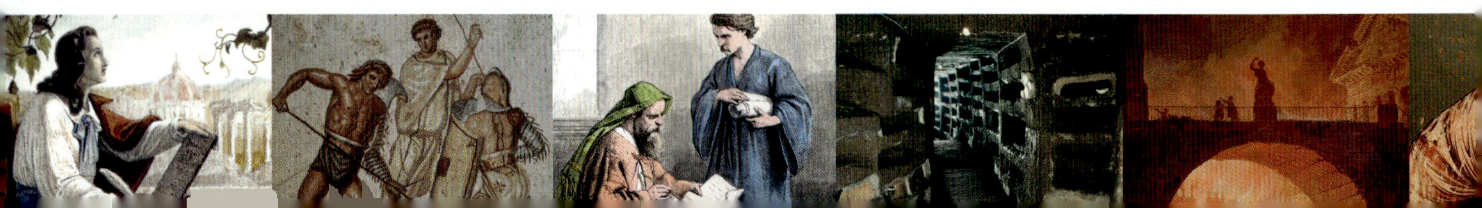

Der Zauber der Ewigen Stadt

„Ja, ich bin endlich in dieser Hauptstadt der Welt angelangt! … Die Begierde, nach Rom zu kommen, war so groß, wuchs so sehr mit jedem Augenblicke, dass kein Bleiben mehr war und ich mich nur drei Stunden in Florenz aufhielt. Nun bin ich hier und ruhig und, wie es scheint, auf mein ganzes Leben beruhigt. Denn es geht, man darf wohl sagen, ein neues Leben an, wenn man das Ganze mit Augen sieht, das man teilweise in- und auswendig kennt. Alle Träume meiner Jugend sehe ich nun lebendig."

(Johann Wolfgang von Goethe)

In den Tagebuchaufzeichnungen seiner „Italienischen Reise" macht Johann Wolfgang von Goethe der sagenumwobenen Stadt am Tiber eine der schönsten Liebeserklärungen, die ihr in der Weltliteratur zuteilwurde. Eindringlich beschreibt er die unstillbare Sehnsucht nach Rom und sieht mit der Ankunft in der Stadt eine neue Epoche in seinem Leben anbrechen, in der alle Jugendträume auf wunderbare Weise ihre Erfüllung finden. Jahrzehnte später bekennt Goethe gegenüber Eckermann, nur in Rom habe er empfunden, was eigentlich ein Mensch sei. Im Rückblick auf sein weiteres Leben zieht er das ernüchternde Fazit: „Zu dieser Höhe, zu diesem Glück der Empfindung bin ich später nie wieder gekommen; ich bin, mit meinem Zustande in Rom verglichen, eigentlich nachher nie wieder froh geworden." Goethe war bei Weitem nicht der Erste, der Roms magischer Faszination erlag. Bereits in der Antike wurde die von Mythen umrankte Stadt zum Kristallisationspunkt tiefer Sehnsüchte.

Romulus als legendärer Gründer Roms

Einen Großteil seines Zaubers bezieht Rom aus den legendären Geschichten, die um seine Anfänge kreisen. Der aus Troja nach Italien geflohene Aeneas, das auf dem Tiber ausgesetzte Zwillingspaar Romulus und Remus, die Kapitolinische Wölfin, der Bau der Stadtmauer durch Romulus, der Brudermord an Remus und schließlich der Raub der Sabinerinnen: All das gehört zum sagenumwobenen Gründungsmythos der Ewigen Stadt und hat sich tief in das kollektive Gedächtnis eingebrannt. Die schon in der Antike geradezu kanonisch

Goethe in Rom, Stahlstich von Friedrich Weber 1838 nach einer Zeichnung von Ludwig von Maydell

Die Kapitolinische Wölfin säugt die späteren Stadtgründer Romulus und Remus, Bronzefigur in den Kapitolinischen Museen in Rom.

gewordene Legende von den Anfängen Roms findet sich Ende des 3. Jahrhunderts v. Chr. bereits in den Schriften des Geschichtsschreibers Fabius Pictor. Sein Geschichtswerk ist zwar verloren gegangen, jedoch floss seine Darstellung der Gründung Roms in die Arbeiten anderer Schriftsteller wie Vergil, Plutarch, Dionysios von Halikarnassos und Livius ein.

Demnach gelingt Aeneas mit seinem Vater, seinem Sohn und einigen anderen die Flucht aus dem von den Griechen zerstörten Troja. Nach einer Irrfahrt auf dem Mittelmeer erreichen sie die Küste Latiums, wo Aeneas sich mit der Tochter des Königs Latinus vermählt und die Stadt Lavinium erbaut. Nicht weit davon entfernt gründet sein Sohn Ascanius die Stadt Alba Longa. Mehrere Generationen später verdrängt Amulius seinen Bruder Numitor vom Königsthron in Alba Longa. Als Numitors Tochter Rhea Silva vom Kriegsgott Mars vergewaltigt wird und Zwillinge zur Welt bringt, wittert Amulius in ihnen künftige Konkurrenten um die Macht und lässt sie in einem Weidenkorb auf dem Tiber aussetzen. Dort kommen Romulus und Remus aber nicht zu Tode, sondern der Korb verfängt sich im Uferschlamm. Die Zwillinge werden von einer Wölfin gesäugt und von einem Specht versorgt, bevor sie in dem königlichen Schafhirten Faustulus und seiner Frau Acca fürsorgliche Pflegeeltern finden.

Später töten sie Amulius und verhelfen ihrem Großvater Numitor zurück auf den Thron. Im Alter von 18 Jahren beschließen die Zwillinge, am Tiberufer in unmittelbarer Nähe des Ortes ihrer Aussetzung eine eigene Stadt zu gründen. Dabei geraten sie über die Frage, wer die Oberaufsicht über die Baumaßnahmen übernehmen und damit der eigentliche Stadtgründer sein sollte, in heftigen Streit. Auch eine Vogelschau, bei der Romulus doppelt so viele Geier wie Remus erblickt und eigentlich Sieger ist, bringt keine Einigung. Da ergreift Romulus die Initiative, markiert auf dem Palatin mit einem Pflug die Stadtgrenzen und beginnt mit dem Bau der Stadtmauer. Als Remus die Mauer im Zorn überspringt und Romulus verhöhnt, erschlägt dieser ihn mit einem Spaten.

Die neu gegründete Stadt wird zum Zufluchtsort für Flüchtlinge und Übeltäter, die wegen ihres schlechten Leumunds keine Frauen finden. Da verfällt Romulus auf die List, die Sabiner und Bewohner weiterer Städte aus dem Umland zu Festspielen einzuladen. Während die Männer von Pferderennen und Theateraufführungen abgelenkt sind, rauben die Römer deren Töchter. Als es später zu kriegerischen Auseinandersetzungen zwischen Römern und Sabinern kommt, werfen sich die geraubten Sabinerinnen zwischen die Kämpfenden und können damit verhindern, dass ihre Ehemänner und ihre Väter einander töten. Romulus und der Sabinerkönig Titus Tatius schließen ein Bündnis und erheben Rom zu ihrer gemeinsamen Hauptstadt. Zum Dank lässt Romulus auf dem Kapitol einen Tempel für Jupiter errichten. Nach knapp 40 Jahren erfolgreicher Herrschaft wird Romulus der Erde entrückt, indem er auf dem Marsfeld vor den Augen des Heeres während eines Gewitters in einer Wolke zum Himmel auffährt. Als zweiter von insgesamt sieben römischen Königen besteigt Numa den Thron, dessen Regentschaft sich durch weise Gesetzgebung und zahlreiche Reformen auszeichnet.

Die Stadt auf den sieben Hügeln

Mit der geschichtlichen Wirklichkeit lässt sich der Mythos von den Anfängen Roms nur bedingt in Einklang bringen, auch wenn Historiker und Archäologen immer wieder den Wahrheitsanspruch der alten Legenden zu untermauern versuchen. Während der römische Schriftsteller Varro die sagenumwobene Gründung Roms durch Romulus in eine Zeit datiert, die nach der christlichen Zeitrechnung dem Jahr 753 v. Chr. entspricht, deutet der archäologische Befund darauf hin, dass die Anfänge der Stadt am Tiber um 1000 v. Chr. liegen. Zu dieser Zeit entstanden erste Hüttensiedlungen auf dem Palatin, Kapitol und Quirinal, deren Bewohner von Ackerbau und Viehzucht lebten. Unter dem Einfluss der etruskischen Kultur gewannen im 8. Jahrhundert v. Chr. auch das Keramikhandwerk und die Metallverarbeitung an Bedeutung. In dieser Phase – und damit zu der Zeit des legendären Gründungsdatums – könnte die Zusammenfassung einzelner Siedlungen zu einem Gemeinwesen erfolgt sein. Zu einer rudimentär befestigten Stadt wurde Rom aber erst um 600 v. Chr. unter den Etruskern. In dieser Zeit entstanden auch erste Kultstätten und öffentliche Bauten.

Infolge des Niedergangs der Etrusker gelang es der römischen Aristokratie um 500 v. Chr., die Macht über die Stadt zu gewinnen und eine republikanische Ordnung zu begründen. Rom wurde zu einer der politisch mächtigsten Städte in Mittelitalien. Die sprichwörtlich gewordenen sieben Hügel, über die Rom sich nun erstreckte, waren die östlich des Tibers gelegenen Anhöhen Aventin, Caelius, Esquilin, Kapitol, Palatin, Quirinal und Viminal. Nach der Zerstörung Roms durch die Kelten im Jahr 387 v. Chr. sicherte man das antike Stadtgebiet mit der etwa vier Meter dicken und zehn Meter hohen Servianischen Mauer. Wegen der Symbolträchtigkeit der Sieben als heiliger Zahl konnte sich die von Varro geprägte Betrachtung Roms als Stadt auf den sieben Hügeln rasch durchsetzen, auch wenn sie den topografischen Gegebenheiten und der Siedlungsstruktur des antiken Rom nur bedingt entsprach. In späterer Zeit, als das Gelände westlich des Tibers bebaut und in das Stadtgebiet einbezogen wurde, verdrängten die dort gelegenen Anhöhen Vaticanus und Ianiculum in Verzeichnissen der sieben Hügel Roms den Quirinal und Viminal.

Der Aufstieg Roms zur Weltmetropole

Im frühen 3. Jahrhundert v. Chr. erstreckte sich der Machtbereich Roms über die gesamte italische Halbinsel. Nach dem Ersten Punischen Krieg gegen Karthago (264–241 v. Chr.) kam Sizilien unter römische Herrschaft. Anschließend setzte der kometenhafte Aufstieg der italischen Metropole zur Welthauptstadt ein. Nachdem Rom im Zweiten Punischen Krieg (218–201 v. Chr.) mit Karthago seinen gefährlichsten Gegner im Westen niedergerungen hatte, richtete sich das politische und militärische Engagement auf den Osten. Rom ließ sich bereitwillig in das Kräftespiel der hellenistischen Großmächte hineinziehen, um seinen Einfluss planmäßig auszudehnen.

Die Expansionsbestrebungen Philipps V. von Mazedonien führten dazu, dass sich Pergamon und Rhodos hilfesuchend an den römischen Senat wandten. Daraufhin fügte das römische Heer unter Führung von Quinctius Flamininus den Mazedoniern im Jahr 197 v. Chr. eine vernichtende Niederlage zu und zwang sie zum Rückzug aus Griechenland. Drei Jahrzehnte später zerschlugen die Römer das mazedonische Antigonidenreich endgültig, nachdem es unter Philipps Sohn Perseus erneut zur Bedrohung für die griechischen Nachbarstaaten geworden war.

Im Kampf gegen Antiochos III., den Herrscher des syrischen Seleukidenreichs, überschritt das römische Heer 190 v. Chr. erstmals den Hellespont (Dardanellen) und weitete den

Einfluss Roms auf Kleinasien aus. Der mit der Zerstörung Karthagos verbundene Triumph im Dritten Punischen Krieg (149–146 v. Chr.) und der Sieg über das Heer des Achäischen Bundes (146 v. Chr.) besiegelten Roms Aufstieg zur Hegemonialmacht im Mittelmeerraum und markierten einen Richtungswechsel.

Die Römer beschränkten sich nicht länger auf eine patronale Machtpolitik, sondern gingen mit der Einrichtung der Provinzen Macedonia und Africa zur direkten Herrschaftsausübung in den unterworfenen Gebieten über. Mit der 133 v. Chr. vollzogenen Umwandlung des Attalidenreichs von Pergamon in die Provinz Asia untermauerte Rom seine Vormachtstellung im westlichen Kleinasien. Im Jahr 101 v. Chr. entstand die Provinz Kilikien an der südlichen Küste Kleinasiens, nachdem Rom gegen die Hochburgen der Seeräuber vorgegangen war. Im Westen hatten die römischen Legionen längst Gallien, Spanien und Teile Germaniens unterworfen.

Als sich in Kleinasien Widerstand gegen das zunehmende Übergewicht Roms formierte und die Aktivitäten der Seeräuber im östlichen Mittelmeerraum zu einer ernsthaften Gefahr für den Handel wurden, gelang es Pompeius ab 67 v. Chr., den Mittelmeerraum zu befrieden und den Osten politisch neu zu ordnen. In Kleinasien entstand am Schwarzen Meer die Doppelprovinz Pontus und Bithynien. Zudem gliederte Pompeius das ehemalige Seleukidenreich als Provinz Syrien in das Römische Reich ein und brachte mit dem Einmarsch in Jerusalem das durch Thronkämpfe innerlich zerrissene Hasmonäerreich unter römische Kontrolle.

Mit dem Sieg Octavians, des späteren Kaisers Augustus, über Marcus Antonius und Kleopatra in der Seeschlacht von Actium 31 v. Chr. waren das Ende des Ptolemäerreichs und die

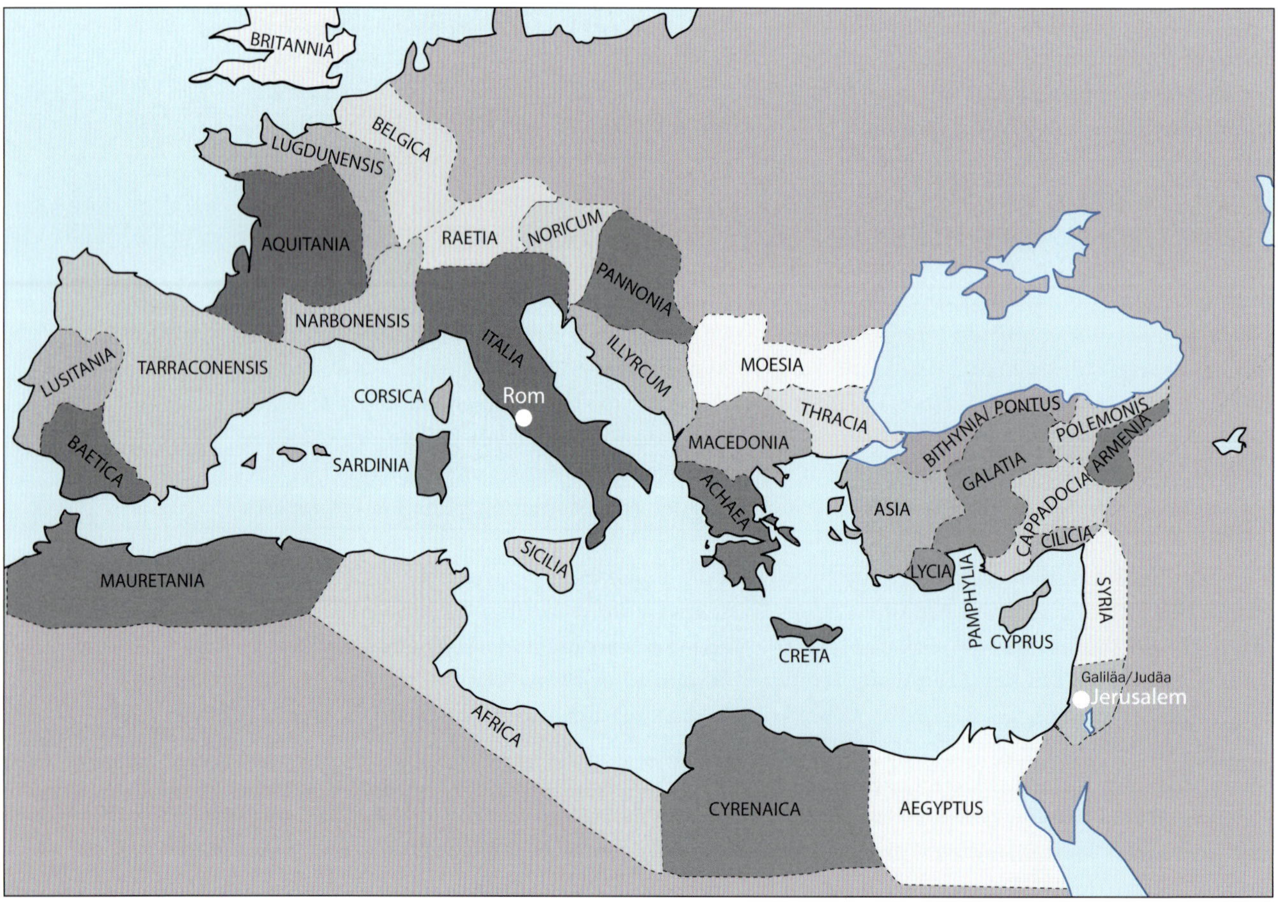

Das Römische Reich um Christi Geburt

Einrichtung der römischen Provinz Ägypten besiegelt. Rom war nun Hauptstadt eines Weltreichs, das sich über den gesamten Mittelmeerraum vom Okzident bis zum Orient erstreckte. An die Stelle der nur noch auf dem Papier bestehenden Republik trat mit dem von Augustus begründeten Kaisertum die Herrschaftsform des Prinzipats.

Der Mythos vom immerwährenden Rom

Mit dem atemberaubenden Aufstieg zur Welthauptstadt nahm der Mythos vom immerwährenden und niemals untergehenden Rom als Nabel der Welt Gestalt an. Nachdem der Dichter Tibull in der späten Republik erstmals von Rom als der Ewigen Stadt gesprochen hatte, wurde diese Vorstellung in den Anfängen der Kaiserzeit durch Vergil vertieft und unauslöschlich in das Bewusstsein der Menschheit eingeprägt. In seiner nach dem Vorbild von Homers „Ilias" und „Odyssee" verfassten „Aeneis", die schnell zum Nationalepos der Römer wurde, prophezeit kein Geringerer als Jupiter die Gründung einer Stadt durch Romulus, deren Bewohnern und ihrer Herrschaft über die Welt weder räumliche noch zeitliche Grenzen gesetzt seien. Damit war der bis heute lebendige Mythos geboren. Rom wurde zur Ewigen Stadt, die niemals ihre Kraft verliert oder altert, sondern als Garant von Frieden und Recht bestehen bleibt, solange es Menschen auf der Welt gibt.

Mit den Anfängen des Christentums in Rom begann in der frühen Kaiserzeit eine neue Epoche in der Geschichte der Stadt, die auf lange Sicht den Aufstieg Roms zur Weltmetropole der Kirche nach sich ziehen sollte. In Verbindung mit dem Selbstverständnis des römischen Bischofs, der einzig rechtmäßige Nachfolger des von Jesus zum Fels der Kirche bestimmten Apostels Petrus zu sein, erfuhr der Mythos der Ewigen Stadt im 5. Jahrhundert eine christliche Neuinterpretation. In einer Zeit, als der politische Stern Roms längst im Sinken begriffen war, begann das kirchliche Rom den bis zur Reformationszeit im Westen weithin unbestrittenen und bis in die Gegenwart wirksamen Anspruch durchzusetzen, ewiger Mittelpunkt der christlichen Welt und autoritativer Hüter des rechten Glaubens zu sein.

Bis es so weit kommen konnte, war es allerdings ein weiter und steiniger Weg. Die Entwicklung von den bescheidenen Anfängen des Christentums in der Stadt am Tiber bis zur Schlüsselstellung Roms als unumschränktem Zentrum der westlichen Kirche ist eines der faszinierendsten Kapitel der frühen Kirchengeschichte. Alles begann damit, dass unter Claudius oder vielleicht schon unter Caligula christusgläubige Juden das Evangelium nach Rom brachten und erste Hausgemeinden ins Leben riefen.

Aeneas will mit seinem gelähmten Vater Anchises und seinem Sohn Ascanius aus dem brennenden Troja fliehen. Kreusa übergibt Anchises zuvor die Penaten, Schutzgötter des Haushalts. Gemälde von Lionello Spada um 1610

Die Anfänge des Christentums in Rom

Unter den Juden Roms herrscht Aufruhr. Neue Lehren aus dem Osten sorgen für Unruhe. Eine Schlüsselrolle kommt Priscilla und Aquila zu. Die jüdischen Eheleute aus der Provinz Pontus am Schwarzen Meer sind mit ihrem Zeltmacherbetrieb nach Rom übergesiedelt. In den Synagogen der Stadt verbreiten sie die Botschaft, der schmachvoll am Kreuz gestorbene Jesus von Nazareth sei der von den Propheten verheißene Messias Israels. Vereinzelt stoßen sie auf offene Ohren, doch die meisten Juden finden solche Lehren skandalös. Die Vorstellung eines leidenden Messias ist ihnen fremd. Nach dem jüdischen Religionsgesetz gilt jeder, der am Holz hängt, als von Gott verflucht. Die innerjüdischen Konflikte erreichen ein Ausmaß, das auch den römischen Behörden nicht verborgen bleibt. Erst wenige Jahre zuvor hatte es unter den Juden Roms Unruhen gegeben, die nur durch ein Versammlungsverbot eingedämmt werden konnten. Dieses Mal geht Kaiser Claudius einen Schritt weiter. Kurzerhand verfügt er eine Ausweisung der Rädelsführer, um die innere Ordnung wiederherzustellen. Auch Priscilla und Aquila müssen die Stadt verlassen. In Korinth finden sie eine neue Heimat und werden zu Förderern der paulinischen Mission. Später begleiten sie den Apostel Paulus nach Ephesus, bevor sie unter Nero nach Rom zurückkehren.

Das Claudiusedikt

Für die Anfänge der Kirche kann man noch nicht vom Christentum als einer sich vom Judentum abhebenden Religion sprechen. Das Christentum betrat als innerjüdische Erneuerungsbewegung den Boden der Geschichte, ohne bereits die Völkerwelt im Blick zu haben. Die Christusgläubigen lebten nach der Tora und feierten die jüdischen Feste. Sie übten den Ritus der Beschneidung, hielten den Sabbat ein und beachteten die alttestamentlichen Reinheitsvorschriften. Was sie von anderen Juden unterschied, war die feste Überzeugung, dass der ans Kreuz geschlagene Jesus von Nazareth der Messias Israels und Sohn Gottes sei, den dieser von den Toten auferweckt und zu seiner Rechten erhöht habe. Die breite Mehrheit der Juden empfand diese Lehren als Provokation und wies sie ent-

So stellte sich das 19. Jahrhundert Paulus von Tarsus vor, wie er in römischer Gefangenschaft Sendschreiben an christliche Gemeinden verfasste.

Die ersten Christen lebten noch ganz nach jüdischen Regeln und nach der Tora, hier eine Torarolle der Neuzeit.

schieden zurück. Vor diesem Hintergrund ist es wenig überraschend, wenn die ersten Spuren des Christentums in Rom im Synagogenmilieu der Stadt sichtbar werden und von schweren Konflikten begleitet sind. Der älteste Beleg für die Existenz einer christlichen Gemeinde in Rom steht im Zusammenhang mit Zwangsmaßnahmen des Kaisers Claudius gegen die stadtrömischen Juden, die durch den Geschichtsschreiber Sueton überliefert sind.

Claudius war der Neffe des Tiberius und Onkel des Caligula. Wegen eines Sprachfehlers und einer Gehbehinderung war er von Kindheit an stark beeinträchtigt. Die kaiserliche Familie blickte lange mit Geringschätzung auf ihn herab, obwohl er über eine hervorragende Ausbildung und ausgeprägte geistige Fähigkeiten verfügte. Augustus und Tiberius hatten ihm systematisch den Zutritt zu allen bedeutsamen Ämtern verwehrt. Sie fürchteten, er könne das Kaiserhaus zum Gespött der Leute machen. Erst unter seinem Neffen Caligula war Claudius in das lang ersehnte Amt des Konsuls aufgestiegen und Mitglied des Senats geworden. Nach dem tödlichen Attentat auf Caligula im Jahr 41 n. Chr. fürchtete Claudius um sein Leben und verbarg sich im Palast hinter einem Vorhang. Ehe er wusste, wie ihm geschah, zerrten ihn Soldaten der Prätorianergarde aus seinem Versteck hervor und riefen ihn zum Kaiser aus. Mit Billigung des Senats, der nach den negativen Erfahrungen mit Caligula sogar eine Rückkehr zur Staatsform der Republik in Erwägung zog, konnte Claudius schließlich die Herrschaft antreten.

Während Claudius bei den antiken Geschichtsschreibern als körperlich gebrechlicher, seelisch labiler und von seinen Beratern gesteuerter Herrscher ohne wirklich eigenständige Leistungen gilt, hat er in der modernen Geschichtsschreibung eine Neubewertung erfahren. Seine Herrschaft, die er mit viel Energie und Geschick ausübte, brachte eine Phase innerer Konsolidierung. Die Religionspolitik des Claudius war nach den Wirren unter Caligula durch eine Rückbesinnung auf die Tradition gekennzeichnet. Unter Caligula war es in Syrien und Ägypten mit Billigung der römischen Provinzialverwaltung zu schweren Judenpogromen gekommen, die zu bürgerkriegsähnlichen Auseinandersetzungen führten und den Osten des Reichs an den Rand des Abgrunds brachten. In Judäa hatte der Versuch Caligulas, sein Standbild im Jerusalemer Tempel aufstellen zu lassen, beinahe einen bewaffneten Aufstand gegen die Römer ausgelöst.

Claudius ergriff zur Wiederherstellung des inneren Friedens gleich nach seiner Thronbesteigung Schutzmaßnahmen zugunsten des Judentums und erneuerte die Garantie der freien Religionsausübung. Er verband dies aber mit der Auflage an alle Juden, sich mit den traditionellen Rechten zufriedenzugeben und an der althergebrachten Lebensweise festzuhalten. In einem Brief an die Juden Alexandrias drohte er, im Falle der Nichteinhaltung dieser Auflagen das Judentum als allgemeine Krankheit zu bekämpfen. Vor diesem Hintergrund mussten die Judenchristen im Römischen Reich als eine Gruppierung erscheinen, die sich vom traditionellen jüdischen Glauben entfernte und damit zum potenziellen Unruheherd wurde. Die Tumulte, die durch das Vordringen des Evangeliums in die Synagogen Roms verursacht wurden, sind ein anschauliches Beispiel dafür.

Sueton, der unter Hadrian einflussreicher Hofbeamter war und in seinen Kaiserviten das Leben der zwölf römischen Herrscher von Cäsar bis Domitian beschreibt, berichtet im 25. Kapitel seiner Claudiusbiografie, dass der Kaiser diejenigen Juden aus Rom vertrieb, „die mit Chrestus als Antreiber unermüdlich Tumulte erregten“. Bei diesem Chrestus, den Sueton fälschlicherweise für einen in Rom lebenden jüdischen Aufrührer zu halten schien, handelt es sich aller Wahrscheinlichkeit nach um Jesus Christus, zumal der römische Geschichtsschreiber Tacitus in seinen Annalen von den Christen als „Chrestianern“ spricht.

Während man in der griechisch-römischen Welt mit dem Namen Christus (der Gesalbte, der Messias) wenig verbinden konnte, war der Name Chrestus (der Nützliche) vor allem für Sklaven weit verbreitet, womit der mutmaßliche Schreibfehler Suetons eine plausible Erklärung findet.

Marmorbüste des Kaisers Claudius, der die judenchristlichen Rädelsführer aus Rom ausweisen ließ

Innerhalb der Synagogen Roms kam es offenkundig durch die Verkündigung von Jesus als dem Christus, dem Gesalbten Gottes, zu Konflikten zwischen Juden und Judenchristen, wie dies wenige Jahre später im Zusammenhang mit der paulinischen Missionspredigt in Thessalonike und Korinth bezeugt ist. Es ist nicht auszuschließen, dass auch Synagogenvorsteher in Rom die judenchristlichen Verkündiger des Evangeliums bei den Behörden als politische Unruhestifter anzeigten. Claudius sah in den innerjüdischen Tumulten eine Gefahr für die römische Ordnung und verwies die Rädelsführer aus der Stadt. Zu den Personen, die von den staatlichen Zwangsmaßnahmen betroffen waren, zählte das Ehepaar Priscilla und Aquila. Die Apostelgeschichte des Lukas berichtet, dass beide infolge des Claudiusedikts nach Korinth übersiedelten (Apg 18,2), wo bald darauf Paulus eintraf und Unterkunft sowie Arbeit bei ihnen fand.

Sueton gibt keine Jahreszahl für die von Claudius verfügte Judenvertreibung aus Rom an. Anders ist dies bei Orosius, einem Schüler des Kirchenvaters Augustin: Er verfasste im 5. Jahrhundert seine apologetische „Geschichte gegen die Heiden". Dort datiert er das Judenedikt unter Berufung auf den jüdischen Geschichtsschreiber Josephus in das neunte Regierungsjahr des Claudius, also in das Jahr 49. Obwohl sich in den erhaltenen Schriften des Josephus nirgends eine Aussage über die Judenvertreibung des Claudius findet, dürfte Orosius mit seiner Datierung richtig liegen.

Die Apostelgeschichte des Lukas berichtet, dass Priscilla und Aquila aufgrund des Claudiusedikts nach Korinth zogen, bald darauf Paulus dort eintraf und anderthalb Jahre später von den Juden vor Gallio angeklagt wurde (Apg 18). Aus einer im 19. Jahrhundert in Delphi entdeckten Inschrift geht hervor, dass Gallio aller Wahrscheinlichkeit nach vom Frühsommer 51 bis zum Frühsommer 52 römischer Statthalter der Provinz Achaia mit Amtssitz in Korinth war, womit sich ein enges Zeitfenster für den Prozess des Paulus in Korinth ergibt. Dies passt bestens zur Datierung des Orosius, dass die Zwangsmaßnahmen des Claudius in das Jahr 49 fielen. Aufgrund des Claudiusedikts veränderte sich die ethnische Zusammensetzung der christlichen Kirche in Rom. Prominente Judenchristen wie Priscilla und Aquila mussten die Stadt verlassen. Christusgläubige aus der nichtjüdischen Völkerwelt stellten bald die Mehrheit.

Juden in Rom

Da die ältesten Spuren des stadtrömischen Christentums in das Synagogenmilieu führen, lohnt sich ein Blick auf die Geschichte der Juden in Rom. Wie andere Metropolen des Mittelmeerraums wurde auch Rom zum Anziehungspunkt für Juden, die sich in der Diaspora ein besseres Leben als im Mutterland erhofften. Die Anfänge der jüdischen Gemeinde reichen in das 2. Jahrhundert v. Chr. zurück. Mit der Zerschlagung des Hasmonäerreichs durch Pompeius und der Eingliederung des jüdischen Territoriums in das Römische Reich wuchs die Zahl der in Rom lebenden Juden erheblich. Der jüdische Gelehrte Philo von Alexandria besuchte Rom im Jahr 40 als Leiter einer jüdischen Delegation, um Caligula zu Schutzmaßnahmen zugunsten der ägyptischen Juden zu bewegen – allerdings vergeblich. Nach Angaben Philos war der Stadtteil Travestere am rechten Tiberufer zu jener Zeit fest in jüdischer Hand. Die dort nach den väterlichen Sitten lebenden und über das römische Bürgerrecht verfügenden Juden seien ursprünglich als Gefangene nach Italien in die Sklaverei gekommen und später von ihren Besitzern freigelassen worden.

Sklaven kamen in der Antike in allen Wirtschaftssektoren zum Einsatz. Dazu zählten Landwirtschaft, Viehzucht, Bergbau, Bauhandwerk, Textilproduktion, Keramik- und Ziegelherstellung, Metallverarbeitung, Dienstleistungsgewerbe, Verwaltung, Haushalt und Erziehung. Die Mehrheit der antiken Sklaven übte anstrengende körperliche Arbeiten aus und zählte zur sozialen Unterschicht. Es gab

Zeitgenössisches Münzbildnis von Gnaeus Pompeius Magnus, der 63 v. Chr. Jerusalem eroberte. Zahlreiche Juden kamen daraufhin als Kriegsgefangene nach Rom.

aber auch gebildete, wohlhabende und einflussreiche Sklaven, die im Finanzsektor, Handel oder Erziehungswesen tätig waren und mit Zustimmung ihrer Herren eigene Vermögenswerte verwalteten. Nicht wenige Sklaven wurden als Lohn für treue Dienste freigelassen oder konnten sich selbst und ihre Familienangehörigen freikaufen. Urkundlich vielfach bezeugt ist die Praxis, dass Patrone testamentarisch für den Zeitpunkt ihres Todes die Freilassung verdienter Sklaven verfügten.

Die Äußerungen Philos sind vor dem Hintergrund zu sehen, dass unzählige Juden infolge der Unterwerfung Palästinas unter römische Herrschaft als Kriegsgefangene in die Sklaverei gerieten. Bereits Pompeius dürfte nach der Eroberung Jerusalems 63 v. Chr. eine große Zahl von Juden als Gefangene nach Rom verschleppt haben. Als es zehn Jahre später in Galiläa zu einem Aufstand kam, ließ der römische Feldherr Gabinius angeblich 30 000 Juden als Sklaven verkaufen, viele davon wahrscheinlich nach Rom. Nach dem Tod von Herodes dem Großen brachen 4. v. Chr. schwere Unruhen in Sepphoris aus, woraufhin der syrische Statthalter Varus die vollständige Zerstörung der Hauptstadt Galiläas und die Versklavung aller Einwohner befahl. Vermutlich gehörte auch eine stattliche Zahl der von dieser Zwangsmaßnahme betroffenen Personen zu den als Gefangene nach Rom gekommenen und später freigelassenen Juden, von denen Philo sprach.

Als Folge dieser Entwicklungen existierte in Rom um die Zeitenwende eine – nach vorsichtigen Schätzungen – mehr als 30 000 Menschen umfassende jüdische Gemeinde, die sich aus Sklaven und Freigelassenen, aber auch aus Zuwanderern zusammensetzte. Aus den erhaltenen Inschriften geht hervor, dass die Juden Roms in aller Regel Griechisch sprachen. Das religiöse Leben spielte sich in selbstständig organisierten Synagogengemeinden ab, die untereinander nur in lockerer Verbindung standen. Aus Grabinschriften ist für Rom eine Synagoge der Augustusleute, eine Synagoge der Hebräer und eine Synagoge des Ölbaums bezeugt, um nur einige Beispiele zu nennen. Bei vielen der inschriftlich erwähnten Synagogen Roms handelte es sich um kleine synagogale Hausgemeinden, in denen sich die zum Hauswesen gehörigen jüdischen Sklaven des Patrons zum Gottesdienst versammelten. Anders als etwa in Alexandria oder Antiochia gab es keinen Ältestenrat, der alle Juden der Stadt repräsentiert hätte. Das Quartier in Travestere blieb nicht der einzige von Juden bevölkerte Stadtteil Roms. Im 1. Jahrhundert n. Chr. lebten Juden auch zwischen der Porta Collina und Porta Esquilina und vor der Porta Capena.

Seit den Tagen von Julius Cäsar hatten die Juden im Römischen Reich eine relativ gesicherte Rechtsstellung. Als Cäsar 48 v. Chr. in Alexandria zugunsten der von ihrem Bruder entmachteten Kleopatra in den ptolemäischen Thronfolgestreit eingriff und in eine militärisch aussichtslose Position geriet, befreiten ihn Antipater, der Vater von Herodes dem Großen, und der jüdische Hohepriester Hyrkan II. durch Entsendung von Hilfstruppen aus der Belagerung. Zum Dank für die Rettung in höchster Not räumte Cäsar den Juden im gesamten

Der jüdische Gelehrte Philo von Alexandria kam 40 n. Chr. nach Rom und berichtete anschließend über das jüdische Leben in der römischen Hauptstadt.

Römischen Reich eine Reihe bedeutsamer Privilegien ein, darunter das Recht der freien Religionsausübung und die Befreiung vom Militärdienst. Zudem waren die Juden Roms in die staatliche Getreideverteilung eingeschlossen. Vor diesem Hintergrund wird die Nachricht Suetons verständlich, dass sich die stadtrömischen Juden bei der Staatstrauer nach der Ermordung Cäsars in ganz besonderem Maße über den Tod des Herrschers betroffen zeigten und mehrere Nächte hintereinander seine Grabstätte besuchten.

Auf der anderen Seite gerieten Juden immer wieder in Konflikt mit den Behörden. Von Kaiser Tiberius wird berichtet, dass er im Jahr 19 n. Chr. gegen ägyptische Kulte und die jüdische Religion in Rom vorging und die Anhänger solchen „Aberglaubens“ aus dem Osten dazu zwang, alle Kultgegenstände und Priestergewänder zu verbrennen. Zusätzlich soll Tiberius eine Vielzahl jüngerer Juden zum Kriegsdienst in den Provinzen verurteilt und gegen alle Juden eine kollektive Verbannung aus Rom verfügt haben. Angesichts der Größe der jüdischen Gemeinde war diese administrative Maßnahme in der Praxis allerdings kaum durchzusetzen. Es erfolgte keine Deportation, sondern lediglich die Aufforderung, die Stadt zu verlassen, der bei Weitem nicht alle Betroffenen Folge leisteten. Im antiken Rom gab es weder eine Meldepflicht noch Ausländerbehörden.

Die nächsten Berichte über Konflikte der römischen Juden mit der Staatsmacht fallen in die Regierungszeit von Claudius. Der Geschichtsschreiber Cassius Dio spricht von einem Versammlungsverbot, das Claudius gleich zu Beginn seiner Herrschaft im Jahr 41 über die Juden Roms verhängte. Die Anordnung des Kaisers zielte kaum auf ein Verbot der jüdischen Religion und der gottesdienstlichen Zusammenkünfte in den Synagogen, sondern bezog sich auf politische Versammlungen der römischen Juden. Claudius wollte wohl die durch die judenfeindliche Politik Caligulas in Aufruhr geratene Judenschaft Roms in die Schranken weisen, um die staatliche Ordnung zu festigen. Etwa acht Jahre später kam es dann zu erneuten Konflikten, die durch die Christusverkündigung in den Synagogen Roms hervorgerufen wurden und mit der Ausweisung der Protagonisten endeten.

Entstehung der christlichen Gemeinde in Rom

Als politisches, wirtschaftliches und kulturelles Zentrum des Kaiserreichs, das über die Handelswege eng mit den Provinzen verflochten war, zog Rom neue Religionen aus dem Osten geradezu magnetisch an. Tacitus spricht davon, dass dort „Scheußlichkeiten und Gräuel" aus aller Welt einströmten und gefeiert wurden, darunter der unheilvolle Aberglaube der Christen. Die Anfänge der Kirche in Rom liegen allerdings im Dunkel. Als Petrus und Paulus nach Rom kamen, existierte dort längst ein lebendiges Gemeindeleben. Vereinzelt gilt in altkirchlichen Quellen der aus Zypern stammende Judenchrist Josef Barnabas als Begründer des Christentums in Rom, doch ist dies wenig glaubwürdig.

Das früheste Christentum breitete sich auf Wegen in den Westen aus, die das Judentum bereits gegangen war. Für die Entstehung erster christlicher Hausgemeinden im Dunstkreis der römischen Synagogen kursieren unterschiedliche Erklärungsmodelle, ohne dass es gesicherte Erkenntnisse gibt. Das Evangelium könnte von Mitgliedern des Stephanuskreises nach Rom gebracht worden sein, die Jerusalem nach dem Märtyrertod des Stephanus und der damit einhergehenden Verfolgung seiner Anhänger den Rücken kehren mussten. Stephanus, laut der Apostelgeschichte ein Diakon der Jerusalemer Urgemeinde, predigte in den von Diasporajuden frequentierten griechischsprachigen Synagogen Jerusalems, darunter auch in der Synagoge der Libertiner (Apg 6,9). Der Begriff Libertiner ist eine Bezeichnung für römische Sklaven, die freigelassen wurden oder sich freigekauft haben. Bei den in der Apostelgeschichte erwähnten Libertinern handelt es sich um nach Jerusalem zurückgekehrte und dort in einer eigenen Synagoge organisierte Nachfahren jener Juden, die einst als Kriegsgefangene nach Rom in die Sklaverei verschleppt worden waren und sich nach ihrer Freilassung in Travestere angesiedelt hatten. Es ist gut vorstellbar, dass Stephanus in der Jerusalemer Libertinersynagoge Anhänger für den christlichen Glauben gewann, die dann angesichts der Verfolgung des Stephanuskreises zu Familienangehörigen nach Rom flohen und in den Synagogen der Ewigen Stadt ihre in Jerusalem abrupt zum Ende gekommene Christusverkündigung fortsetzten.

Zahlreiche Juden kamen als Kriegsgefangene und Sklaven nach Rom. Das Mosaik um 180 n. Chr. aus Karthago zeigt einen Sklaven, der in Vorbereitung eines Banketts einen Teller mit Speisen trägt.

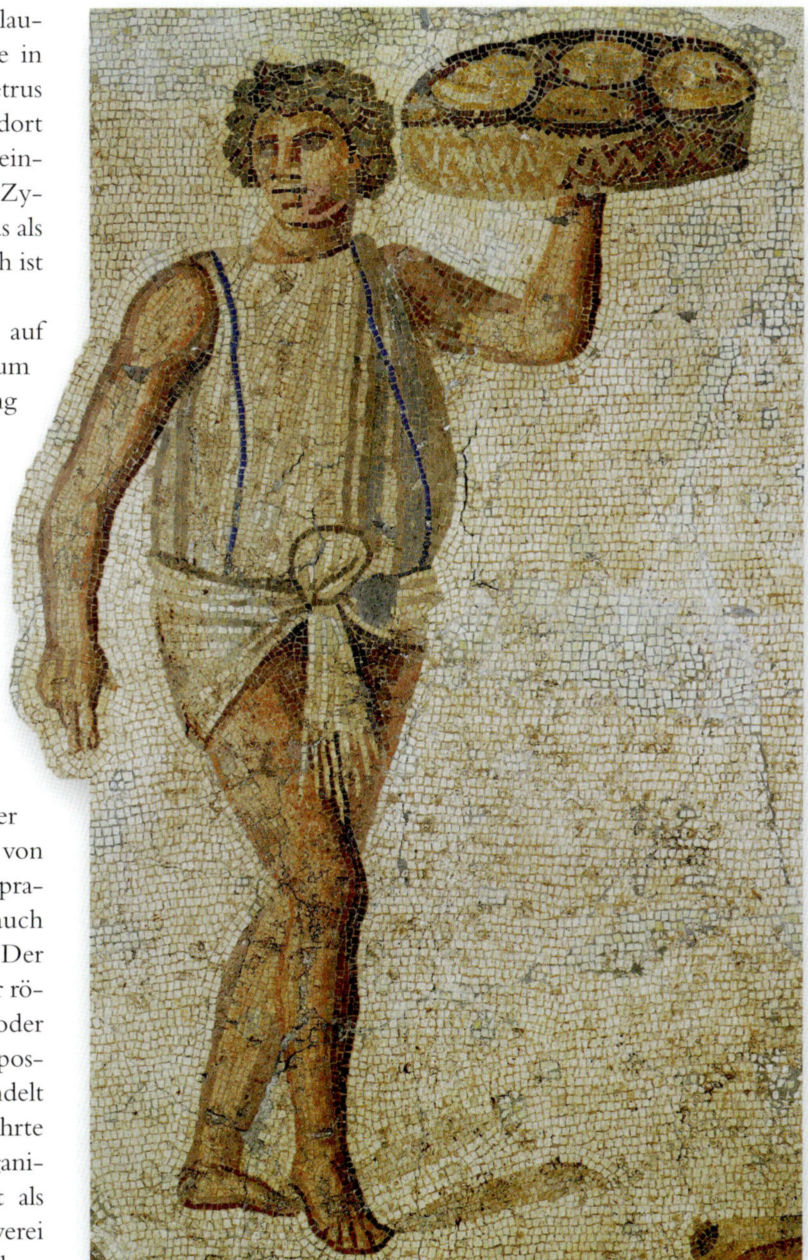

Steinigung des Heiligen Stephanus, um 1550, Félix Chrétien zugeschrieben

Möglich ist auch, dass das Christentum auf den großen Handelsrouten den Weg nach Rom fand. Die beiden Städte, in denen das Christentum für Italien erstmals bezeugt ist, sind bezeichnenderweise gleichzeitig die Schlüsselzentren für den Handelsverkehr mit dem Osten. Einerseits handelt es sich um Puteoli, den damals wichtigsten italienischen Seehafen, in dem die Schiffe aus Alexandria und den anderen Handelsmetropolen des Ostens ihre Ladung löschten, andererseits um Rom, den Zielort der importierten Güter. Mit den Schiffen kamen unzählige Seefahrer, Kaufleute, Handelsreisende, Handwerker und Gewerbetreibende nach Rom, um dort ihr Glück zu suchen und gleichzeitig die von ihnen mitgebrachten neuen Kulte des Ostens zu etablieren. Ein Beispiel dafür sind Priscilla und Aquila, die bereits in Kleinasien mit dem Christusglauben in Verbindung gekommen sein könnten, bevor sie während der Herrschaft des Claudius nach Rom übersiedelten und dort das Zeltmacherhandwerk betrieben. In der Grußliste am Ende des Römerbriefs sind weitere Gemeindemitglieder erwähnt, die ursprünglich aus dem Osten stammten und ihren Wohnsitz nach Rom verlegt hatten.

Der Hafen von Puteoli war einer der wichtigsten italienischen Seehäfen. Zahlreiche Christen werden aus dem Osten über diesen Hafen nach Rom gelangt sein. Bei dieser Wandmalerei aus dem 1. Jahrhundert n. Chr. handelt es sich entweder um den Hafen von Stabiae oder Puteoli.

Ein drittes Erklärungsmodell für die Anfänge der Kirche in Rom richtet den Fokus auf die Haushalte stadtrömischer Patrone, die in engen Handelsbeziehungen mit dem Osten standen oder freundschaftliche Kontakte zum herodianischen Herrscherhaus pflegten. Die aus jüdischen Sklaven und Freigelassenen bestehenden synagogalen Gemeinden, die sich in den Häusern solcher Patrone zum Gottesdienst versammelten, werden in diesem Zusammenhang als Brückenköpfe betrachtet, über die das Judenchristentum aus Syrien oder Palästina in die Welthauptstadt Rom vordrang und dort Fuß fasste. Vielleicht brachten aber auch in Rom sesshafte Juden, die eine Pilgerfahrt nach Jerusalem unternommen hatten und dort mit der Christusverkündigung der Urgemeinde in Verbindung gekommen waren, bei ihrer Rückkehr den neuen Glauben mit nach Rom und verbreiteten ihn in den Synagogen der Stadt.

Neben Juden wurden in Rom sicher bald auch Gottesfürchtige für das Evangelium gewonnen. Mit diesem Begriff bezeichnete man in der Antike Personen aus der nichtjüdischen Welt, die sich vom Monotheismus und der Ethik des Judentums angezogen fühlten. Die meist aus höheren Gesellschaftsschichten stammenden Gottesfürchtigen nahmen am Synagogenleben teil, ohne zum Judentum zu konvertieren. Ihre Abwerbung durch christliche Missionare war höchst konfliktträchtig, wie es die Apostelgeschichte für Thessalonike bezeugt (17,1–5), und könnte die von Sueton bezeugten Auseinandersetzungen innerhalb der stadtrömischen Judenschaft befeuert haben. Die vom Claudiusedikt widergespiegelten Unruhen haben sich vermutlich zunächst auf der Ebene kleinerer Synagogengemeinschaften abgespielt, bevor sie weitere Kreise zogen und die staatlichen Behörden auf den Plan riefen. Man kann deshalb davon ausgehen, dass das Christentum in Rom zum Zeitpunkt dieser Konflikte bereits auf eine längere Geschichte zurückblickte und sich in der Zeit um 40 in der Ewigen Stadt etablieren konnte.

Der Römerbrief des Paulus

Erste umfassendere Informationen zur Christengemeinde in Rom verdanken sich dem Römerbrief des Paulus. Verfasst ist er auf Griechisch, das in den Tagen des Apostels die nicht nur unter den Juden, sondern auch unter den Christen Roms allgemein verbreitete Sprache war und dies bis zum 3. Jahrhundert bleiben sollte. Die Abfassung des Römerbriefs fällt in die Frühzeit der Herrschaft Neros, als noch große Hoffnungen auf dem neuen Kaiser ruhten und Aufbruchsstimmung herrschte. Der Brief ist das einzige Schreiben des Paulus an eine nicht von ihm selbst gegründete Gemeinde. Paulus weilte drei Monate lang in Griechenland, bevor er seine Kollektenreise nach Jerusalem antrat, um der Urgemeinde die in den paulinischen Gemeinden gesammelten Geldgaben zu bringen (Röm 15,25). Während dieser Zeit diktierte er seinen Brief wohl Anfang 56 in Korinth im Hause des Gaius dem Schreiber Tertius. Aller Wahrscheinlichkeit nach überbrachte die Diakonin Phöbe aus der Korinther Hafenstadt Kenchreä das Schreiben. Im Schlusskapitel des Briefes bittet Paulus die Gemeinde von Rom, die Diakonin freundlich aufzunehmen.

Hinter der Abfassung des Römerbriefs stecken vermutlich missionsstrategische Erwä-

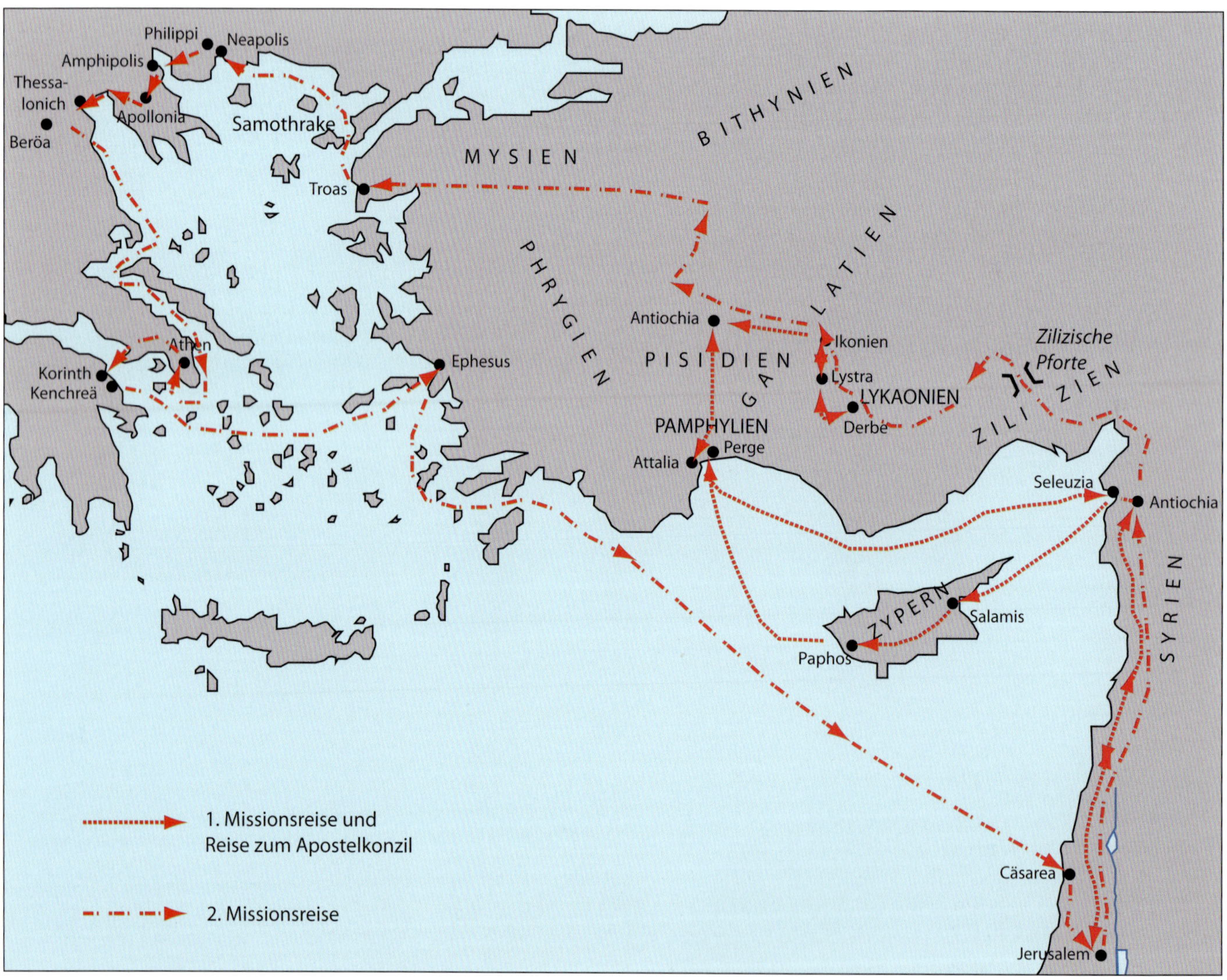

Die ersten beiden Missionsreisen des Apostels Paulus

gungen des Apostels. Wie unzählige andere Menschen strebte auch Paulus danach, seine Füße auf den Boden der Ewigen Stadt zu setzen. Allerdings hatte er besondere Gründe dafür. Paulus sah die Arbeit im Osten als abgeschlossen an, nachdem er dort in den urbanen Zentren christliche Gemeinden gegründet hatte, von denen aus sich der neue Glaube durch Wanderprediger, Handelsreisende oder durch Mund-zu-Mund-Propaganda sternförmig in das Umland verbreitete. Nun wollte er das Evangelium in den Westen des Römischen Reichs bringen und plante im Anschluss an die Kollektenreise nach Jerusalem eine Spanienmission, für die er Rom als Ausgangsbasis auserkoren hatte (Röm 15,22–29). Für den Aufbruch nach Spanien war Paulus auf logistische Unterstützung und finanzielle Hilfe der Römer angewiesen. Dazu musste er die Gemeinde von seiner theologischen Position und seinem missionarischen Programm überzeugen. Nicht umsonst hat man den Römerbrief immer wieder als das theologische Testament des Paulus bezeichnet. Themen aus früheren Briefen werden aufgegriffen und neu durchdacht. Die zentralen Vorstellungen des Apostels zum jüdischen Gesetz, zu der durch den Glauben gewirkten Gerechtigkeit des Sünders und zum Schicksal Israels kommen in einzigartiger Tiefe zur Sprache.

Umstritten ist die Bewertung von Röm 16,1–23. Immer wieder sahen Bibelwissenschaftler in diesem Textabschnitt eine ursprünglich an die Gemeinde von Ephesus adressierte und erst später in den Römerbrief geratene Grußliste, zumal mit Epainetus auch der Erstbekehrte aus der römischen Provinz Asia gegrüßt wird. Zwingend ist diese Annahme allerdings nicht, da Epainetus ohne Weiteres von Kleinasien nach Rom übergesiedelt sein kann. Zu Recht wird Röm 16,1–23 heute allgemein als ursprünglicher Bestandteil des Römerbriefes betrachtet und erweist sich damit als wichtige Quelle für das stadtrömische Christentum.

Die Zwangsmaßnahmen des Claudius gegen judenchristliche Umtriebe in den Synagogen hatten für das junge Christentum in Rom einschneidende Folgen. Der Römerbrief zeigt, dass sich die Christen in Rom infolge des Claudiusedikts vom Judentum lösten und als eigenständige Größe wahrnehmbar wurden. In gewissem Umfang wurden Christen sicher auch vonseiten der Juden als potenzielle Unruhestifter ausgegrenzt, um weiteren staatlichen Repressalien gegen das Judentum vorzubeugen. Die zunächst innerhalb der Synagogen verbreitete Christusbotschaft drang bald in die nichtjüdischen Bevölkerungsschichten Roms vor und fiel dort auf fruchtbaren Boden. Paulus wendet sich im Römerbrief gezielt an Christusgläubige aus der nichtjüdischen Völkerwelt (Röm 11,13–32), die nun klar in der Mehrheit sind und die Gemeinde tragen. Viele von ihnen zählten in ihrer vorchristlichen Vergangenheit vermutlich zu den Gottesfürchtigen.

Gleichzeitig gibt der Römerbrief aber zu erkennen, dass die Gemeinde auch prominente Judenchristen in ihren Reihen birgt. Dazu zählten Priscilla und Aquila (Röm 16,3), die nach Rom zurückkehren konnten, da mit dem Tod des Claudius und der Thronbesteigung Neros das Judenedikt hinfällig geworden war. Bei Abfassung des Ersten Korintherbriefs im Jahr 54 weilten sie noch an der Seite des Paulus in Ephesus. Als der Apostel zwei Jahre später den Römerbrief schrieb, lebten sie wieder in Rom. Die Rückverlegung des Wohnsitzes nach Rom könnte eine mit Paulus abgesprochene Maßnahme gewesen sein, um dem Apostel bei der geplanten Verlagerung seiner Aktivitäten in den Westen den Boden zu bereiten, wie sie dies bereits mit dem Umzug von Korinth nach Ephesus getan hatten.

Auch Junia, Andronikus und Herodion waren von Hause aus Juden, da Paulus sie in der Grußliste des Römerbriefs als Stammesverwandte bezeichnet. Da Junia und Andronikus zudem als Mitgefangene des Apostels angesprochen werden, müssen sie wegen ihres christlichen Glaubens im Osten mit Paulus eine Zeit der Gefangenschaft geteilt haben, bevor sie nach Rom gingen. Ergänzend sagt Paulus, dass beide schon vor ihm zum Glauben kamen und aus dem Kreis der Apostel heraus-

Der Apostel Paulus, dargestellt auf einem Mosaik aus dem 12. Jahrhundert in Palermo

ragen. Wenn man sich vor Augen hält, dass sich die Bekehrung des Paulus, das sogenannte Damaskuserlebnis, wohl ungefähr zwei Jahre nach der Kreuzigung Jesu zutrug, kann man die Bedeutung von Junia und Andronikus als Apostel der ersten Stunde ermessen. Sie zählen zum Urgestein der Kirche und gehörten vermutlich zum Kreis jener Apostel, die unmittelbar nach Ostern eine Erscheinung des auferstandenen Herrn empfingen (1 Kor 15,7). Aus Junia wurde im Zuge frauenfeindlicher Bibelauslegung über viele Jahrhunderte hinweg ein Mann namens Junias, während es in Wirklichkeit keinerlei Hinweise darauf gibt, dass dieser Männername in der Antike jemals existierte. Wenn Junia den Aposteltitel trägt, war sie in gleicher Weise wie die männlichen Apostel in Wort und Tat für die Verbreitung des Evangeliums aktiv.

Angesichts der Kriminalisierung des Christentums vonseiten der Behörden kommt den Anordnungen des Römerbriefs zum rechten Verhalten gegenüber den staatlichen Organen (Röm 13,1–7) besondere Bedeutung zu. Paulus betrachtet das römische Kaiserreich zwar nicht als eine unmittelbar von Gott geschaffene Lebensordnung, wohl aber als eine Lebensform, die nach Gottes Anordnung existiert. Die Staatsmacht wirkt als Gottes Dienerin, indem sie Recht und Ordnung zum Wohle der Bürger durchsetzt. Dabei ist sie auch zur Gewaltausübung berechtigt. Noch nicht im Blickfeld des Paulus liegt die Möglichkeit, eine dem Geist des Evangeliums entsprechende humane Staatsform einzufordern, wie sie der demokratische Rechtsstaat repräsentiert.

Aus unbekannten Quellen verfügte Paulus zudem über die Information, dass es unter den Christusgläubigen in Rom zu Streitigkeiten zwischen „Starken" und „Schwachen" im Glauben gekommen ist (Röm 14,1–23). Der um die Einhaltung bestimmter Speisevorschriften und Feiertage kreisende Konflikt wird oft als Dissens zwischen Judenchristen und Heidenchristen gedeutet, was aber unsicher bleibt. Die von den Starken unter Verweis auf die Freiheit in Christus abgelehnte Askese der Schwachen umfasst mit der grundsätzlichen Enthaltsamkeit von Fleisch und Wein Dinge, die nicht spezifisch jüdisch sind. Paulus versucht im Römerbrief, Frieden unter den Konfliktparteien zu stiften. Sein Appell zu gegenseitiger Annahme mündet in ein Verbot des Richtens, das durch den Ausblick auf das Endgericht besondere Schärfe gewinnt. Da alle dereinst vor dem Richterstuhl Gottes zur Rechenschaft gezogen werden, ist das gegenseitige Richten zu unterlassen. Die an die Starken gerichtete Mahnung, die Haltung der Schwachen mit ihren Speisetabus und Feiertagen zu tolerieren, wird durch den Verweis auf das Verhalten Christi untermauert (Röm 15,1–13). Da Christus alle Menschen unterschiedslos angenommen hat, indem er ihnen zur Rettung wurde, sollen auch die Fraktionen in der römischen Gemeinde einander annehmen und Rücksicht üben. In den Schlussversen des Römerbriefs warnt Paulus die Hausgemeinden Roms zudem vor Irrlehrern, die von außen kommen und Zwietracht säen. Vermutlich handelt es sich um ähnliche Gegner wie in Galatien und Philippi, die eine Integration der Christen aus der Völkerwelt in das Judentum anstrebten und sie auf das jüdische Religionsgesetz einschließlich der Beschneidung zu verpflichten suchten.

Organisation des kirchlichen Lebens in Hausgemeinden

Das Haus war in der Antike als Ort des religiösen Lebens von hervorgehobener Bedeutung. Im Judentum existierten Haussynagogen, in der griechisch-römischen Welt fanden die Zusammenkünfte von Kultvereinen und die Riten der Mysterienreligionen nicht selten in Privathäusern statt. In Analogie dazu organisierte sich das Christentum in der Frühzeit der Kirche in Hausgemeinden, wo man sich zu Gottesdienst, Gebet und Unterweisung traf. Rom war diesbezüglich keine Ausnahme, verfügte aber angesichts der Größe der Stadt schon bei Abfassung des Römerbriefs über eine Mehrzahl von Hausgemeinden, die in einem nur lockeren Kontakt miteinander standen. Paulus adressiert den Römerbrief „an alle Geliebten Gottes und berufenen Heiligen in Rom" (Röm 1,7), während er sich beispielsweise in den Briefen nach Korinth an die dortige Gemeinde Gottes wendet. Paulus vermeidet es in der Grußadresse des Römerbriefs offenkundig bewusst, von den Empfängern als einer Gemeinde (*ekklesia*) zu sprechen, weil er wusste, dass die Christusgläubigen in Rom über die Stadt verstreut waren und keine geschlossene Einheit bildeten. Weder gab es einen zentralen Versammlungsort noch hatte sich ein gemeinsamer Dachverband mit einem für die gesamte stadtrömische Christenheit zuständigen Ortsbischof herausgebildet. Vielmehr existierte eine Reihe von Hausgemeinden, die zwar miteinander in Verbindung standen und sicher den an alle Gläubigen Roms gerichteten Paulusbrief untereinander austauschten, aber autonom waren und keine übergeordnete Organisationsstruktur aufwiesen. Das Vorbild dafür gaben die synagogalen Strukturen Roms mit einer Vielzahl eigenständiger und nur locker assoziierter Synagogengemeinden ab.

Das Schlusskapitel des Römerbriefs öffnet den Blick auf mindestens fünf Hausgemeinden, die zu jener Zeit in Rom existierten. Eine davon kam im Haus oder der Mietwohnung von Priscilla und Aquila zusammen (Röm 16,5). Vielleicht gehörten ihr die von Paulus erwähnten Personen wie Epainetus, Maria, Ampliatus und Urbanus an. Für den aus der Provinz Asia stammenden Epainetus wird zuweilen vermutet, dass er als abhängig Beschäftigter im Zeltmacherbetrieb von Priscilla und Aquila arbeitete und daher gemeinsam mit dem Ehepaar von Ephesus nach Rom übergesiedelt war. Im weiteren Verlauf der Grußliste des Römerbriefs werden „die aus dem Haus des Aristobul" und „die aus dem Haus des Narzissus, die in dem Herrn sind" mit Grüßen bedacht. Bei ihnen handelte es sich um Sklaven oder Bedienstete nichtchristlicher Herren, die in deren Haushalten kleinere Hausgemeinden gebildet hatten. Wären die Patrone ebenfalls Christen gewesen, hätte Paulus auch ihnen Grüße ausrichten lassen. Mit „Grüßt Asynkritus, Phlegon, Hermes, Patrobas, Hermas und die Brüder bei ihnen" und „Grüßt Philologus und Julia, Nereus und seine Schwester und Olympas und alle Heiligen bei ihnen" spricht Paulus im Schlusskapitel des Römerbriefs zwei weitere Hausgemeinden in Rom an.

Schon aufgrund des begrenzten Raumangebots, das in den Häusern oder Mietwohnungen zur Verfügung stand, haben solche Hausgemeinden wahrscheinlich kaum mehr als zehn Personen umfasst. Sie boten in ihrer Überschaubarkeit emotionale Geborgenheit. Sofern der Hausherr ebenfalls dem christlichen Glauben anhing, trug er für die Gestaltung der in seinen vier Wänden abgehaltenen gottesdienstlichen Versammlungen besondere Verantwortung, beispielsweise indem er die Lebensmittel für das im Rahmen des Herrenmahls gefeierte und auch karitative Züge tragende Liebesmahl stiftete. Christliche Hausgemeinden wurden aber auch von Patronen geduldet oder sogar unterstützt, denen der christliche Glaube fremd war. Grundsätzlich war es nicht ungewöhnlich, dass in römischen Häusern die Sklaven und Bediensteten eine andere Religion praktizierten als der Hausherr selbst.

Das Fresko aus Herkulaneum (1. Jahrhundert) zeigt Herrinnen mit ihren Sklavinnen bei der täglichen Toilette. Es war dabei nicht unüblich, dass die Sklaven im Haus ihrer Herrschaft eine andere Religion praktizierten als die Herren selbst.

Die Christenverfolgung unter Nero

Den Bewohnern von Rom bietet sich ein grausames Schauspiel. Nach Einbruch der Dunkelheit werden vermeintliche Verbrecher in pechgetränkte Tuniken gehüllt und bei lebendigem Leib entzündet, um die kaiserlichen Parkanlagen am Vatikanischen Hügel festlich zu beleuchten. Es handelt sich um Anhänger der neuen Christenreligion, die aus dem Osten nach Rom kam und im gesamten Reich als zwielichtiger Aberglaube gilt. Andere sterben den qualvollen Tod am Kreuz oder werden in Tierfelle eingenäht, um in der Arena unter dem Jubel des Publikums von Kampfhunden zerfleischt zu werden. Für Frauen hat man sich besonders perfide Strafen ausgedacht, die von der griechischen Mythologie inspiriert sind. Entweder bindet man sie nach dem Vorbild der Königsgattin Dirke aus Theben mit den Haaren an die Hörner von Stieren, damit sie für ihre vermeintlichen Missetaten zu Tode geschleift werden, oder sie müssen in Anlehnung an die Bestrafung der Danaiden durch endloses Wasserschöpfen mit durchlöcherten Gefäßen das Unterhaltungsbedürfnis der Volksmenge stillen. Nero hat sich in der Tracht eines Wagenlenkers unerkannt unter das Volk gemischt, um das von ihm angezettelte Geschehen aus unmittelbarer Nähe betrachten zu können. Den erhofften Befreiungsschlag bringt es ihm nicht. Der verzweifelte Versuch, die allgemein verhassten Christen zu Sündenböcken zu machen und dem aufgebrachten Volk als Brandstifter zu präsentieren, ist nicht geglückt. Die Gerüchte, der Kaiser selbst habe das Feuer legen lassen, um ein neues Rom nach seinen Vorstellungen zu schaffen, wollen nicht verstummen.

Das Zerrbild vom wahnsinnigen Kaiser

Nero gehört zu jenen römischen Kaisern, die bereits in der antiken Historiografie sehr negativ betrachtet werden. Der Blick der römischen Geschichtsschreiber Plinius, Sueton, Tacitus und Cassius Dio richtet sich auf die Gewalttaten, die Verschwendungssucht und das überhebliche Auftreten des Herrschers. Christliche Autoren der Antike wie Laktanz oder Eusebius rücken die Christenverfolgung Neros in den Mittelpunkt und sehen in ihm

Der große Brand von Rom im Jahr 64 n. Chr. war eine Katastrophe unvorstellbaren Ausmaßes. Kaiser Nero machte die Christen Roms dafür verantwortlich.

Peter Ustinov als Nero im Film „Quo Vadis" (1951) prägte das Nerobild der Moderne. In dieser Szene erwürgt Nero seine zweite Frau Poppaea, obwohl sie wahrscheinlich durch einen Fußtritt Neros verstarb.

eine Unheilsgestalt der Endzeit. Das moderne Nerobild ist entscheidend durch den Hollywoodfilm „Quo vadis" mit seiner ebenso genialen wie tendenziösen Darstellung des römischen Kaisers durch Peter Ustinov geprägt. Vor dem Hintergrund dieser Wirkungsgeschichte ist es nicht einfach, einen objektiven Eindruck von Nero zu gewinnen.

Nero verdankte seinen politischen Aufstieg dem Ehrgeiz seiner Mutter Agrippina, einer Schwester Caligulas. Nachdem Neros Vater früh verstorben war, vermählte sich Agrippina im Jahr 49 mit ihrem verwitweten Onkel Claudius und arrangierte die Adoption ihres Sohnes durch den Kaiser, dessen leiblicher Sohn Britannicus als designierter Thronfolger galt. Fünf Jahre später starb Claudius, ohne eine verbindliche Nachfolgeregelung getroffen zu haben. Eine Reihe von Indizien spricht dafür, dass Agrippina den Herrscher vergiftete, um Nero den Weg zum Thron zu ebnen. Sie sorgte nach dem Tod des Claudius dafür, dass der nicht einmal 17-jährige Nero von der Prätorianergarde zum Imperator ausgerufen wurde und der Senat ihm die Kaiserwürde übertrug. Das politische Handeln des jungen Kaisers wurde von einem kleinen Zirkel gelenkt, zu dem neben Agrippina und dem Prätorianerpräfekten Burrus auch der Philosoph Seneca als Erzieher Neros zählte. Erst im Laufe der Zeit entzog sich Nero zunehmend dem Einfluss dieses Machtkartells und war dabei in der Wahl seiner Mittel nicht zimperlich.

Die Resonanz auf die am Vorbild des Augustus orientierte Politik Neros, die auf ein gutes Einvernehmen zwischen Senat und Kaiser abzielte, war zunächst ausgesprochen positiv. Das Ansehen Neros verschlechterte sich aber bald durch eine Reihe politischer Morde, denen sein Stiefbruder Britannicus, seine Mutter Agrippina und schließlich auch seine im Volk überaus beliebte Gattin Octavia zum Opfer fielen. Seneca zog sich vom Kaiserhof zurück und wurde später zum Selbstmord gezwungen. Die Herrschaft Neros stieß zudem auf zunehmende Ablehnung bei der Bevölkerung und im Senat, weil der Kaiser sich kaum der Politik und den Regierungsgeschäften widmete, sondern vornehmlich das Ziel verfolgte, als Wagenlenker, Sänger und Schauspieler künstlerische Anerkennung zu finden. Vor diesem Hintergrund wurde der verheerende Brand Roms im Jahr 64, der weite Teile der Stadt dem Erdboden gleichmachte und sich wie kein anderes Ereignis aus der Herrschaft Neros tief in das Gedächtnis der Nachwelt eingeprägt hat, zu einem Politikum ersten Ranges und zog dramatische Folgen für die Christen nach sich.

Der große Brand von Rom

Der Brand unter Nero war der größte Schicksalsschlag, den Rom bis zu seiner Eroberung durch die Goten im Jahr 410 erlitt. Feuersbrünste waren im antiken Rom nicht selten, doch keine der Brandkatastrophen hatte derart verheerende Folgen für die Stadt und ähnlich gravierende Auswirkungen auf das politische Geschehen wie der verhängnisvolle Brand, der Rom in der Endphase der Herrschaft Neros heimsuchte.

Das Feuer brach in der Nacht zum 19. Juli 64 im südöstlichen Säulengang des Circus Maximus aus. Dort standen die hölzernen Verkaufsbuden der Händler, die mit ihren leicht entzündlichen Waren den Flammen rasch Nahrung boten. Die durch starke Winde angefachte Feuersbrunst breitete sich mit rasender Geschwindigkeit aus. Das Feuer zerstörte zunächst den gesamten Circus Maximus und vernichtete die umliegenden Stadtviertel, bevor es sich unaufhaltsam die Höhen des Palatin hinaufschlängelte und auf weitere Stadtbezirke übergriff. Alle Rettungsversuche und Löscharbeiten blieben vergeblich. Auch der Kaiserpalast auf dem Palatin hielt den Flammen nicht stand. Die Stadt mit ihren aus Holz errichteten und dicht aneinander gebauten Häusern bot der Feuersbrunst leichte Beute. Die Menschen, die rechtzeitig ihre Häuser verlassen konnten, gerieten in Panik und suchten in den engen, verwinkelten Gassen meist vergebens nach Fluchtwegen. Schnell waren sie von allen Seiten von den Flammen umzingelt und hatten kaum eine Chance, der Katastrophe zu entgehen. Andere kamen bei dem verzweifelten Versuch, Kranke oder Kinder aus dem Feuerinferno zu retten, ums Leben. Gleichzeitig waren Heerscharen von Plünderern unterwegs, die sich das Chaos zunutze machten und die von ihren Bewohnern verlassenen Häuser nach Wertgegenständen durchkämmten. Teilweise sollen sie sogar selbst kleinere Brände gelegt oder die Löscharbeiten behindert haben, um in der allgemeinen Panik ungestört ihrem kriminellen Handwerk nachgehen zu können.

Statue des Nero in Anzio, Italien

Das unter Nero errichtete „Goldene Haus" wurde später größtenteils mit den Trajansthermen überbaut. Der noch erhaltene halbkugelförmige Kuppelbau war einst Wohn- und Speiseraum des Domus Aurea.

Erst am sechsten Tag nach Ausbruch der Katastrophe konnte die Feuersbrunst gestoppt werden, indem man nordöstlich des Palatin am Fuß des Esquilin ganze Häuserzeilen abriss und damit ein Übergreifen der Flammen auf weitere Wohnviertel verhinderte. Auch danach loderte das Feuer an unterschiedlichen Stellen in der Stadt noch mehrfach wieder auf. Die Feuersbrunst hatte eine katastrophale Spur der Verwüstung hinterlassen. Von den 14 Stadtbezirken Roms waren nur vier gänzlich unversehrt geblieben. Drei Stadtbezirke lagen vollständig in Schutt und Asche, sieben waren weitgehend niedergebrannt. Neben dem Kaiserpalast Neros und der legendären Königsburg des Numa waren auch altehrwürdige Kultstätten wie der Lunatempel, der Herculestempel, der angeblich von Romulus gestiftete Jupitertempel und das Heiligtum der Vesta ein Raub der Flammen geworden.

Nero hielt sich beim Ausbruch des Feuers in seiner Villa in Antium auf. Als er dort die Schreckensnachricht von der verheerenden Feuersbrunst erhielt, eilte er nach Rom und bemühte sich nach Kräften, die Folgen der Brandkatastrophe zu mildern. Auf dem Marsfeld und in den kaiserlichen Gärten ließ er provisorische Bauten mit Notunterkünften für die obdachlos gewordenen Menschen errichten. Zudem ließ er große Mengen von Lebensmitteln heranschaffen, verfügte eine Senkung des Getreidepreises und organisierte Hilfsgelder aus den Provinzen zur Unterstützung der notleidenden Stadtbevölkerung. Die Bergung der Leichen aus den niedergebrannten Häusern und die Beseitigung der Trümmer erfolgten auf Staatskosten. Die Schiffe, die

auf dem Tiber Getreide nach Rom brachten, wurden dazu verpflichtet, auf dem Rückweg Bauschutt zu laden, der in den Sümpfen von Ostia versenkt wurde.

Der Wiederaufbau der niedergebrannten Stadtviertel wurde mit staatlicher Unterstützung zügig in Angriff genommen. Dabei konnte Nero seinen Vorstellungen eines neuen Roms Gestalt verleihen, indem er die Stadtstruktur umfassend modernisierte. Strenge Brandschutzauflagen sollten sicherstellen, dass sich eine Katastrophe solchen Ausmaßes nicht noch einmal wiederholte. Beim Wiederaufbau, dem selbst die Gegner Neros nicht ihre Anerkennung versagten, traten an die Stelle der verwinkelten und dicht bebauten Gassen großzügige und begradigte Straßen. Sie waren nun von Häusern in beschränkter Höhe gesäumt, für deren Untergeschoss die Verwendung feuerbeständiger Steine vorgeschrieben war und die keine gemeinsamen Mauern mit den Nachbargebäuden aufweisen durften. Die Innenhöfe blieben unbebaut und mussten mit Feuerlöschgeräten ausgestattet sein. Zur Straße hin zierten prachtvolle Säulengänge die Häuserzeilen und sorgten für deren Beschattung.

Auch den Kaiserpalast auf dem Palatin gestaltete man völlig neu. Dort ließ Nero durch die renommierten Architekten Severus und Celer mit dem „Goldenen Haus" (Domus Aurea) eine Residenz in unvorstellbarer Pracht errichten: Opulente Prunkbauten verschmolzen mit der umliegenden Naturlandschaft in einzigartiger Weise zu einer homogenen Einheit. Die Wände der Bauten waren mit Marmor getäfelt und mit Blattgold überzogen. Im Kuppelsaal des „Goldenen Hauses" rotierte die das Weltall darstellende Decke dank aufwendiger Technik wie der Sternenhimmel. Der luxuriöse Villenkomplex mit Wasserlandschaften, Parkanlagen und Waldstücken rief allgemeine Bewunderung hervor, galt aber auch als sichtbarer Beweis der kaiserlichen Verschwendungssucht und Überheblichkeit. Zum Sinnbild der Selbstüberschätzung Neros wurde eine 40 Meter hohe Statue von ihm im Eingangsbereich des Palastes.

Nero blieb der Dank für seine umfangreichen Hilfsmaßnahmen und den Wiederaufbau Roms versagt. Bereits vor dem großen Brand hatte er durch politische Morde und mangelndes Interesse an den Staatsgeschäften sein Ansehen verloren. Beim Neubau seiner Residenz machte er sich neue Feinde in der Oberschicht Roms, indem die Besitzer umliegender Grundstücke entschädigungslos enteignet wurden. Auch in den unteren Schichten rumorte es. Die Menschen mussten mit ansehen, in welch unerhörter Pracht das neue Rom Gestalt annahm, während sie selbst bei der Feuerkatastrophe alles verloren hatten. Bald machten überall in der Stadt Gerüchte die Runde, der Kaiser selbst habe Rom niederbrennen lassen, um Platz für seine ambitionierten Bauprojekte zu schaffen und die Stadt in seinem Größenwahn in Neropolis umzubenennen. Zudem wurde die Geschichte verbreitet, Nero habe im Palast des Maecenas beim Anblick der in Flammen stehenden Stadt hingebungsvoll ein Lied auf den Untergang Trojas gesungen und dabei sein Bühnenkostüm getragen.

Als die Vorwürfe gegen den Kaiser immer lauter wurden, folgte dieser der Empfehlung seiner politischen Berater, den Christen in Rom die Schuld für die Brandkatastrophe zuzuschieben. Dass in den antiken Quellen nur bei Tacitus das Vorgehen Neros gegen die stadtrömischen Christen als Folge des großen Brandes gilt, berechtigt nicht zu dem gelegentlich geäußerten Rückschluss, diese Verbindung der Ereignisse als Fiktion zu betrachten. Der Bericht des Tacitus, der anders als beispielsweise Sueton berechtigte Zweifel an der tatsächlichen Verantwortung Neros für die Feuerkatastrophe durchblicken lässt, ist in sich stimmig und lässt das überaus brutale Vorgehen gegen die Christen als nachvollziehbar erscheinen. Auch der Umstand, dass zahlreiche Christen den Feuertod starben, spricht für die Darstellung von Tacitus. Diese Art der Hinrichtung stellt bereits im Zwölftafelgesetz aus dem 5. Jahrhundert v. Chr. die im römischen Recht übliche Strafe für Brandstifter dar.

Christenverfolgung unter Nero: Matthäus Merian d. Ä. stellte in einem (nachträglich kolorierten) Kupferstich von 1630 dar, wie Christen in Tierfelle eingenäht und den Hunden zum Fraß vorgeworfen wurden.

Vorbehalte der antiken Gesellschaft gegenüber dem Christentum

Durch den Absolutheitsanspruch des Christentums waren Konflikte mit den staatlichen Behörden und der paganen Mehrheitsgesellschaft von Anfang an vorprogrammiert. Im Gegensatz zu anderen religiösen Bewegungen, die aus dem Osten kommend den Siegeszug durch das Römische Reich antraten und um Akzeptanz rangen, war das Christentum genau wie das Judentum nicht in das bestehende religiöse System integrierbar. Vielmehr erhob es mit dem monotheistischen Bekenntnis und dem auf dem Christusgeschehen gründenden Heilsverständnis den Anspruch, der allein seligmachende Glaube zu sein und an die Stelle aller bestehenden Religionen zu treten. Wer sich zum Christentum bekannte, konnte nicht mehr gleichzeitig an anderen Kulten teilnehmen. Dies wurde zunehmend zum Problem, da sich das Christentum auch vom Judentum allmählich abnabelte, welches seit den Tagen von Julius Cäsar eine Reihe von Privilegien im Römischen Reich genoss und im Gegensatz zum Christentum den Status einer tolerierten Religion hatte.

Der Glaube der Christen an den einen Gott und seinen am Kreuz dahingegebenen Sohn zog eine Selbstausgrenzung aus der Gesellschaft nach sich, da weite Teile des antiken Lebens von paganer Religiosität durchdrungen waren. Dies betraf nicht nur öffentliche Feste, die in der Regel zu Ehren bestimmter Gottheiten oder des göttlich verehrten Kaisers gefeiert wurden, und Theaterbesuche, wo heidnische Götter Hauptrollen in Komödien oder Tragödien einnahmen, sondern auch Gastmähler von Privatpersonen, Vereinen und Handwerkergilden, bei denen Opferfleisch verzehrt und Trankspenden für die Götter dargeboten wurden.

Die Selbstausgrenzung nährte den Verdacht, die Christen hätten etwas zu verbergen. Da sie sowohl dem Kaiser als auch den griechischen oder römischen Gottheiten, auf deren schützende Macht der Staat und die Gesellschaft vertrauten, die kultische Verehrung verweigerten, zogen sie sich vielerorts Feindschaft zu und wurden zur Zielscheibe von Aggressionen. Dem in erster Linie auf militärischer Macht basierenden Römischen Reich fehlte eine für alle Reichsangehörigen einsichtige Staatstheorie, die das heterogene Gesamtgebilde hätte zusammenhalten können. Deshalb musste der Staat in besonderem Maße darauf bedacht sein, alle inneren Brandherde auszuschalten und sich durch den Kaiserkult der Loyalität seiner Untertanen zu versichern. Christen waren zwar nicht genereller und permanenter Verfolgung durch die staatlichen Behörden ausgesetzt, doch konnte es jederzeit zu Zwangsmaßnahmen kommen.

Man kann die Hauptvorwürfe gegen das Christentum, die dann im 2. und 3. Jahrhundert von christlichen Apologeten bekämpft wurden, in drei Kategorien bündeln. Erstens geht es um historische Einwände, die sich beispielsweise auf den Verbrechertod Jesu am Kreuz oder die angeblich geringe Glaubwürdigkeit christlicher Autoritäten wie Petrus und Maria Magdalena beziehen. Zweitens wurden metaphysische Einwände erhoben: Vom Standpunkt philosophischen Denkens und unter Verweis auf das niedrige Bildungsniveau in den Gemeinden betrachtete man die christliche Auffassung von Gott, Welt und Menschheit als grundlegend falsch. Kritisiert wurden insbesondere der Glaube an einen gekreuzigten Gottessohn als Erlöser und die Hoffnung auf leibliche Auferstehung, die im Widerspruch zur platonischen Lehre von der unsterblichen Seele im vergänglichen Körper oder der epikureischen Lehre vom Tod als unwiderruflichem Ende allen Lebens stand.

Drittens schließlich brachte man ethisch-politische Einwände vor, welche die praktische Lebenshaltung der Christen, ihr Verhältnis zur nichtchristlichen Völkerwelt und insbesondere zum Staat mit seinen Ansprüchen ins Visier nahmen. Neben der als Illoyalität gegenüber dem Staat gedeuteten Verweigerung des Kaiserkults wurden den Christen sexuelle Ausschweifungen und Kannibalismus in ihren geheimnisumwitterten Gottesdiensten zur Last gelegt. Bezugspunkte für diese Verdächtigungen waren der liturgische Ritus des heiligen Kusses (Röm 16,16; 1Kor 16,20) und die Feier des Herrenmahls mit dem geheimnisvollen Verzehr von Leib und Blut Christi, der aus der Außenperspektive als realer blutiger Ritus wahrgenommen wurde.

Vor diesem Hintergrund ist es kaum verwunderlich, dass staatliche Zwangsmaßnahmen gegen die Christen, wie sie von Nero in Gang gesetzt wurden, sich breiter Zustimmung in der Bevölkerung sicher sein konnten. Obwohl in der christlichen Unterweisung früh zur Unterordnung gegenüber dem Staat und zum Gebet für den Kaiser aufgerufen wurde, galten die Christen als potenzielle Unruhestifter, da sie sich den sozialen und religiösen Normen verweigerten. Zudem waren sie bereits dem Namen nach als Parteigänger jenes Jesus Christus erkennbar, der als politischer Aufrührer unter Pontius Pilatus die Kreuzesstrafe erlitten hatte.

Die 14 Zentimeter lange Öllampe aus dem 1. Jahrhundert ist beredtes Zeugnis des vielschichtigen römischen Götterglaubens: Dargestellt sind in der ersten Reihe v. l. n. r.: Jupiter, Juno und Minerva auf den Schwingen eines Adlers; in der zweiten Reihe: Luna, Merkur, Mars, Sol/Apollon; in der dritten Reihe: Neptun, Ceres, Vesta, Venus; und in der vierten Reihe: Vulcanus.

Zwangsmaßnahmen Neros gegen die Christen

Neros Versuch, sich auf Kosten der Christen vom Vorwurf der Brandstiftung zu befreien, stellt das erste gezielte Vorgehen des römischen Staates gegen das sich rasch ausbreitende Christentum dar. Die staatlichen Zwangsmaßnahmen trafen die Christen zunächst nicht wegen ihrer Religion, sondern wegen des Verdachts, Rom in Flammen gesetzt zu haben. Tacitus zufolge wurde zunächst eine kleinere Zahl von Christen ergriffen, von denen einige, vermutlich unter Folter, geständig waren. Dadurch kam eine Prozesswelle in Gang. Die Behörden weiteten ihr Vorgehen auf alle Christen Roms wegen angeblichen Menschenhasses aus. Neben dem kaum zu erhärtenden Vorwurf der Brandstiftung reichte allein die christliche Lebenshaltung und Weltanschauung, um Todesurteile zu rechtfertigen. Dies war nur möglich, weil die Christen als gesellschaftlich im Abseits stehende Bewegung mit dem Vorurteil belastet waren, eine Gemeinschaft von potenziellen Verbrechern und Staatsfeinden zu sein. Alles deutet darauf hin, dass es außerhalb der bestehenden Rechtsordnung in einer Art Pogromstimmung zu willkürlichen Massenprozessen mit Schnellverfahren kam.

Die öffentlichen Hinrichtungen wurden im Rahmen mehrtägiger Festspiele in aller Grausamkeit vollzogen. Ort des Geschehens waren die kaiserlichen Gärten am Vatikanischen Hügel, wo sich ein von Caligula errichteter und von Nero ausgebauter Circus befand. Unzählige Christen starben in der Arena oder erlitten den qualvollen Kreuzestod. Andere wurden nach Einbruch der Dunkelheit bei lebendigem Leib verbrannt, um den Parkanlagen Licht zu spenden. Tacitus bringt geradezu sein Bedauern zum Ausdruck, dass die Zwangsmaßnahmen Neros angesichts ihrer Brutalität eher Mitleid mit den Christen hervorriefen, als den berechtigten Hass auf sie zu schüren. Sueton listet das energische Vorgehen gegen die Christen, das er allerdings nicht ursächlich mit dem Brand von Rom in Verbindung bringt, unter den positiven politischen Leistungen des Kaisers auf.

Christen wurden als Fackeln bei lebendigem Leib verbrannt, Holzschnitt aus dem 19. Jahrhundert.

Auch wenn es unter Nero keine generelle Christenverfolgung im Römischen Reich gab und von ihm kein allgemeines Gesetz gegen das Christsein erlassen wurde, hatte er mit seinen zeitlich und örtlich begrenzten Maßnahmen einen Präzedenzfall mit Signalwirkung geschaffen. Ob Nero seine willkürlich ergriffenen Anweisungen an die Behörden in Form eines administrativen Mandats fasste, das archiviert wurde und später auch in den Provinzen des Reiches als Rechtsgrundlage gegen das Christentum diente, lässt sich nicht mit Sicherheit sagen. Die Vorgänge in Rom trugen aber im gesamten Reich zur Erhärtung des Vorurteils bei, dass es sich bei der christlichen Kirche um eine Institution handele, welche die Grundlagen des Staates gefährde.

Nach dem Brand Roms und der gescheiterten Schuldzuweisung an die Christen wuchs die Erbitterung über Nero im Senat und Militär derart an, dass es zur Pisonischen Verschwörung kam. Eine Gruppe von Senatoren plante, Nero zu ermorden und den früheren Konsul Piso als seinen Nachfolger einzusetzen. Obwohl die Verschwörung niedergeschlagen werden konnte, nahm der Druck auf den Kaiser zu, zumal dieser weiterhin Gesang und Wagenrennen in den Mittelpunkt seiner Aktivitäten stellte und auf einer Griechenlandreise künstlerische Anerkennung suchte. In den Provinzen am westlichen Rand des Imperiums probten einzelne Statthalter den Aufstand. In Rom wuchs wegen steigender Getreidepreise der Hass der Bevölkerung auf den Kaiser. Als ihm in dieser Situation die Prätorianergarde die Gefolgschaft versagte, war Nero politisch erledigt. Nachdem er im Juni 68 vom Senat zum Feind des Gemeinwesens erklärt worden war, sah Nero keinen Ausweg mehr und setzte seinem Leben durch Selbstmord ein Ende. Er soll allerdings in den letzten Stunden vor seinem Tod die Flucht zum Partherkönig Vologaesus erwogen haben, mit dem er freundschaftlich verbunden war. Dies führte zu dem Glauben, Nero sei in Wirklichkeit dem Tode entronnen und werde aus dem Osten wiederkehren. In den Wirren des Vierkaiserjahres 69 machten sich dies mehrere Personen zunutze, die in Kleinasien mit dem Anspruch auftraten, der wiedergekommene Nero zu sein.

Das endzeitliche Tier steigt aus dem Meer, wie es in der Offenbarung des Johannes geschrieben steht, denkbar als Symbol des wiederkehrenden Nero. Kupferstich von Pierre Mariette 1670 nach Matthäus Merian d. Ä.

Die Erwartung eines wiederkehrenden Nero ergriff auch jüdische wie christliche Kreise und wurde zu einem Schreckensbild in der Apokalyptik. Die Vierte Sibylline, eine jüdische Apokalypse aus dem späten 1. Jahrhundert, hegt die Erwartung, dass Nero vom Euphrat kommend Rom angreifen wird. In der Fünften Sibylline aus der Zeit Hadrians tritt Nero als endzeitlicher Widersacher Gottes auf. Er kommt aus Persien, verwüstet Alexandria und bedrängt Jerusalem, bevor Gott seinen königlichen Messias gegen ihn sendet. Später überzieht der zurückgekehrte Muttermörder die ganze Welt mit Krieg. In der „Himmelfahrt des Jesaja", einer christlich überarbeiteten jüdischen Schrift, tritt am Ende der Tage der Antichrist in Gestalt des zum Kaiserkult verführenden Muttermörders Nero auf. Auch die biblische Offenbarung des Johannes ist von derartigen Vorstellungen geprägt, wenn sie in verschlüsselter Form den wiederkehrenden Nero als endzeitliches Tier aus dem Meer beschreibt, das als Instrument des Teufels die gottlose Macht des Römischen Reiches repräsentiert (Offb 13). Die Schwertwunde des Tieres spielt darauf an, dass Nero sich erdolchte. Auch die geheimnisvolle Zahl 666, die als gematrisches Rätsel den Namen des Tieres bezeichnet, zeigt, dass es sich um keinen anderen als Nero handelt. Sie bildet im Hebräischen, das keine Zahlzeichen kennt und stattdessen Buchstaben mit festgelegten Zahlenwerten verwendet, die Quersumme der Wörter קסר נרון (Neron Kaiser).

Der Märtyrertod von Petrus

Zu den Opfern der Zwangsmaßnahmen Neros gegen die stadtrömischen Christen gehörte wahrscheinlich auch Petrus. Allerdings gibt es seit dem 19. Jahrhundert eine immer wieder aufflammende Wissenschaftskontroverse darüber, ob Petrus überhaupt jemals in Rom war und tatsächlich dort das Martyrium erlitt. Dass in diesem Punkt die Meinungen weit auseinandergehen, hängt mit der unsicheren Quellenlage und dem nicht über alle Zweifel erhabenen archäologischen Befund zusammen.

Als einzige Schrift des Neuen Testaments setzt der Erste Petrusbrief voraus, dass Petrus auf seinen Missionsreisen bis nach Rom gelangte. Der Brief stammt nicht vom geschichtlichen Petrus, sondern geht auf einen unbekannten Autor zurück, der sich als Petrus ausgibt, um seinen Ausführungen apostolische Autorität zu verleihen. Das wohl im ausgehenden 1. Jahrhundert während der Herrschaft Domitians entstandene Schreiben will in Babylon verfasst worden sein (5,13), wobei es sich um einen apokalyptischen Decknamen für Rom handelt. Auch in der Johannesoffenbarung ist von Rom als der „Hure Babylon" die Rede. Im Hintergrund steht der Sachverhalt, dass die Römer im Jahr 70 wie einst die Babylonier den Jerusalemer Tempel zerstörten.

Die ältesten Aussagen über den Tod des Petrus verbürgen zwar dessen Martyrium, lassen aber nichts darüber verlauten, wo der Apostel starb. Am Ende des 1. Jahrhunderts spricht der Erste Clemensbrief ohne Angabe des Ortes davon, dass Petrus genau wie Paulus den Märtyrertod erlitt. Man kann sich nur wundern, mit welcher Selbstverständlichkeit Bibelwissenschaftler aus dieser Textstelle immer wieder ein Martyrium in Rom herauslesen. Ungefähr zur selben Zeit spiegelt auch das Johannesevangelium die Kenntnis um den gewaltsamen Tod des Petrus wider (21,18–19), ohne Angaben zum Ort des Geschehens zu machen.

Ignatius von Antiochien, der während der Christenverfolgungen unter Trajan als Gefangener nach Rom überführt und dort in der Arena zerfleischt wurde, scheint dagegen in seinem Brief an die Römer aus der Zeit um 115 als Erster den gemeinsamen Tod beider Apostel in Rom vorauszusetzen: „Nicht wie

Petrus predigt in Cäsarea im Haus des römischen Hauptmanns Cornelius. Holzstich aus dem 19. Jahrhundert

Petrus und Paulus befehle ich euch. Sie sind Apostel, ich ein Verurteilter; sie sind frei, ich aber bis jetzt ein Sklave. Wenn ich aber gelitten habe, werde ich ein Freigelassener Jesu Christi sein und in ihm als Freier auferstehen" (4,3). Die Formulierung des syrischen Bischofs legt nahe, dass er beide Apostel und deren Martyrium besonders eng mit Rom verbunden sieht, doch bleiben auch hier Fragezeichen.

Erst in Quellen aus der zweiten Hälfte des 2. Jahrhunderts wird das Martyrium des Petrus eindeutig in Rom lokalisiert. Die „Himmelfahrt Jesajas" enthüllt in ihrem Endzeitszenario, wie der Antichrist in Gestalt des Muttermörders Nero die von den Aposteln gepflanzte Kirche verfolgt. Dabei fällt auch einer von den Zwölfen, bei dem es sich kaum um jemand anderen als Petrus handeln kann, in Neros Hände (4,2–3). Ungefähr zur gleichen Zeit spricht der Bischof Dionysios von Korinth in seinem Brief an die Römer, von dem ein Ausschnitt im zweiten Buch der Kirchengeschichte des Eusebius erhalten blieb, vom Tod des Petrus in der Ewigen Stadt: „Daher habt auch ihr durch eure so starke Mahnung die von Petrus und Paulus in Rom und Korinth angelegte Pflanzung miteinander verbunden. Denn beide haben in unserer Stadt Korinth die Pflanzung begonnen und uns in gleicher Weise in Italien gelehrt und zu gleicher Zeit den Martertod erlitten."

Details über den vermeintlichen Märtyrertod des Petrus in Rom enthüllen erst die im späten 2. Jahrhundert entstandenen Petrusakten, die allerdings stark von der Legendenbildung überwuchert und in ihrem geschichtlichen Wert begrenzt sind. Im Mittelpunkt des zweiten Hauptteils der Petrusakten stehen das Wirken des Petrus in Rom und sein großer Schaukampf mit Simon Magus, den Petrus bei dessen spektakulärem Flugwunder über dem Forum durch ein Gebet zum Absturz bringt. Die Ethik der Petrusakten ist von gnostischer Leibfeindlichkeit geprägt und stellt die Forderung rigoroser geschlechtlicher Enthaltsamkeit in den Mittelpunkt. Dies färbt auch auf die Darstellung vom Tod des Petrus ab. Der Apostel stirbt nach den Petrusakten nicht etwa infolge der nach dem Brand von Rom gegen die Christen vorgebrachten Anschuldigungen, sondern weil er die Ehefrauen oder Konkubinen von führenden Mitgliedern der römischen Oberschicht zur sexuellen Askese bewegte und damit den Hass der davon betroffenen Männer auf sich zog.

Als Petrus dem zu erwartenden Martyrium zu entfliehen versucht, kommt es zur berühmten Quo-Vadis-Szene. Sie soll sich an der Via Appia außerhalb der Porta San Sebastiano an jener Stelle zugetragen haben, wo im 9. Jahrhundert die Kirche Santa Maria in Palmis errichtet wurde. Beim Verlassen der Stadt begegnet Petrus dem auferstandenen Christus und fragt ihn: „Domine, quo vadis?" (Herr, wohin gehst du?) Dieser antwortet, dass er nach Rom hineingehe, um abermals gekreu-

Petrus begegnet an der Via Appia dem auferstandenen Christus: „Domine, quo vadis?", Gemälde von Julius Schnorr von Carolsfeld, 1843.

zigt zu werden. Hintergrund ist ein Vers aus dem Johannesevangelium (13,36), wo Jesus auf dieselbe Frage des Petrus antwortet: „Wohin ich gehe, dorthin kannst du mir jetzt nicht folgen. Du wirst mir aber später folgen." Petrus macht beschämt kehrt und stellt sich dem Märtyrertod. Er wird, ohne dass Nero davon Kenntnis erhielt, unter dem Kommando des Stadtpräfekten Agrippa mit dem Kopf nach unten ans Kreuz geschlagen. Nero soll darüber im Nachhinein äußerst erzürnt gewesen sein, weil er Petrus gerne noch stärker misshandelt hätte. Unter dem Strich zeigt sich deutlich, dass den Petrusakten an fantasiereicher Erzählkunst und nicht an historischer Genauigkeit gelegen ist.

Die römische Petrustradition steht somit, insbesondere was den Märtyrertod des Petrus in der Ewigen Stadt angeht, im Hinblick auf die literarischen Quellen auf einem durchaus brüchigen Fundament. Für ihre Zuverlässigkeit spricht allerdings, dass sie in der altkirchlichen Überlieferung völlig unbestritten ist. Kein anderer Ort der frühen Christenheit erhebt den Anspruch, Schauplatz des Martyriums von Petrus gewesen zu sein. Der Apostel Petrus ist wahrscheinlich noch zur Regierungszeit von Claudius über Syrien, wo es in Antiochia zum Bruch mit Paulus kam (Gal 2,11–14), und Griechenland (1Kor 1,12) nach Rom gelangt. Tacitus spricht davon, dass Nero die der Brandstiftung beschuldigten Christen kreuzigen, verbrennen oder in der Arena zerfleischen ließ. Petrus dürfte unter Nero am Kreuz zu Tode gekommen sein, wie es die Petrusakten behaupten. Auch das Johannesevangelium scheint mit der prophetischen Ankündigung, Petrus werde mit ausgestreckten Händen eines gewaltsamen Todes sterben, auf eine Kreuzigung anzuspielen.

Das Petrusgrab

Der archäologische Befund zum vermeintlichen Petrusgrab liefert ebenfalls keinen unumstößlichen Beweis dafür, dass Rom tatsächlich der Ort ist, an dem der Apostel starb und seine letzte Ruhestätte fand. Der älteste literarische Beleg für die Existenz von Memorialstätten, die mit Petrus und Paulus zusammenhängen, geht auf den römischen Presbyter Gaius zurück. Dieser spricht um 200 in einer bei Eusebius überlieferten Nachricht davon, dass man am Vatikanischen Hügel und an der Straße nach Ostia die Siegeszeichen (*tropaia*) der beiden Apostel finden könne, denen die Gemeinde von Rom ihre Gründung verdanke. Umstritten ist, ob Gaius mit Siegeszeichen nur ein Denkmal oder auch den Ort der Grablegung meint, wie Eusebius es voraussetzt.

Unter Kaiser Konstantin wurde die Memorialstätte des Petrus am südlichen Fuß des Vatikanischen Hügels mit Marmor eingekleidet und mit einer fünfschiffigen Basilika überbaut, was angesichts ihrer Hanglage nur mithilfe massiver Aufschüttungen und aufwendiger Stützmauern möglich war. Papst Gregor der Große ließ um 600 in der Apsis direkt über der Petrusmemorie einen Altar errichten, um über dem vermeintlichen Grab des Apostels das Messopfer feiern zu können. Im 16. Jahrhundert musste die konstantinische Basilika dem neuen Petersdom weichen.

Seit dem späten 19. Jahrhundert erwog man, den Bereich unter der Apsis des Petersdoms archäologisch zu erkunden. Die Gelegenheit dazu ergab sich, als man 1939 in den Grotten des Petersdoms eine würdige Grabstätte für den verstorbenen Papst Pius XI. herrichtete und bei den Bauarbeiten auf antikes Mauerwerk stieß. Eine von 1940 bis 1949 durchgeführte und 1953 bis 1957 um eine Nachgrabung ergänzte archäologische Erkundung des Erdreichs brachte unter den Grotten mit den Papstgräbern eine kaiserzeitliche Nekropole mit mehr als 20 Mausoleen zutage, die in der Zeit um 150 entlang derVia Cornelia in der Nähe von Neros ehemaligem Circus angelegt worden war. Die prachtvolle Gestaltung der Mausoleen mit Stuckarbeiten, Fresken, Mosaiken und Marmorsarkophagen zeigt, dass es sich um die Begräbnisstätten reicher Bürger aus der Oberschicht Roms handelt.

Am Südende des erhaltenen Teils der Nekropole hebt sich ein freies, nicht mit einem Mausoleum überbautes Grundstück mit etwa 30 Gräbern aus dem 2. und 3. Jahrhundert deutlich von seiner Umgebung ab. Dabei handelt es sich um eines der typischen Grabfelder für ärmere Leute, die nicht über die Mittel zur Errichtung einer befestigten Grabstätte oder gar eines Mausoleums verfügten. Die Toten wurden in einem Tuch oder einem Terrakottasarg in die nackte Erde

Unter dem Petersdom vermutet man das Grab des Apostels Petrus.

gelegt. An den Seiten und von oben schützten einfache Ziegelplatten – bei einzelnen Gräbern auch Marmorplatten – den Leichnam. Zahlreiche Indizien weisen darauf hin, dass es sich um ein von Christen genutztes Grabfeld handelte. Im Süden und Osten ist das Grabfeld von Mausoleen eingezwängt, im Westen durch eine rotgetünchte Mauer mit Nische und Ädikula begrenzt.

Die ungefähr 2,5 Meter hohe Ädikula, die sich direkt unter der Apsis der alten konstantinischen Basilika befindet, ist ein schlichtes Denkmal aus einfachem Kalkstein mit Marmorsäulen. Auch wenn sie keine Inschrift aufweist, kann es sich bei ihr kaum um etwas anderes als die von Gaius erwähnte Petrusmemorie handeln. Zudem fanden sich an einer benachbarten Wand Graffiti, die unter anderem auch den Namen des Petrus erwähnen. Ein Grab hatte man unter der Ädikula nicht entdeckt. Die Ausgräber waren dennoch überzeugt, zwar nicht das Petrusgrab, aber dessen ursprünglichen Standort gefunden zu haben: Sie schlossen aus der Anordnung der Gräber auf dem Grundstück, die in Form eines Kranzes gezielt auf die mit der Ädikula überbaute Stelle ausgerichtet zu sein schienen, dass sich dort einst das Petrusgrab befunden haben müsse und die Reliquien des Apostels vor dem Bau der Ädikula entfernt worden waren.

Zudem glaubte man, Knochen, die in einem kastenförmigen Hohlraum der Graffitimauer in einer Marmorschublade entdeckt wurden, als die Gebeine eines etwa 70-jährigen männlichen Individuums bestimmen zu können. Damit wurde zumindest der Eindruck erweckt, man sei mit hoher Wahrscheinlichkeit auf die sterblichen Überreste des Petrus gestoßen. Papst Paul VI. hielt 1968 in einer Ansprache anlässlich einer Generalaudienz die Annahme für überzeugend, dass es sich bei den im Marmorfach der Graffitimauer gefundenen Gebeinen um die Petrusreliquien handele.

Experten hingegen äußerten an der Durchführung der archäologischen Erkundung, der Dokumentation der Funde und der Publikation der Grabungsergebnisse scharfe Kritik. So sei der Leiter der Grabung kein ausgewiesener Fachmann auf dem Gebiet der Archäologie gewesen, die angewandten Grabungsmethoden hätten nicht dem damaligen Stand der Technik entsprochen, die Grabungsergebnisse seien nicht hinreichend dokumentiert worden und bei der Interpretation des archäologischen Befundes sei man nicht ergebnisoffen vorgegangen. Vielmehr habe von vornherein die Intention im Vordergrund gestanden, den archäologischen Beweis für die Authentizität der römischen Petrustradition zu erbringen.

In der Tat bleiben viele Fragen offen. Das von den Ausgräbern postulierte verschwundene Petrusgrab als angebliches Zentralgrab, nach dem sich die anderen Gräber ausgerichtet haben sollen, lässt sich nicht nachweisen. Eine neuerliche Untersuchung der Knochenreste ergab, dass es sich um die sterblichen Überreste mehrerer Individuen samt Tierknochen handelt. Unter dem Petersdom wurden somit weder das Petrusgrab noch die Petrusreliquien gefunden.

Damit ist aber keinesfalls ausgeschlossen, dass Petrus auf dem Vatikanischen Hügel beigesetzt wurde, vielleicht in einem Massengrab mit anderen Opfern der Christenverfolgung Neros. Es könnte aber auch sein, dass Petrus an einer ganz anderen Stelle in Rom begraben liegt und die Ädikula am Vatikanischen Hügel lediglich die Erinnerung an den Ort seines Martyriums bewahrt. Kaum ein Zweifel kann daran bestehen, dass mit den Grabungen unter dem Petersdom der von Gaius erwähnte älteste Ort der Petrusverehrung in Rom freigelegt wurde. Wenn sich somit archäologisch bereits für die zweite Hälfte des 2. Jahrhunderts eine Memorialstätte für Petrus am Vatikanischen Hügel nachweisen lässt, stützt dies die Annahme, dass Petrus dort unter Nero gestorben ist.

Die Entstehung des Markusevangeliums

Eng mit der römischen Petrustradition verbunden sind altkirchliche Nachrichten über die Entstehung des um das Jahr 70 geschriebenen Markusevangeliums. Die ältesten Bibelhandschriften bieten als Verfasserangabe „Evangelium nach Markus" oder „Nach Markus" und schreiben das Werk damit offenkundig Johannes Markus zu. Dieser stammte aus Jerusalem, wo seine Mutter Maria auf ihrem Anwesen eine Hausgemeinde beherbergte, zu der Petrus engen Kontakt pflegte (Apg 12,12–17). Markus nahm als Gehilfe seines Onkels Barnabas und des Apostels Paulus an der ersten Missionsreise nach Zypern teil, kehrte dann aber vorzeitig nach Jerusalem zurück und fiel daher bei Paulus in Ungnade (Apg 15,36–40). Später gehörte er allerdings erneut zum Mitarbeiterstab des Apostels. Im Ersten Petrusbrief begegnet er auch als enger Vertrauter des Petrus (5,13). Nach einer zweiten Zypernmission wirkte Markus in Ägypten, wo er den apokryphen Markusakten zufolge in Alexandria das Martyrium erlitt. Seine Reliquien werden in der Markuskirche in Venedig verehrt.

Das Martyrium des Petrus, Gemälde von Guido Reni um 1605

Papias von Hierapolis weiß Anfang des 2. Jahrhunderts zu berichten, Markus habe aus den Predigten des Petrus seine Darstellung des Lebens Jesu geschaffen, ohne dabei Wert auf die Einhaltung der richtigen Reihenfolge zu legen. Papias ging offenkundig davon aus, dass Markus sein Evangelium in Rom abgefasst habe, wie es dann bei der altkirchlichen Rezeption dieser Notiz selbstverständlich vorausgesetzt wurde. Papias wirkte als Bischof der Gemeinde von Hierapolis, unweit von Kolossä und Laodizea in Phrygien im Lykostal. In den Tagen Trajans oder Hadrians verfasste er ein fünfbändiges Werk über die „Auslegung von Herrenworten", in dem er sich auch zur Entstehung der Evangelien äußerte. Das Werk ist nur noch aus einzelnen Zitaten bei den Kirchenvätern bekannt. In Bezug auf das Markusevangelium beruft sich Papias auf einen Presbyter Johannes, der mit dem Verfasser der Johannesoffenbarung

identisch sein dürfte. Dem Bericht des Papias über die Entstehung des Markusevangeliums aus den Predigten des Petrus wird allerdings allgemein mit Skepsis begegnet. Papias versucht, das Evangelium mit der apostolischen Autorität des Petrus in Verbindung zu bringen und

Im Markusdom in Venedig werden die Reliquien des Heiligen Markus aufbewahrt. Blick in den Innenraum

es gleichzeitig wegen seiner von den anderen Evangelien abweichenden Anordnung der Jesusüberlieferungen in Schutz zu nehmen.

Das Markusevangelium basiert nicht auf Vorträgen des Petrus in Rom, sondern auf schriftlichen wie mündlichen Quellen unterschiedlichster Herkunft. Damit scheidet aber Johannes Markus nicht zwangsläufig als Verfasser aus. Das Evangelium stammt von einer Person, die mit jüdischen Bräuchen vertraut und in der Lage war, aramäische Wendungen wie *Talitha kum* (5,41), *Hephatha* (7,34), *Golgotha* (15,22) oder *Eli, Eli, lama asabtani* (15,34) ins Griechische zu übersetzen. Dies deutet auf einen zweisprachigen Judenchristen hin, wie Johannes Markus es war.

Auch dort, wo man der Papiasnotiz skeptisch gegenübersteht, wird als Abfassungsort des Markusevangeliums meist Rom vermutet. Die Verwendung etlicher aus dem Lateinischen stammender Termini wie *legio* (5,9), *speculator* (6,27) oder *praetorium* (15,16) stellt allerdings keinen Beweis dafür dar. Auch die Tatsache, dass in Mk 12,42 der Wert einer in den östlichen Provinzen gebräuchlichen Münze (Lepta) mit einer fast ausschließlich in der westlichen Reichshälfte verbreiteten Münze (Quadrans) erklärt wird, deutet nicht zwingend darauf hin, dass Markus sein Evangelium in Rom oder zumindest im Westen des Reichs niedergeschrieben hat. Ausgeschlossen ist dies aber keineswegs. Alternativ kommen Syrien oder die Dekapolis – zehn antike Städte zwischen Damaskus und dem heutigen Amman – als Abfassungsorte infrage.

Das Ende des Paulus und das Paulusgrab

Auch um den Tod des Paulus in Rom ranken sich zahlreiche offene Fragen. Der Apostel schrieb wohl Anfang 56 von Korinth aus den Römerbrief. Darin kündigt er einen baldigen Besuch in Rom und das Projekt einer Spanienmission an, plant aber zuvor noch eine Reise nach Jerusalem zur Überbringung der im paulinischen Missionsgebiet gesammelten Kollekte für die Urgemeinde. Mit dem Römerbrief versiegen die authentischen Selbstzeugnisse des Paulus. Die Briefe an die Philipper und an Philemon, die ohne Ortsangabe einen Gefängnisaufenthalt

Die französische Buchmalerei aus dem 13. Jahrhundert zeigt die Enthauptung des Paulus in Anwesenheit des Kaisers Nero. Die tatsächlichen Todesumstände des Paulus sind allerdings nach wie vor unklar.

des Apostels widerspiegeln, werden zwar immer wieder mit dem Ende des Paulus in Rom in Verbindung gebracht, dürften aber vor dem Römerbrief um 55 in Ephesus entstanden sein.

Kontrovers wird der geschichtliche Wert des Zweiten Timotheusbriefes diskutiert. Der Brief erhebt dezidiert den Anspruch, ein Schreiben des Paulus aus der Gefangenschaft in Rom zu sein (1,16–17), wo Paulus die erste Anhörung im Prozess bereits durchlaufen hat und sein nahes Ende kommen sieht (4,16–18). Der Brief wird damit als letztes Vermächtnis des Paulus ausgegeben, womit seine Weisungen zum kirchlichen Amt und zur Bekämpfung von Irrlehren besonderes Gewicht bekommen. Die vorausgesetzte Briefsituation fügt sich allerdings nicht in den Rahmen der aus den echten Briefen und der Apostelgeschichte rekonstruierbaren Paulusbiografie ein. Während, dem Zweiten Timotheusbrief zufolge, Trophimus im Zuge der Kollektenreise krank in Milet zurückgelassen wurde (4,20), kam er in Wirklichkeit mit nach Jerusalem und wurde dort zum Grund für die Verhaftung des Paulus (Apg 21,29). Zudem setzt der Brief voraus, dass Priscilla und Aquila nach wie vor in Ephesus weilen (4,19), obwohl sie längst nach Rom zurückgekehrt waren (Röm 16,3). Der Zweite Timotheusbrief stammt folglich kaum von Paulus selbst.

Die älteste Quelle für das Ende des Paulus ist damit die Apostelgeschichte. Sie erzählt, dass Paulus von Griechenland über Mazedonien und Kleinasien nach Jerusalem reiste. Dort wurde er Anfang des Jahres 57 nach einem Tumult im Tempel von Soldaten der römischen Kohorte verhaftet und nach Cäsarea zum Amtssitz des Statthalters Felix überstellt. Eine vom Hohepriester Ananias angeführte Delegation des Hohen Rats, verstärkt durch einen im römischen Recht bewanderten Anwalt namens Tertullus, reiste nach Cäsarea und sorgte dafür, dass es zur Anklage gegen Paulus kam (24,1–6). Felix verschleppte allerdings den Prozess mehr als zwei Jahre lang. Unter dem neuen Statthalter Festus, der im Mai des Jahres 59 oder 60 das Amt antrat, wurde das Verfahren gegen Paulus wieder aufgenommen.

In dieser Situation beschritt Paulus den Rechtsweg der Appellation an den Kaiser. Es handelt sich um den juristischen Akt der *provocatio*, bei der ein noch nicht verurteilter römischer Bürger das kaiserliche Gericht in Rom anrufen konnte, wenn vor Ort kein Prozess an einem hinreichend für den Fall qualifizierten Geschworenengericht möglich war. Dem Antrag des Paulus wurde stattgegeben. Mit einem Gefangentransport kam er auf dem Seeweg nach Italien, wobei er einen Schiffbruch vor Malta überlebte. Nach der Ankunft in Rom wurde Paulus nicht in ein Gefängnis gesteckt, sondern kam in den Genuss einer leichteren Form der Haft, wie sie im römischen Recht belegt ist. Der Angeklagte befand sich im Hausarrest und musste den Soldaten, von dem er bewacht wurde, mitversorgen. Nach Apg 28,30 hat dieser Status des Paulus zwei Jahre angedauert.

Mehr als die Hälfte der Apostelgeschichte stellt Paulus in den absoluten Mittelpunkt. Sie schließt aber merkwürdigerweise nicht, wie

In der Basilika San Paolo fuori le mura liegt der Apostel Paulus vermutlich tatsächlich begraben: Blick auf den Sarkophag

man es vor diesem Hintergrund erwarten würde, mit einem Bericht über den Tod des Paulus, obwohl sie rund drei Jahrzehnte danach geschrieben wurde. Wenn Paulus direkt nach der am Ende der Apostelgeschichte geschilderten Haft hingerichtet wurde, dann ist er in der Zeit um 62 gestorben, was sehr wahrscheinlich ist. Dennoch kann nicht ausgeschlossen werden, dass Paulus nochmals freikam und die geplante Spanienmission in Angriff nahm. Dann würde sein Tod in die letzten Jahre der Herrschaft Neros fallen. Das älteste Zeugnis über das Martyrium des Paulus, nämlich der im Zusammenhang mit Petrus bereits erwähnte Erste Clemensbrief aus Rom, scheint dies in der Tat vorauszusetzen, wenn er davon spricht, dass Paulus bis an die Grenze des Westens kam, bevor er aus der Welt schied (5,7). Auch der Kanon Muratori, ein um 200 in Rom entstandenes Verzeichnis der Heiligen Schriften, geht davon aus, dass Paulus von Rom aus noch nach Spanien aufbrach. Dann wäre er bei seiner Rückkehr nach Rom ein weiteres Mal inhaftiert und nun zum Tode verurteilt worden, wie es auch Eusebius in seiner Kirchengeschichte annimmt.

Der älteste ausführliche Bericht über den Tod des Paulus in Rom findet sich in den um 180 entstandenen Paulusakten und ist von fantastischer Fabulierkunst geprägt. Dort ist davon die Rede, dass Paulus in einer außerhalb Roms angemieteten Scheune mit großem Erfolg das Evangelium verkündigte und auch zahlreiche Mitglieder des Kaiserhauses für den neuen Glauben gewann. Darunter soll sich Neros Mundschenk Patrokolus befunden haben, der während des Gottesdienstes einen tödlichen Fenstersturz erlitt und von Paulus ins Leben zurückgerufen wurde. Als Nero erfuhr, dass eine große Zahl seiner Bediensteten nicht ihn, sondern Christus als den Weltenherrscher verehrte, setzte er eine allgemeine Christenverfolgung in Rom in Gang. Während die anderen Christen verbrannt wurden, starb Paulus durch das Schwert, wobei aus dem Hals des Apostels Milch statt Blut geflossen sei. Zudem sind in den Paulusakten auch angebliche Erscheinungen des auferstandenen Paulus am Kaiserhof und an seinem leeren Grab überliefert. Der geschichtliche Wert dieser Überlieferungen bewegt sich gegen null. Die Paulusakten verarbeiten Versatzstücke aus der Erzählung vom Fenstersturz des Eutychus (Apg 20) und den Evangelienberichten über Erscheinungen Jesu am leeren Grab.

Die tatsächlichen Umstände, unter denen Paulus sein Ende fand, bleiben im Dunkel. Dass sein Tod mit der von Tacitus geschilderten Christenverfolgung Neros in Verbindung steht, ist unwahrscheinlich. Ohne Rückhalt in den Quellen bleibt die vereinzelt geäußerte Vermutung, dass Paulus dem allgemeinen Chaos in der Endphase von Neros Herrschaft zum Opfer fiel, bei dem bewaffnete Banditen durch Rom zogen, um wahllos mehr oder weniger bekannte Persönlichkeiten zu ermorden. Am wahrscheinlichsten wurde Paulus im direkten Anschluss an die im Schlusskapitel der Apostelgeschichte erwähnte Gefangenschaft und damit noch vor dem großen Brand von Rom in einem formellen Gerichtsverfahren zum Tode verurteilt. Das Todesurteil – zumindest in diesem Punkt haben die Paulusakten recht – wurde wohl durch Enthauptung vollstreckt, der bei römischen Bürgern normalerweise angewandten Hinrichtungsart.

Der Ort des Gedenkens an das Paulusmartyrium wurde, wie Eusebius es unter Verweis auf den Presbyter Gaius überliefert, schon um 200 an der Straße nach Ostia lokalisiert und später unter Kaiser Konstantin mit der Basilika Sankt Paul vor den Mauern (San Paolo fuori le mura) überbaut. Vermutlich liegt Paulus dort auch tatsächlich begraben. Dem steinernen Sarkophag unter dem Altar wurden 2009 mithilfe einer durch ein winziges Loch eingeführten Sonde menschliche Knochenreste entnommen, die aufgrund einer Altersbestimmung nach der Radiokarbonmethode aus dem 1. oder 2. Jahrhundert stammen, wie Papst Benedikt XVI. zum Abschluss des Paulusjahres im Juni 2009 öffentlich erklärte. Damit ist die theoretische Möglichkeit gegeben, dass es sich tatsächlich um die sterblichen Überreste des Apostels handelt.

Alltagsleben im antiken Rom

In den Straßen Roms herrscht unglaubliches Gedränge. Weit über 100 000 Menschen sind auf dem Weg zum Kolosseum, um den spektakulären Wagenrennen beizuwohnen. In der Ehrenloge hat Kaiser Hadrian Platz genommen. Das Spektakel beginnt mit einer festlichen Prozession, bei der unter dem Applaus des Publikums Götterbilder in die Arena getragen werden. Unter den begeisterten Zuschauern sind auch zahlreiche Christen. Der Kritik aus den eigenen Reihen begegnen sie mit dem Verweis auf die Heilige Schrift. Gott betrachte die Kunst des Wagenlenkens mit Wohlgefallen, da er den Propheten Elia mit einem Feuerwagen in den Himmel auffahren ließ. Haushoher Favorit in den Wettkämpfen ist der Wagenlenker Diocles aus Spanien, der seine Laufbahn im Rennstall der weißen Circuspartei begann und seit 131 für die Roten an den Start geht. Als sich Diocles mit 42 Jahren nach mehr als 4000 Rennen vom aktiven Sport zurückzieht, hat er alle Rekorde gebrochen und über 35 Millionen Sesterze an Preisgeldern eingefahren. Kaum jemand wurde im alten Rom so verehrt wie die Helden der Rennbahn, deren Bronzebüsten und Denkmäler das Stadtbild zierten.

Politisches System, Verwaltung und Ämterlaufbahn

Nachdem Octavian durch den Sieg über Marcus Antonius die Alleinherrschaft errungen hatte, begründete er mit dem Prinzipat eine neue Herrschaftsordnung, die durch eine Einbindung der kaiserlichen Monarchie in die Staatsform der Republik gekennzeichnet war. Octavian gab 27 v. Chr. seine Allgewalt über das Reich in die Hände des Senats zurück und stellte damit formal die Republik wieder her. Im Gegenzug betraute ihn der Senat als Prinzeps mit der allgemeinen Fürsorge für den Staat und verlieh ihm den sakralen Ehrennamen Augustus, der Erhabene. In der Folgezeit zog Augustus Schritt für Schritt mit Billigung des Senats alle Macht an sich und legte das Fundament für ein dauerhaftes Kaisertum, wobei er die Institutionen der Republik äußerlich am Leben erhielt. Der von 1000 auf 600 Mitglieder verkleinerte Senat hatte zwar seine unumschränkte Entscheidungsgewalt verloren, blieb aber ein wichtiger Machtfaktor.

Von einem vorbildhaften Prinzeps wurde erwartet, dass er die republikanische Fassade wahrte, indem er seine Herrschaft vom Se-

Das Fußbodenmosaik einer römischen Villa im saarländischen Nennig zeigt Gladiatorenkämpfe, um 150 n. Chr.

Das Fresko im Palazzo Madama in Rom von 1888 zeigt im Stil des Historismus Ciceros Anklage gegen Catilina vor dem Senat

nat legitimieren ließ und die Senatoren in die politischen Entscheidungsprozesse einband. Der Einfluss der alten Patrizierfamilien Roms, die in den Tagen der Republik die politische Bühne beherrscht hatten, schwand allerdings zusehends. Bei der Auffrischung und Erneuerung des Senats griff der Kaiserhof zunehmend auf „neue Männer" aus den romanisierten Eliten der Provinzen zurück. Am Ende des 2. Jahrhunderts stammte nur noch knapp die Hälfte der Senatoren aus Italien.

Mit dem Übergang zum Kaiserreich ging eine Verwaltungsreform in Rom einher, die im Kern bis in die Spätantike Bestand hatte. Augustus erkannte, dass die Strukturen aus der Zeit der Republik den Anforderungen einer Weltstadt nicht mehr gerecht wurden, und schuf für die wichtigsten Verwaltungsaufgaben neue Ämter. An die Spitze der Stadt rückte der vom Kaiser aus den Reihen der ehemaligen Konsuln berufene Stadtpräfekt, dem die Strafgerichtsbarkeit, das Kommando über die stadtrömischen Polizeieinheiten und die Verantwortung für das Funktionieren der Verwaltung oblagen. Das Amt gab es bereits in der Zeit der Republik, doch hatte man nur dann einen Stadtpräfekten ernannt, wenn sich beide Konsuln und die anderen Magistrate außerhalb Roms befanden.

Der Präfekt der Vigiles war für die Brandbekämpfung und die Aufrechterhaltung der öffentlichen Ordnung zuständig. Die Aufsicht über das Getreide, die zuvor in den Händen von Ädilen (*aediles cereales*) gelegen hatte, übertrug Augustus einem aus dem Ritterstand berufenen Präfekten der Nahrungsmittelversorgung (*praefectus annonae*). Dieser war dafür verantwortlich, dass immer eine ausreichende Menge an Getreide in den Magazinen der Stadt vorrätig war, ohne dass es zu Engpässen kam. Ihm standen zwei Präfekten der Getreideverteilung (*praefecti frumenti dandi*) zur Seite. Das Stadtgebiet Roms ließ Augustus in 14 Regionen einteilen, die sich in mehr als 250 Wohnviertel (*vici*) untergliederten. Für jedes Wohnviertel wurden vier Quartiervorsteher (*vicomagistri*) gewählt, die in den ihnen unterstellten Straßenzügen über Wasserzufuhr, Nahrungsmittelversorgung, Brandschutz und Kultwesen wachten.

Die senatorische Ämterlaufbahn (*cursus honorum*) aus den Tagen der Republik blieb in der Kaiserzeit in Kraft, auch wenn die damit verbundenen Ämter angesichts der Alleinherrschaft des Prinzeps politisch ihre Bedeutung eingebüßt hatten. Voraussetzung für eine öffentliche Tätigkeit waren fundierte Kenntnisse in der Rhetorik und Rechtsprechung, welche die Söhne der vornehmen Familien nach dem Besuch der Grammatikschule bei einem juristisch gebildeten Rhetoriklehrer erwarben. Am Anfang der alljährlich beginnenden senatorischen Laufbahn stand die Wahl in das Vigintivirat (Rat der 20 Männer), das sich in vier Magistraturen untergliederte. Die *triumviri capitales* waren für die Gefängnisse, die Überwachung von Häftlingen und die Vollstreckung von Todesurteilen zuständig. Den *triumviri monetales* oblag die Aufsicht über die Münzprägestätte in Rom. Die *quattuorviri viarum curandarum* trugen für den reibungslosen Ablauf der Straßenreinigung Sorge. Die *decemviri stlitibus iudicandis* schließlich übten richterliche Aufgaben aus und führten den Vorsitz beim Gericht für Erbschaftsangelegenheiten.

Mit der Quästur als nächster Stufe der Ämterlaufbahn wuchs die Verantwortung. Soweit sich die Kompetenz der 20 Quästoren nicht auf Italien oder die Provinzen, sondern auf Rom erstreckte, waren sie für die Straßenpflasterung, die Organisation von Gladiatorenspielen und die Verwaltung des Senatsarchivs verantwortlich. Dabei wurde erwartet, dass sie diese Aufgaben weitgehend aus eigener Tasche finanzierten. Zudem gab es Quästoren, die direkt den Konsuln oder dem Kaiser unterstellt waren, um diese bei den Senatssitzungen und der Ausübung ihrer öffentlichen Aufgaben zu unterstützen.

Nach Ablauf der zweijährigen Quästur schloss sich die Bewerbung auf das Amt des Ädilen oder des Volkstribuns an. Die Hauptaufgabe der vier Ädilen, von denen zwei plebejischer Herkunft sein mussten, bestand in der Zeit des Prinzipats darin, über das öffentliche Leben und den Handel in Rom zu wachen. In erster Linie prüften sie auf den Märkten die Maße und Gewichte oder kontrollierten die Qualität und den Preis der Waren. Daneben waren die Ädilen für die Überwachung von Straßen, Plätzen und öffentlichen Bauwerken zuständig. Die zehn Volkstribunen aus der Plebs, die in der Republik über beträchtlichen politischen Einfluss verfügt hatten, wurden in der Kaiserzeit in ihrer Macht beschnitten. Man betraute sie mit neuen Aufgaben wie der Leitung der 14 Regionen Roms oder der Überwachung von Begräbnissen.

Kaiser Augustus, Statue aus der Villa Livia in Primaporta, 1. Jahrhundert n. Chr.

Mit der Prätur, für die ein Mindestalter von 30 Jahren vorgeschrieben war, wurde die vorletzte Stufe des *cursus honorum* erklommen. Auf den Schultern der Prätoren, deren Zahl sich nach Schwankungen schließlich bei 18 einpendelte, lastete die Verantwortung für die Rechtspflege und die Gerichtsbarkeit in Rom. Den höchsten Stellenwert hatten die städtische und die peregrine Prätur. In den Zuständigkeitsbereich des städtischen Prätors fielen die zivilrechtlichen Auseinandersetzungen zwischen römischen Bürgern. Gerichtsprozesse, bei denen mindestens eine der beiden Konfliktparteien zur Gruppe der Fremden (*peregrini*) in Rom gehörte, lagen dagegen in der Hand des peregrinen Prätors. Bei ihrem Amtsantritt legten beide Prätoren in Edikten, die Grundlage späterer Rechtssammlungen wurden, die Richtlinien ihrer Rechtsprechung dar. Andere Prätoren führten den Vorsitz über Sondergerichte, die mit Vormundschaftsfragen, Erbstreitigkeiten oder Prozessen der Staatskasse gegen säumige Steuerzahler befasst waren. Zudem oblag den Prätoren die Aufgabe, alle öffentlichen Feiern und die damit zusammenhängenden Festspiele zu organisieren.

Die Prätur ebnete den Weg zu wichtigen zivilen oder militärischen Posten. Bis zum Konsulat, das in der Regel erst mit 40 Jahren bekleidet werden konnte, blieben etwa zehn Jahre, um die eigenen Fähigkeiten und Qualitäten unter Beweis zu stellen. Nur wer die Protektion des Kaisers genoss oder besonderen Rückhalt im Senat hatte, rückte weiter in der Karriereleiter auf. Ein vormaliger Prätor konnte juristischer Adjutant eines Statthalters, Kurator der Straßen Italiens, Präfekt der Getreideverteilung, Kommandeur einer Legion, Präfekt der Militärkasse, Präfekt der Staatskasse, Statthalter einer senatorischen Provinz im Rang eines Prokonsuls oder Statthalter einer kaiserlichen Provinz im Rang eines Legaten werden. Meist wurden nach der Prätur meh-

Rom zur Zeit des Neuen Testaments

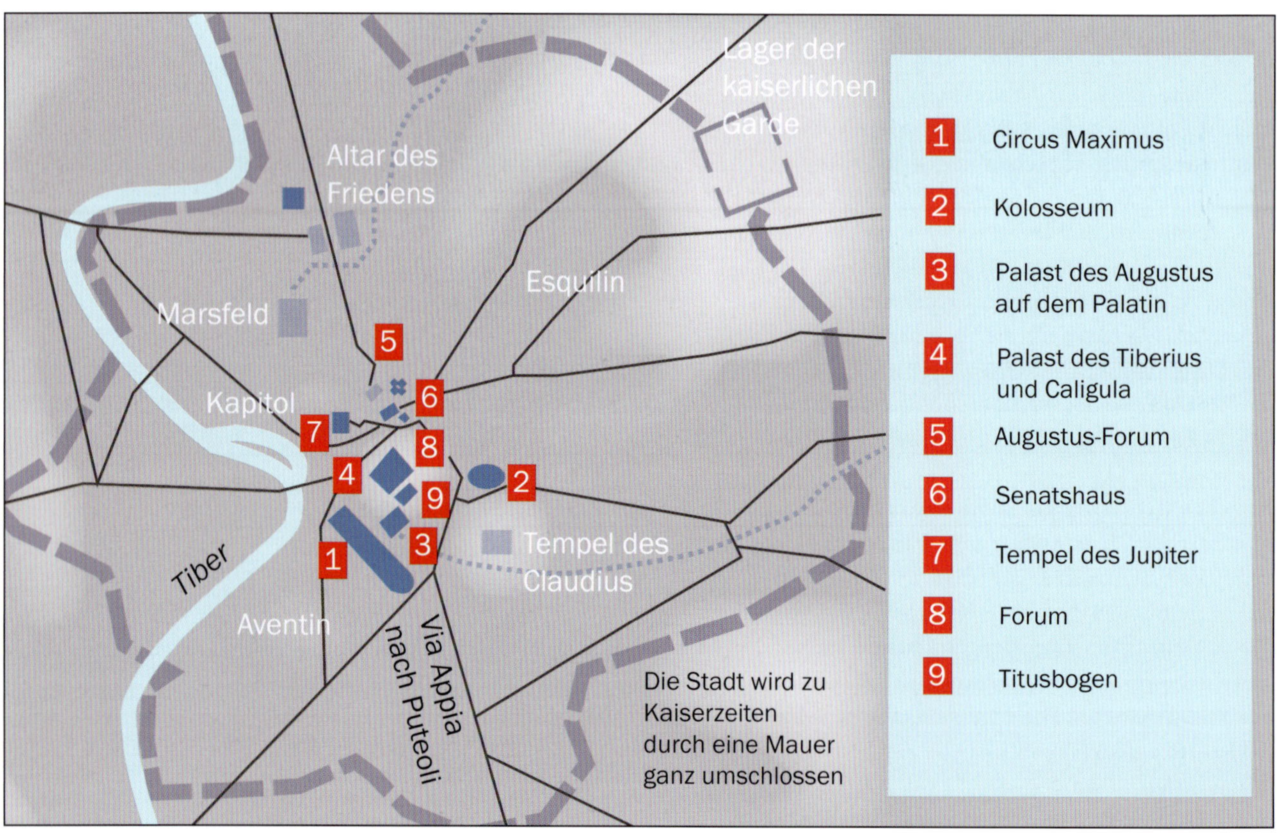

rere dieser Positionen durchlaufen. Die Ämter des Präfekten der Staatskasse und des Legaten einer kaiserlichen Provinz galten gemeinhin als direkte Sprungbretter in das Konsulat.

Das Konsulat stellte die Krönung der Ämterlaufbahn dar, die nur wenigen vorbehalten blieb. Das Amt des Konsuls hatte zwar in der Kaiserzeit seine ursprüngliche Bedeutung für die Leitung des Staates faktisch verloren, war aber nach wie vor mit höchstem Ansehen verbunden. Die Kompetenz der Konsuln erstreckte sich auf das Fällen und Vollstrecken von Todesurteilen, die Verfügungsgewalt über den Staatsschatz und die öffentlichen Ländereien sowie die Durchführung religiöser Feste. Die beiden Konsuln waren zwar für ein Jahr ernannt, traten aber in der Kaiserzeit meist schon nach wenigen Monaten zurück, um sogenannte Suffektkonsuln als Nachfolger ebenfalls in den Genuss der mit dem Amt verbundenen Ehren kommen zu lassen.

Unmittelbar nach dem Ausscheiden aus dem Konsulat warteten in Rom prestigeträchtige zivile Tätigkeitsfelder wie die Aufsicht über die geweihten Gebäude und öffentlichen Plätze, die Aufsicht über Ufer und Flussbett des Tibers oder die Aufsicht über die Aquädukte. Die Inhaber dieser Ämter waren wie Prätoren und Konsuln berechtigt, auf einem herrschaftlichen Amtsstuhl zu sitzen, eine mit Purpurstreifen eingefasste Toga zu tragen und sich von Liktoren begleiten zu lassen. Liktoren machten den Würdenträgern den Weg frei und schützten sie gegen Übergriffe. Danach konnte man darauf hoffen, abermals mit renommierten Statthalterposten in den Provinzen betraut zu werden.

Den Höhepunkt der konsularen Laufbahn markierte die Ernennung zum Stadtpräfekten von Rom oder die Einsetzung zum Prokonsul von Africa oder Asia. Während für die anderen Provinzen das Durchlaufen der Prätur als Eingangsvoraussetzung zur Übernahme des Statthalterpostens genügte, vergab der Senat das Prokonsulat über die reichen Provinzen Africa und Asia in aller Regel nur an ehemalige Konsuln.

Bevölkerung, Sozialstruktur und Wirtschaftsleben

Die freien Bewohner Roms gliederten sich in Bürger und in Fremde ohne Bürgerrecht. Augustus bedachte bei Geldgeschenken nie weniger als 250 000 Personen – dies dürfte die ungefähre Zahl der männlichen Erwachsenen widerspiegeln, die das stadtrömische Bürgerrecht besaßen. Rechnet man Frauen und Kinder mit ein, umfassten die Bürgerfamilien in Rom wohl mehr als 700 000 Personen. Hinzu kommt eine hohe Zahl von Fremden ohne Bürgerrecht, die aus den Provinzen stammten, und von Sklaven, die in den Haushalten der vornehmen Familien arbeiteten. Insgesamt dürfte Rom damit in der Kaiserzeit etwa eine Million Menschen in seinen Mauern beherbergt haben.

An der Spitze der römischen Gesellschaft rangierten die Senatoren und die Ritter. Der Senatorenstand hatte in der Zeit der Republik maßgeblich die Geschicke des Staatswesens gelenkt. Auch im Kaiserreich bildete er die ranghöchste Schicht, doch wurden seine Mitglieder nun vom Kaiser persönlich ausgewählt. Augustus hob das Mindestvermögen für die Aufnahme in den Senatorenstand auf eine Million Sesterze an. Die meisten Senatorenfamilien besaßen weitaus mehr. Praktisch alle Senatoren waren Großgrundbesitzer, die mit ihren Landgütern in Italien oder den Provinzen immense Summen erwirtschafteten, die sie durch Geldverleih, Handel und Geschäftsbeteiligungen weiter vermehrten.

Unter den Senatoren rangierten die Ritter, deren Mindestvermögen 400 000 Sesterze betrug. Der Ritterstand umfasste ursprünglich jene Personen, die sich ein Pferd leisten konnten und damit für Rom in den Krieg zogen. In der Spätzeit der Republik und im Kaiserreich brachten es die Angehörigen des Ritterstandes durch die Übernahme von Staatsaufträgen zu beträchtlichem Reichtum. Besonders lukrativ war die Beteiligung an Steuerpachtgesellschaften, die gegen einen festgesetzten Geldbetrag vom Staat die Steuerhoheit über römische Provinzen erwarben, wobei die ein-

In Karthago fand man das römische Mosaik eines Landguts mit Szenen des Landlebens, Ende 4. Jahrhundert.

getriebenen Steuern auch nach Abzug aller Betriebskosten die zuvor gezahlte Pacht bei Weitem übertrafen. In der Zeit der Republik war jedes Mitglied einer senatorischen Familie so lange ein Ritter, bis ihm die Aufnahme in den Senat gelang. Mit Beginn der Kaiserzeit wurden Ritterstand und Senatorenstand klarer voneinander abgegrenzt, wobei Personen ritterlicher Herkunft aber in senatorische Ämter aufsteigen konnten.

Die Millionenstadt Rom war ein Schmelztiegel unterschiedlicher Ethnien und Kulturen. Neben Latein und Oskisch, einem italischen Dialekt, entwickelte sich Griechisch zur dritten Alltagssprache. Die Mehrzahl der Zuwanderer gehörte zur sozialen Unterschicht oder zum Sklavenstand, doch siedelten auch Angehörige der provinzialen Eliten nach Rom über und stiegen in bedeutsame Positionen auf. Freigelassene Sklaven konnten es dank der Protektion ihrer Herren und der sozialen Dynamik der Stadt ebenfalls zu erheblichem Reichtum und beträchtlichem Einfluss bringen. Mit der Freilassung war das eingeschränkte Bürgerrecht verbunden. Die nachfolgende Generation besaß das volle Bürgerrecht und konnte sogar in den Ritterstand aufsteigen.

Handwerk, Handel und Dienstleistungen bestimmten das Wirtschaftsleben Roms. Im Handwerk waren alle für eine antike Großstadt typischen Gewerbe aus den Bereichen der Holz-, Metall-, Ton-, Naturstein-, Textil- und Lederverarbeitung anzutreffen. Allein im Baugewerbe und in den Ziegelmanufakturen dürften mehr als 100 000 Menschen beschäftigt gewesen sein, zumal die Stadt immer wieder von Brandkatastrophen in Mitleidenschaft gezogen wurde. Etliche Handwerksbetriebe waren auf die Produktion von Bleirohren für das weitgespannte Wasserversorgungsnetz spezialisiert. Die Silber-, Gold- und Bronzeschmieden stellten Schmuckstücke, Gefäße, Trinkbecher, Teller oder Waffen her, die im gesamten Reich Absatz fanden. Die Gewerbebetriebe befanden sich meist in den Wohnquartieren. Zusammengehörige Handwerkszweige konzentrierten sich oft in bestimmten Straßen oder Vierteln. Lediglich feuergefährliche oder stark geruchsbelästigende Betriebe wie Ziegelbrennereien oder Gerbereien waren an die Peripherie Roms ausgelagert.

Eine besondere Herausforderung stellte die Versorgung der Millionenstadt mit Nahrungsmitteln und Gebrauchsgütern dar. In diesen Sektor waren neben einem personalintensiven Verwaltungsapparat Zehntausende von Arbeitskräften eingebunden, die für Transport, Lagerung, Verarbeitung und Verkauf oder Verteilung der aus dem Umland und den Provinzen importierten Güter Sorge trugen. Auf den Märkten und öffentlichen Plätzen der Stadt betrieben Bankiers Stände oder Büros, wo die Bankangestellten Geld wechselten, Münzen prüften, Einlagen entgegennahmen und Kredite an Handwerker oder Großhändler vergaben.

Der Staatsdienst bot eine Vielzahl von Arbeitsplätzen am Kaiserhof, im Heer und in der Stadtverwaltung. Allein jeder einzelnen Magistratur war eine Zehnerschaft von niederen Verwaltungsangestellten wie Schreibern, Liktoren, Herolden oder Amtsdienern zugeordnet. Häufig bekleideten Freigelassene diese mit beachtlichem Ansehen verbundenen Positionen. Erwerbstätige Frauen waren vor allem in den Haushalten vornehmer Familien, im Kleinhandel, im Textilgewerbe, in der Gesundheitspflege oder im künstlerischen Bereich beschäftigt.

Sarkophagrelief eines Schuhmachers, um 200

Sozialfürsorge und Gesundheitswesen

Legionäre bei der Getreideernte, Ausschnitt aus dem Reliefband der Trajanssäule auf dem Trajansforum in Rom, 113 n. Chr.

Im Mittelpunkt der öffentlichen Sozialfürsorge stand die Getreidezuwendung (*annona*). Die Praxis, die Bürger Roms auf Staatskosten mit Getreide zu versorgen, reicht in die Spätzeit der Republik zurück. Aus ihr erwuchs im Prinzipat die Selbstverpflichtung des Kaisers zur Ernährung der stadtrömischen Bevölkerung. Davon hingen der innere Frieden und das Wohlwollen des Volkes gegenüber dem Herrscher ab. In Zeiten der Getreideknappheit aufgrund von Trockenheit und Missernten waren Unruhen an der Tagesordnung. Seit Nero spiegeln Münzprägungen mit dem Kaiserbild und der personifizierten Annona, die ein Ährenbündel und ein Getreidemaß in den Händen hält, propagandistisch die Fürsorge des Kaisers wider.

Allerdings kamen bei Weitem nicht alle Bewohner Roms in den Genuss kostenlosen Getreides. Personen ohne Bürgerrecht waren von vornherein ausgeschlossen. Nachdem Cäsar die Zahl der Getreideempfänger auf 150 000 begrenzt hatte, hob Augustus sie auf 200 000 an. Dieser Personenkreis bildete als Getreideplebs neben Senatoren und Rittern gewissermaßen einen dritten Stand in Rom. Das Bezugsrecht war nicht an das Einkommen gebunden, auch wohlhabende Römer profitierten von der staatlichen Zuwendung. Manche waren derart stolz darauf, dass sie die Zugehörigkeit zur Statusgruppe der Getreideempfänger auf ihrem Grabstein verewigen ließen. Ein Nachrücken in den Kreis der Privilegierten war nur dann möglich, wenn ein Platz frei wurde. Dazu führte man eine Warteliste und wendete bei der Platzvergabe vermutlich das Losverfahren an. Für die monatliche Ausgabe der Getreiderationen, die ab dem ausgehenden 1. Jahrhundert zentral in der Porticus Minucia Nova auf dem Marsfeld erfolgte, erhielten die Empfangsberechtigten Wertmarken in Form von Kupfermünzen. Den von Julius Cäsar in die Getreideverteilung einbezogenen Juden Roms räumte man das Recht ein, ihre Getreideration nicht am Sabbat in Empfang nehmen zu müssen. In der späten Kaiserzeit wurden zudem Öl, Wein und Fleisch verbilligt an die Bevölkerung abgegeben.

In der Praxis der staatlichen Getreideverteilung spiegelt sich der Anspruch der Bürger Roms wider, von den eroberten und unterworfenen Ländern ernährt zu werden. In der Kaiserzeit dienten insbesondere die Provinzen Ägypten und Africa als Kornkammern der Hauptstadt, wobei das von dort importierte Getreide meist mit Steuerverpflichtungen gegenüber Rom verrechnet wurde. Auf dem Seeweg gelangte das Getreide nach Italien. Wichtigster Zielhafen war Puteoli, wo die Getreidelieferungen auf kleinere Schiffe umgeladen und über Ostia auf dem Tiber flussaufwärts nach Rom transportiert wurden.

Ab der Mitte des 1. Jahrhunderts konnten die Getreideflotten aus Ägypten und Nordafrika direkt Ostia ansteuern, nachdem Claudius den bis dahin nur aus einer natürlichen Bucht bestehenden Hafen mit Becken und Kais versehen hatte. Unter den nachfolgenden Kaisern setzte sich der Ausbau Ostias und seiner Hafenanlagen kontinuierlich fort. In Rom war bereits in republikanischer Zeit im Süden der Stadt ein neuer Tiberhafen mit riesigen Speicheranlagen entstanden, der unter Trajan nochmals großflächig erweitert wurde. Neben den regelmäßigen Getreidezuwendungen kam die Bevölkerung Roms anlässlich von Festen und Triumphzügen in den Genuss von weiteren kaiserlichen Wohltaten wie Geldgeschenken oder einem kostenlosen Barbierbesuch.

Zur Fürsorge des Prinzeps gegenüber dem Volk gehörte auch der Bau von Kaiserthermen. Luxuriöse Badeanlagen gab es in der Zeit der Republik nur in den Villen der Reichen. Für die breiten Bevölkerungsschichten existierten in den Wohnvierteln Roms kleinere Badehäuser, die der Hygiene dienten und Orte der Geselligkeit waren. Die erste große Badeanlage wurde von Marcus Agrippa, dem Schwiegersohn des Augustus, auf dem Marsfeld errichtet und 19 v. Chr. in Betrieb genommen. Die Agrippathermen umfassten neben Warmwasserbecken auch ein großes Freiluftbad. In der Ausstattung orientierten sie sich mit Marmorbecken, Mosaikböden, Stuckverzierungen, Fresken und griechischen Skulpturen am Luxus der Privatbäder.

Rekonstruktion der Caracallathermen, Holzschnitt um 1880

Agrippa vermachte die Badeanlage in seinem Testament der stadtrömischen Bevölkerung zur unentgeltlichen Nutzung. In der Folgezeit erbauten Nero, Titus und Trajan nach dem Vorbild Agrippas prachtvolle öffentliche Thermen und ließen sich dafür als Wohltäter des Volkes feiern. Neben Wasserbecken umfassten die monumentalen Anlagen auch Parks, Bibliotheken und Räume zur sportlichen Ertüchtigung. Die imposantesten Badepaläste aus der späteren Kaiserzeit, in denen sich täglich viele Tausend Menschen auf Staatskosten vergnügten, waren die heute noch in Überresten erhaltenen Caracallathermen im Süden Roms und die Diokletiansthermen auf dem Viminal.

Um die medizinische Versorgung stand es für die breiten Bevölkerungsschichten Roms weniger gut, obwohl der Staat die Ansiedlung von Ärzten nach Kräften förderte. Anfang des 1. Jahrhunderts v. Chr. brachte Asklepiades von Prusa die wissenschaftliche Medizin aus dem Osten nach Rom. Julius Cäsar verfügte, dass zugewanderte Ärzte in den Genuss des Bürgerrechts kamen. Augustus räumte dem Ärztestand Steuerfreiheit ein, Vespasian befreite die Ärzte zusätzlich vom Militärdienst. Der mit Abstand bedeutendste römische Arzt der Antike war Galen. Er kam um 160 aus Pergamon nach Rom und wirkte nicht nur als Leibarzt am Kaiserhof, sondern auch als Philosoph. Galen verhalf der hippokratischen Heilkunst im Abendland zu kanonischem Rang und prägte mit seinem umfangreichen literarischen Werk die Medizin bis in die Neuzeit. Mit Rufus aus Samaria, auf den sich Galen in seinen Schriften mehrfach beruft, wirkte im 2. Jahrhundert auch ein renommierter jüdischer Arzt in Rom. Die wissenschaftliche Medizin blieb weitgehend der zahlungskräftigen Oberschicht und deren Hausangehörigen vorbehalten, wobei die hohen Arzthonorare noch nichts über die Qualität der Behandlung aussagten. Galen beklagte, dass die Mehrzahl der Ärzte nicht einmal schreiben könne und angesichts einer nur sechsmonatigen medizinischen Ausbildung sogar Schuster, Zimmerleute, Färber und Schmiede ihr Handwerk aufgäben, um sich der gewinnträchtigeren Heilkunst zuzuwenden.

Zur Aneignung medizinischer Kenntnisse und Fertigkeiten standen ärztlich-pharmazeutische Handbücher zur Verfügung. In der Zeit des Kaisers Tiberius verfasste Aulus Cornelius Celsus ein enzyklopädisches Werk über die Medizin, das mit der Einteilung der Heilkunst in die drei Disziplinen der Diätetik, Pharmazeutik und Chirurgie einen Meilenstein in der Medizingeschichte markiert. Scribonius Largus, der in enger Beziehung zu Kaiser Claudius stand und vielleicht dessen Leibarzt war, bietet in seinen „Compositiones" eine Sammlung von 271 Rezepten gegen Krankheiten sämtlicher Körperteile. Vorangestellt ist die älteste erhaltene Fassung des hippokratischen Eides. Pedanios Dioskurides, der vermutlich unter Claudius oder Nero als Militärarzt wirkte, beschreibt in seinem Buch „Über die Heilstoffe" akribisch die Herstellung, Aufbewahrung und therapeutische Anwendung von mehr als 1000 pflanzlichen, tierischen und mineralischen Arzneimitteln. Plinius der Ältere widmet sich in seiner Naturgeschichte auch der Geschichte der Medizin und den Heilmitteln aus der Natur. Marcellus Empiricus verfasste in der Zeit von Kaiser Theodosius sein Buch „De medicamentis", das allerdings ähnlich wie das Werk des Plinius auch voll von Rezepten ist, die dem Aberglauben entsprungen sind.

Eine Alternative zu den gut bezahlten Ärzten, die meist Vorauskasse forderten, stellte die Tempelmedizin dar. Auf der Tiberinsel befand sich seit dem frühen 3. Jahrhundert v. Chr. ein Tempel des Heilgottes Asklepios. Nach Opfer- und Reinigungsriten übernachteten die Heilungsuchenden in einem Schlafsaal. Dort erschien ihnen Asklepios im Traum, um sofort Heilung zu bringen oder Weisungen zu erteilen, deren Ausführung die Wiederherstellung der Gesundheit bewirkte. Ein unerschütterliches Vertrauen in die Heilkraft der Gottheit und für die Psyche förderliche Traumerlebnisse zogen im Zusammenspiel mit ärztlichen Praktiken der medizinisch geschulten Priester die Genesung nach sich.

Ein krankes Kind wird in den Tempel des Asklepios gebracht, Gemälde von John William Waterhouse, 1877.

Von der Tiberinsel sind vier in Stein gemeißelte Heilungsberichte erhalten. Ein erblindeter Soldat namens Valerius Aper gewann seine Sehkraft zurück, nachdem er auf Anweisung des Asklepios die Augen mit einer Salbe aus Hahnenblut und Honig behandelt hatte. Einem an Rippenfellentzündung leidenden Lucius offenbarte der Heilgott im Schlaf, dass Umschläge aus Asche und Wein die Genesung bringen würden, was dann tatsächlich eintrat. Als Gegenleistung wurde in der Regel ein Obolus für die Tempelkasse erwartet. Wer sich weder Arzt noch Tempelbesuch leisten konnte, griff im Krankheitsfall auf Volksheiler oder Hausmittel zurück. Öffentliche Ärzte, die aus der Stadtkasse entlohnt wurden und Bedürftige unentgeltlich behandelten, sind für Rom erst im 4. Jahrhundert bezeugt. Ob es sie auch schon in der frühen Kaiserzeit gab, bleibt fraglich.

Kleidung und Ernährung

Das wichtigste Kleidungsstück des römischen Mannes wie der römischen Frau war die Tunika. Dabei handelt es sich um ein kittelartiges Gewand aus zwei rechteckigen Leinen- oder Wolltüchern, die an den Schultern und den Seiten mit Aussparungen für Hals und Arme zusammengenäht wurden. Die Ärmel reichten meist nicht einmal bis an die Ellbogen. In Höhe der Hüfte wurde die Tunika durch einen Gürtel oder eine Schnur zusammengehalten. Der Stoff blieb ungefärbt. Hohe Offiziere trugen allerdings eine rote Tunika. Die Länge der Tunika konnte variieren und war zugleich ein Zeichen der Standeszugehörigkeit. Bei Soldaten und Handwerkern endete die Tunika aus praktischen Gründen oberhalb der Knie, vornehme Männer trugen sie bis knapp unterhalb der Knie. Bei Frauen reichte die Tunika bis an die Knöchel, wie es zuweilen auch bei Schauspielern Mode war. An der Tunika der Senatoren befand sich auf beiden Seiten von der Schulter bis zum unteren Saum ein etwa 75 Millimeter breiter aufgenähter oder eingewebter Purpurstreifen. Die Tunika der Ritter war mit schmaleren Purpurstreifen verziert. Als Unterwäsche diente eine Art Schurz, Frauen legten zusätzlich eine Brustbinde an.

Über der Tunika trug man außerhalb des Hauses die Toga. Sie bestand aus einem etwa sechs Meter langen und zwei Meter breiten Wolltuch, das kunstvoll um den Körper drapiert wurde. Die Toga der höheren Magistrate, der Senatoren und der Mitglieder der Priesterkollegien war mit Purpurstreifen eingefasst (*toga praetexta*). Frauen konnten anstelle der Toga auch eine Stola anlegen. Zum Schutz gegen Regen und Kälte dienten Männern wie Frauen Kapuzenmäntel aus festem Wollstoff. An den Füßen trug man zu Hause Sandalen, zum Ausgehen einen geschlossenen Lederschuh, der über die Knöchel reichte und dort gebunden wurde. Wie die Tunika und die Toga waren auch die Schuhe ein Statussymbol. Senatoren und höhere Magistrate hatten das Privileg, bis zu den Waden reichende Schuhe aus rotem Leder zu tragen. Frauenschuhe waren ebenfalls häufig bunt und zuweilen mit Goldriemen verziert. Handwerker und Soldaten trugen Riemenschuhe, deren Sohle aus mehreren Lederlagen bestand und zum Schutz gegen Abnutzung mit Nägeln beschlagen war.

Das Lebensmittelangebot in Rom ließ kaum Wünsche offen. Aus allen Teilen der damals bekannten Welt kamen die kostbarsten Spezialitäten in die Ewige Stadt. Die Nahrungsmittel der einfachen Leute waren Brot, Öl, Käse, Gemüse, Fisch und Früchte. Dank der öffentlichen Getreidezuwendungen verfügte die Mehrzahl der stadtrömischen Familien über eine staatliche Grundversorgung. Das Getreide diente zum Brotbacken. Die alte Gewohnheit, aus Mehl und Wasser einen nahrhaften Getreidebrei zu bereiten, war in der Kaiserzeit aus der Mode gekommen. Unter Kaiser Aurelian in den Siebzigerjahren des 3. Jahrhunderts wurde statt Getreide gleich gebackenes Brot verteilt.

Gemüsearten wie Kohl, Lauch, Lattich, Kürbisse sowie Pilze oder Hülsenfrüchte und Obstsorten wie Feigen, Trauben, Oliven oder Nüsse, die in Italien angebaut wurden, waren auf den Märkten Roms in großen Mengen und zu erschwinglichen Preisen erhältlich.

Statue mit kunstvoll drapierter Toga, 1. Jahrhundert n. Chr.

Ausgefallenere Früchte wie Datteln oder Aprikosen kamen aus den Provinzen. Auch Fisch und Fleisch stellten einen festen Bestandteil der römischen Speisetafel dar. In Salzlake eingelegte oder getrocknete Fische aus dem Mittelmeer konnten sich auch die kleinen Leute leisten. Teurer war Schweine- und Ochsenfleisch. Delikatessen wie Hirsch, Haselmaus, Pfau, Fasan, Storch, Rotbarsch oder Scholle blieben weitgehend den Reichen vorbehalten, die auf ihren Landgütern eine intensive Fisch-, Geflügel- und Wildzucht betrieben. Wenn die eigene Produktion nicht ausreichte, hielt der Handel genügend Nachschub bereit.

In vielen Senatorenfamilien und am kaiserlichen Hof waren hoch bezahlte Köche angestellt, die sich gegenseitig darin übertrumpften, für die opulenten Gastmähler ihrer Dienstherren möglichst ausgefallene Menüs zu entwerfen und damit zum Stadtgespräch zu werden. Einer der größten Gourmets der Kaiserzeit war Marcus Gavius Apicius, ein Zeitgenosse von Tiberius, der Seneca zufolge sein gesamtes Vermögen für Schlemmereien verprasste. Apicius führte Spezialitäten wie Flamingozungen, Hahnenkämme oder Kamelfersen in die römische Küche ein und verfasste zwei Kochbücher. Von ihm soll auch die Idee stammen, Schweine mit Feigen zu mästen und ihnen kurz vor der Schlachtung Honigwein einzuflößen, um eine besonders wohlschmeckende Leber zu erhalten. Das unter dem Namen des Apicius überlieferte Buch „Über die Kochkunst", das mit seinen rund 500 Rezepten anschauliche Einblicke in die Gaumenfreuden der römischen Oberschicht gewährt, stammt allerdings erst aus der späteren Kaiserzeit.

Die Römer nahmen in der Regel drei Mahlzeiten am Tag ein. Das eher karge Frühstück bestand aus Brot, Oliven und Datteln. Um die Mittagszeit folgte eine reichhaltigere Mahlzeit aus warmen und kalten Speisen wie Fleisch, Fisch, Wurst, Käse und Früchten, an die sich zumindest an den heißen Sommertagen eine Mittagsruhe anschloss. Die Hauptmahlzeit war das Abendessen im Kreis der Familie, zu dem man häufig auch Gäste einlud. Die Speisenfolge des dreigängigen Menüs variierte je nach persönlichem Geschmack, kulinarischen Trends und finanziellen Möglichkeiten. Das eher bescheidene Abendessen der kleinen Leute konnte aus Lattich, Porree, eingelegtem Fisch und Eiern als Vorspeise, Kohl und Bohnen mit Speck als Hauptgericht und Trauben, Birnen und gedünsteten Maronen als Nachspeise bestehen. Dazu trank man verdünnten Wein.

Marktstand, der zwei Affen als Attraktion bereithält, Relief einer Grabstele um 200

Wagenrennen erfreuten sich beim römischen Publikum größter Beliebtheit, Terrakottarelief um 50 n. Chr.

In den Häusern der Reichen entwickelte sich das Abendessen zu einem luxuriösen Mahl, das sich mit Tischgesprächen, Auftritten von Tänzerinnen oder Musikern und der Verlosung von Geschenken nicht selten bis tief in die Nacht hinzog. Die geladenen Gäste trafen am späten Nachmittag ein. Diener kümmerten sich um die Straßenkleidung der Eintretenden, wuschen ihnen die Füße und geleiteten sie in den Speisesaal, wo ihnen entsprechend ihrem Rang die Plätze zugewiesen wurden. Zum Mahl tischte der Gastgeber Unmengen von erlesenem Fisch, Muscheln, Austern, Wild, Geflügel und weiteren Delikatessen auf. Das Essen wurde in schräg liegender Stellung auf Ruhebetten eingenommen, wobei man den linken Ellbogen auf ein Kissen stützte und die Füße nach rechts ausstreckte. Den Teller, der in den Häusern der Reichen aus kostbarem Silber statt aus Keramik bestand, hielt man in der linken Hand. Der Gebrauch von Besteck war noch nicht üblich. Als besonders vornehm galt es, mit den Fingerspitzen zu essen, ohne sich Gesicht und Hände zu beschmutzen.

Wagenrennen, Gladiatorenkämpfe, Tierhetzen und Schauspiele

Die Ausrichtung von Spielen verschlang Unsummen des Staatshaushalts und war neben der Getreideversorgung ein Gradmesser für die Beliebtheit eines Herrschers im Volk. In Rom gab es eine Vielzahl von Veranstaltungsbauten, in denen das Unterhaltungsbedürfnis der Massen gestillt wurde. Die größte Spielstätte war der Circus Maximus, der etwa 150 000 Personen Platz bot und in erster Linie der Austragung von Wagenrennen diente. Daneben existierten kleinere Circusbauten wie der Circus Flaminius auf dem Marsfeld, der Circus des Nero am Vatikan und später auch der Circus des Maxentius an der Via Appia. Für die zunächst auf dem Forum Romanum ausgetragenen Gladiatorenkämpfe und die Tierhetzen bot seit der Flavierzeit das unter Titus eingeweihte Kolosseum, das etwa 50 000 Zuschauer fasste, einen passenden Rahmen.

Bühnenstücke führte man lange Zeit nur auf provisorischen Holzbauten auf, bis Pompeius in Verbindung mit dem Venustempel auf dem Marsfeld das erste steinerne Theater Roms errichten ließ. Bevorzugter Austragungsort athletischer Wettkämpfe im griechischen Stil war das von Cäsar erbaute Sportstadion, das ebenfalls auf dem Marsfeld stand. Das in den Spielstätten anwesende Publikum deckte das gesamte Spektrum der Gesellschaft vom Kaiser bis zum Sklaven ab, wobei die Plätze streng nach der sozialen Stellung gestaffelt waren. Die vorderen Reihen blieben der Oberschicht vorbehalten, in den hinteren Rängen drängten sich die Zuschauer mit dem niedrigsten Ansehen. In Rom beging man im Jahresverlauf eine Vielzahl von Festivitäten, die von Spielen und

Wettkämpfen aller Art begleitet waren. So gab es etwa im April zu Ehren von Ceres, im Juli zu Ehren von Apollo und im September wie November zu Ehren von Jupiter große religiöse Feste, die sich über einen Zeitraum von bis zu zwei Wochen erstreckten. In der Regel waren die letzten Tage der Feierlichkeiten für die Spiele im Circus reserviert. Auch zahlreiche Christen erlagen der Anziehungskraft der Spektakel, die mit der Verehrung paganer Gottheiten und dem Blutvergießen zu Unterhaltungszwecken gegen das biblische Ethos verstießen.

Die im Circus Maximus mit rasantem Tempo gefahrenen und regelmäßig von tödlichen Unfällen überschatteten Wagenrennen boten Nervenkitzel pur. Waghalsige Überholmanöver, gezielte Behinderung der Rivalen, lebensgefährliche Kollisionen und halsbrecherische Stürze, bei denen die fest mit den Zügeln verbundenen Fahrer durch die Arena geschleift wurden, versetzten das Publikum in Begeisterung. Die erfolgreichen Wagenlenker – meist handelte es sich um Sklaven oder Freigelassene – waren Volkshelden und bezogen von ihren Rennställen üppige Gehälter.

Gladiatoren wiederum hatten als hoch spezialisierte Kämpfer eine langwierige Ausbildung durchlaufen, bevor sie in der Arena eingesetzt werden konnten. Domitian ließ in Rom zur Sicherung des Nachschubs für die öffentlichen Kampfspiele vier staatliche Gladiatorenkasernen errichten, in denen die Gladiatoren trainierten und ärztlich betreut wurden. Die größte von ihnen lag in unmittelbarer Nähe des Kolosseums und war mit diesem durch einen unterirdischen Gang verbunden, über den die Gladiatoren von ihrem Quartier aus direkt die Arena erreichen konnten. In den Provinzen des Reichs war die Gladiatorenausbildung meist privatwirtschaftlich organisiert. Sie lag in den Händen

In Pompeji fand man diesen Gladiatorenhelm aus Bronze mit Krempe und sichelförmigem Kamm, der in einen Greifenkopf ausläuft, um 50 n. Chr.

findiger Geschäftsleute, die Gladiatorentruppen unterhielten. Mit deren Vermietung oder Verkauf an die Ausrichter von Kampfspielen erzielten sie beträchtliche Gewinne.

Der Nachschub für die Gladiatorenschulen rekrutierte sich vor allem aus Kriegsgefangenen, Sklaven und Verbrechern. Der Strafkatalog des römischen Rechts sah eigens die Möglichkeit der Verurteilung zum Gladiatorendienst vor. Daneben gab es eine beträchtliche Zahl von Freiwilligen, die sich in der Hoffnung auf Geld und Ruhm vertraglich an einen auf das Gladiatorenwesen spezialisierten Geschäftsmann banden. Vereinzelt traten auch Frauen als Kämpferinnen gegeneinander an, was von den einen als Zeichen der Gleichberechtigung gepriesen wurde, während die anderen darin den Beweis für den völligen Verfall der Sitten sahen. Wenn ein Gladiator besiegt war, entschied das Publikum durch Daumenzeig und Zuruf, ob er begnadigt oder getötet werden sollte. Ein buntes Unterhaltungsprogramm von Akrobaten, Gauklern, Musikern und Kleinwüchsigen umrahmte die blutigen Kämpfe. In den Pausen, wenn man die Leichen aus der Arena schaffte und den blutgetränkten Sand austauschte, spielte eine Kapelle.

Neben Wagenrennen und Gladiatorenkämpfen stellten Tierhetzen eine große Attraktion der antiken Unterhaltungskultur dar. Dazu brachte man mit erheblichem logistischem Aufwand eine Vielzahl exotischer Tiere wie Löwen, Panther, Giraffen, Elefanten, Affen, Nashörner, Bären, Strauße oder Krokodile aus den entlegensten Winkeln des Reichs nach Rom. Die Tierhetzen konnten auf unterschiedlichste Weise inszeniert werden. Die älteste Form des Spektakels bestand darin, die wilden Tiere aufeinander loszulassen, damit sie sich gegenseitig zerfleischten. In der Kaiserzeit wurden die Tierhetzen meist in Form von Schaukämpfen zwischen Mensch und Bestie organisiert. Allein bei den 100-tägigen Einweihungsfeierlichkeiten des Kolosseums sollen auf diese Weise 9000 Tiere getötet worden sein. Die Tierkämpfer genossen wie die Wagenlenker und Gladiatoren hohe Popularität.

Großen Gefallen fand das Publikum zudem an der äußerst brutalen Vollstreckung von Todesurteilen durch die *damnatio ad bestias*, bei der Schwerverbrecher und Kriegsgefangene in der Arena von Raubtieren zerfleischt oder von Elefanten zu Tode getrampelt wurden. Im Gegensatz zu den gut ausgebildeten und bewaffneten Tierkämpfern waren die Delinquenten den Bestien hilflos ausgeliefert. Dieser Hinrichtungsmethode fielen auch unzählige Christen zum Opfer.

Das Unterhaltungsangebot im Theater umfasste musikalische Darbietungen sowie Komödien und Tragödien nach griechischer Art. Großer Beliebtheit erfreuten sich zudem die musikalisch untermalten Pantomimen von kostümierten und maskierten Tänzern und die italischen Mimen, bei denen es sich um derbe Lustspiele mit improvisatorischem Charakter handelte. Relativ selten und daher ein besonderer Zuschauermagnet waren die außerordentlich aufwendigen Naumachien: in künstlichen Wasserbecken oder auf dem Tiber nachgespielte Seeschlachten.

Religiöses Leben und Kulte

Auch in der Kaiserzeit bildete der altrömische Götterglaube das Fundament des religiösen Lebens in Rom und dominierte den Festkalender. An der Spitze des Pantheons stand Jupiter, der seit ältester Zeit wichtigste Schutzherr der Römer. Die öffentlichen Kulthandlungen lagen im Wesentlichen in der Hand der vier hohen Priesterkollegien.

Das Kollegium der Pontifices hatte die Oberaufsicht über alle Kulthandlungen und den Kalender. An seiner Spitze stand der Pontifex Maximus, bei dem es sich seit Augustus um den Kaiser handelte. Ihm unterstellt war der Rex Sacrorum als zweithöchster Priester. Zu den Pontifices zählten auch die Flamines und die Vestalinnen. Bei den vom Pontifex Maximus eingesetzten Flamines handelte es sich um die einer bestimmten Einzelgottheit zugeordneten Priester, für deren Verehrung sie

Verantwortung trugen. Die drei Flamines Maiores waren für den Kult der Hauptgottheiten Jupiter, Mars und Quirinus zuständig. Zu Beginn der Kaiserzeit wurde auch ein Flamen für den zum Gott erhobenen Julius Cäsar eingesetzt. Mit dem Voranschreiten des Kaiserkults kamen in der Gestalt der Flamines Divorum neue Einzelpriester für die weiteren nach ihrem Tode vergöttlichten Angehörigen des Kaiserhauses hinzu. Zudem gab es seit alters her zwölf Flamines Minores für weitere Gottheiten wie etwa Vulcanus, Flora oder Ceres.

Die Vestalinnen waren sechs zur Keuschheit verpflichtete Priesterinnen. Sie wachten über das Heilige Feuer im Tempel der Göttin Vesta, den angeblich schon König Numa auf dem Forum Romanum errichtet hatte. Ein Erlöschen des Feuers galt als Zeichen dafür, dass größtes Unglück über Rom kommen werde.

Das Priesterkollegium der Auguren ergründete, inwieweit sich ein staatliches oder privates Vorhaben des Wohlwollens der Götter gewiss sein konnte. Das Zeichen der Auguren war der vielfach auf römischen Münzen abgebildete Krummstab. Zur Ermittlung des Götterwillens diente die Vogelschau. Aus dem Flug und den Lauten der Vögel las man heraus, ob die Götter Zustimmung oder Ablehnung signalisierten. An dieser Stelle ergaben sich Überschneidungen mit dem Betätigungsfeld der Haruspices, die Spezialisten in der Weissagung waren und die Eingeweideschau praktizierten. Dazu opferte man ein Tier und betrachtete die inneren Organe, um aus deren Aussehen Rückschlüsse auf den Götterwillen und die Zukunft zu ziehen.

Das Kollegium der *quindecimviri sacris faciundis* (15 Männer zur Durchführung von Opfern) war für die Befragung und Deutung der Sibyllinischen Bücher verantwortlich, einer im Jupitertempel auf dem Kapitol verwahrten Sammlung von Orakelsprüchen. Zudem wachte das Kollegium über die ordnungsgemäße Durchführung der darin vorgeschriebenen Kulthandlungen. Die Hauptaufgabe der *septemviri epulonum* (sieben Männer

Im Tempel der Vesta wachten die Vestalinnen über das Heilige Feuer. Reste des Tempels auf dem Forum Romanum

für Festmähler) als jüngstem der vier hohen Priesterkollegien bestand in der Organisation des Kultmahls für Jupiter anlässlich der ihm gewidmeten Ludi Romani im September und Ludi Plebeii im November. Die Priesterämter, für die nur unbescholtene und frei geborene römische Bürger ohne körperliche Gebrechen in Betracht kamen, waren mit hoher gesellschaftlicher Reputation verbunden. Bei der Amtsausübung trugen die wichtigsten Priester Tracht und Insignien. Priester waren in der Regel von der Steuerpflicht und vom Militärdienst befreit. Bei Spielen und Festivitäten kamen sie in den Genuss von Ehrenplätzen. Die Bestellung zum Priester erfolgte auf Lebenszeit, wobei man aber von dem Amt zurücktreten konnte. Der Priesterdienst der Vestalinnen war von vornherein auf 30 Jahre beschränkt.

Von den neuen Religionen aus dem Osten übten vor allem die Mysterienkulte große Anziehungskraft auf die Menschen aus. Während sie in den Tagen der Republik immer wieder der Repression der stadtrömischen Behörden ausgesetzt waren, konnten sie in der Kaiserzeit weitgehend unbehelligt ausgeübt werden, zumal sie sich mit ihrem Polytheismus anders als das Christentum nahtlos in den Staatskult integrieren ließen. Es handelte sich um Ge-

Der Mithraskult war eine der unterschiedlichen Mysterienreligionen, die im antiken Rom kursierten. Das Relief zeigt Mithras, der einen Stier tötet.

heimkulte mit oft mehrstufigen Weihen, die den Gläubigen durch intensive Bindung an die Gottheit und Überschreitung der Alltagsgrenzen ein besseres Leben im Diesseits und Seligkeit im Jenseits verhießen. Im Hintergrund aller Mysterien stand ein erklärender Mythos, der das Kultgeschehen in der Göttergeschichte verankerte. Dabei geht es um den Leidensweg der Gottheit, an dessen Ende meist Rettung und neues Leben stehen. Die Mysten gewannen durch rituelle kultische Handlungen Anteil am Schicksal der Gottheit.

Besonderen Zuspruch erfuhren in Rom die Kulte der auch als Magna Mater bezeichneten Kybele, der Atargatis, der Isis und des Mithras. Die Mysterien der anatolischen Muttergottheit Kybele, für die bereits 205 v. Chr. auf dem Palatin und später auch auf dem Vatikan ein Tempel errichtet wurde, waren durch blutige archaische Riten gekennzeichnet. Die Mysten wollten durch Selbstentmannung oder Einritzen der Gliedmaßen das Geschick des Attis, des untreuen Geliebten der Kybele, nachvollziehen. Auch die Anhänger der syrischen Göttin Atargatis, deren Heiligtum im überwiegend von Zuwanderern aus dem Osten bewohnten Stadtteil Travestere stand, fügten sich bei den ekstatischen Kultfeiern Verwundungen zu, womit sich die Hoffnung auf neues Leben verband.

Im mehrfach von den Behörden zerstörten Tempel der Isis auf dem Marsfeld wurde im Kultgeschehen symbolisch das Schicksal ihres brüderlichen Gemahls Osiris nachvollzogen, dessen im Nil verstreute Leichenteile die Göttin wieder zusammensetzte und zu neuem Leben erweckte. Der Lichtgott Mithras eroberte von Persien aus den Westen des Römischen Reichs. Der in Vereinsform organisierte und nur Männern zugängliche Kult umfasste sieben mit den Planeten verbundene Weihegrade. Das Durchlaufen dieser Weihegrade symbolisierte den Aufstieg der Seele durch die Himmelssphären. Die Verehrer des Mithras kamen vor allem aus dem kaiserlichen Verwaltungsapparat und dem römischen Heer. Als Versammlungsorte dienten Höhlen, da sich Mithras dem Mythos zufolge in einer Höhle aufgehalten und dort durch die Tötung des Stieres die Grundlagen für die Entstehung der kultivierten Welt geschaffen hatte. In der Nähe des Circus Maximus, im Park des Palazzo Barberini, unter der Basilika San Clemente und unter den Caracallathermen sind Mithrashöhlen aus dem antiken Rom erhalten geblieben.

Die Mysterienkulte wurden ebenso wie das Kultwesen für die altrömischen Götter vom Priesterkollegium der *quindecimviri sacris faciundis* überwacht und ihre Festivitäten teilweise in den Kalender aufgenommen. So feierte man im April die einwöchigen Ludi Megalenses zu Ehren der Kybele.

Bestattungsriten und Grabstätten

Zur Bewältigung der Trauer über das Ableben eines Menschen entwickelte sich in Rom ein festes Bestattungsritual mit Totenklage und Totengedenken. Nach Eintritt des Todes riefen die Familienangehörigen die verstorbene Person dreimal mit Namen an, um deren Seele die Liebe der Familie zu zeigen. Im Anschluss bahrte man den vom Bestattungsunternehmer gewaschenen, gesalbten und in eine Toga gekleideten Leichnam für drei bis sieben Tage im Atrium des Hauses auf. Während dieser Zeit trugen professionelle Klageweiber gemeinsam mit den Hinterbliebenen einen von Flöten- und Saitenspiel untermalten Wechselgesang vor, in dem die verstorbene Person beklagt und gepriesen wurde. Danach setzte sich der Trauerzug zur Begräb-

Entlang der Via Appia finden sich noch heute Gräber und Kolumbarien aus der Antike.

nisstätte in Bewegung. Dem auf einer Bahre getragenen Leichnam legte man eine Münze als Fährgeld für die Überfahrt zur Unterwelt in den Mund. Bei vornehmen Familien begleiteten Musiker, Klageweiber, Fackelträger und Mimen, die Szenen aus dem Leben des Verstorbenen nachspielten, den Trauerzug. Nicht selten wurden bei der Prozession auch Ahnenbilder in Form von Wachsmasken mitgeführt.

Bis in die frühe Kaiserzeit war die Feuerbestattung der Normalfall. Nachdem der Leichnam auf einem Holzstoß verbrannt worden war, füllte man die ausgeglühten Gebeine und die Asche in eine Urne, um sie in einem Erdgrab mit Grabstein beizusetzen. Während die Urnen der Reichen oftmals aus seltenen und teuren Steinarten gefertigt waren, begnügten sich ärmere Familien notfalls mit einem Lederbeutel. Die Nekropolen erstreckten sich entlang der großen Ausfallstraßen Roms wie etwa der Via Appia. Innerhalb der Stadtmauern durfte es zur Wahrung der rituellen Reinheit keine Grabstätten geben.

Größe, Gestaltung und Standort der Grabanlage waren Gradmesser für die Finanzkraft der Familie. In der Oberschicht Roms dienten prunkvolle Grabanlagen nicht nur der Ehrung der Toten, sondern auch der Selbstdarstellung der Hinterbliebenen. Für die breiteren Bevölkerungsschichten, denen die Mittel für ein eigenes Erdgrab fehlten, stellten Kolumbarien eine kostengünstige Alternative dar. Es handelte sich dabei um meist unterirdische Grabkammern mit einer Vielzahl von Urnenplätzen. Nicht zuletzt für alleinstehende Personen war die Mitgliedschaft in einem Begräbnisverein attraktiv. Mit überschaubaren Monatsbeiträgen konnte man sich auf diese Weise eine eigene Grabnische in einer Gemeinschaftsanlage, eine würdige Durchführung der Bestattung und Totengedächtnisfeiern sichern.

Im 2. Jahrhundert verbreitete sich in der Oberschicht anstelle der Totenverbrennung die Bestattung des Leichnams in einem Sarkophag. Die Steinsarkophage wurden meist in Mausoleen oder unterirdischen Grabgewölben,

Grabmosaik eines Ehepaares beim Totenmahl um 350 n. Chr.

den Katakomben, aufgestellt. Juden wie Christen lehnten grundsätzlich die Verbrennung des Leichnams ab, da sie mit ihrem Verständnis von leiblicher Auferstehung nicht vereinbar erschien. Wenn die finanziellen Mittel für einen Steinsarg nicht ausreichten, legte man den in ein Tuch eingehüllten Leichnam auf dem Grabfeld in die nackte Erde und schützte ihn seitlich sowie von oben mit einfachen Ziegelplatten. Die Ärmsten in Rom wurden ohne großes Aufheben in Massengräbern beigesetzt.

Nur die besser situierten Familien verfügten über die Mittel, ihre Verstorbenen auf einem Grabstein zu verewigen. Neben dem Namen der verstorbenen Person fanden dort häufig auch Alter, Sozialstatus, Beruf, Todesursache und Namen von Hinterbliebenen Erwähnung. Beispiele dafür sind erhalten gebliebene Grabinschriften wie: „Daphnus und Chryseis, Freigelassene des Laco, ihrem Fortunatus. Er lebte acht Jahre und ertrank im Bassin des Marsbades", oder: „Dem wohlverdienten Marcus Aurelius Tertius, dem kaiserlichen Freigelassenen, dem Hilfsbeamten an der Bittschriftenannahmestelle, ließ die Gattin Fabia Hegema den Stein setzen".

Nach der Beisetzung weihte man das Grab durch das Opfern eines Schweins und reinigte das Haus durch das Opfern eines Hammels an die Laren, die Hausgötter. Damit verbunden war das Totenmahl. Es folgte eine neuntägige Trauerzeit, an deren Ende ein erneutes Opfer am Grab mit Totenmahl stand. Mehrfach im Jahr wurde der Verstorbenen feierlich gedacht: an deren Geburtstag, am neuntägigen Totenfest im Februar sowie am Rosenfest und am Veilchentag im Mai. Zudem war es in der reichen Oberschicht nicht unüblich, im Testament eine höhere Summe für öffentliche Mahlfeiern, Gladiatorenspiele oder Geldverteilungen zum eigenen Totengedächtnis festzulegen.

Das Christentum unter der Flavierdynastie und den Adoptivkaisern

In Rom sind unzählige Menschen auf den Beinen, um den von Titus errungenen Sieg im Jüdischen Krieg zu feiern. Im großen Triumphzug des Jahres 71 werden neben Kriegsgefangenen aus Judäa auch die Beutestücke aus dem Jerusalemer Tempel, darunter die siebenarmige Menora und der mit Gold überzogene Schaubrottisch, durch die Straßen der Stadt geführt. Bis heute vermittelt der Titusbogen in Rom ein anschauliches Bild von diesem Schauspiel. Ihren zweifelhaften Höhepunkt finden die Siegesfeierlichkeiten mit der öffentlichen Hinrichtung des jüdischen Rebellenführers Simon Bar Giora, der unter dem Jubel der schaulustigen Massen auf dem Forum enthauptet wird. Zu den Strafmaßnahmen gegen das jüdische Volk gehört die Einführung einer reichsweiten Judensteuer, durch die auch in Rom der Trennungsprozess zwischen Kirche und Synagoge beschleunigt wird. Anstelle der jüdischen Tradition beeinflusst zunehmend das hellenistische Denken die christliche Religion. Im 2. Jahrhundert wird Rom zum Anziehungspunkt philosophisch wie rhetorisch geschulter Christen aus dem Osten. Mit der Einrichtung christlicher Philosophenschulen sprengen sie die geistige und räumliche Enge der Hausgemeinden und tragen den neuen Glauben in die gebildeten Bevölkerungsschichten hinein.

An der Via Salaria liegen die im 16. Jahrhundert wiederentdeckten Priscilla-Katakomben. Etwa 40 000 Gräber und zahlreiche frühchristliche Malereien finden sich in den insgesamt 13 Kilometer langen Gängen.

Die Flavierdynastie

Nach dem Tod Neros, der das Ende des julisch-claudischen Kaisertums besiegelte, stand das Römische Reich am Rand des Abgrunds. Galba, Otho und Vitellius verstrickten das Volk im Jahr 69 mit ihrem Konkurrenzkampf um das Erbe Neros in einen blutigen Bürgerkrieg, aus dem überraschend Vespasian als Kaiser hervorging. Seine Thronbesteigung markierte den Beginn einer neuen Ära und begründete die Dynastie der Flavier, zu der neben Vespasian seine Söhne Titus und Domitian zählten. Vespasian stammte als Sohn eines Zollpächters und Geldverleihers aus einfachen Verhältnissen. Nachdem er von seiner Mutter zu einer senatorischen Laufbahn gedrängt worden war, machte er unter Caligula und Claudius durch

Das Relief (Ausschnitt) des Titusbogens zu Ehren des Sieges von Titus über Jerusalem im Jahr 70 n. Chr. zeigt den triumphalen Einzug in Rom mit Beutestücken, darunter dem Leuchter des Salomonischen Tempels.

militärische Erfolge auf sich aufmerksam. Nero ernannte ihn zum Statthalter der Provinz Africa und betraute ihn später mit der Niederschlagung des jüdischen Aufstandes – und das, obwohl sich Vespasian den Unmut des Herrschers zugezogen hatte, da er bei dessen Gesangsdarbietungen in Griechenland mehrfach eingeschlafen war.

Nach der überraschenden Ausrufung zum Kaiser übertrug Vespasian das Oberkommando in Judäa an Titus, der im Jahr 70 Jerusalem eroberte und die Stadt samt Tempel zerstörte. An die Stelle der Tempelsteuer trat nun die nach Rom abzuführende Judensteuer, die von den römischen Behörden rigoros eingetrieben wurde und unter Domitian auch von den gottesfürchtigen Sympathisanten des Judentums zu entrichten war. Sie führte dazu, dass sich die christlichen Gemeinden nun deutlich von der Synagoge abgrenzten und viele Judenchristen ihre männlichen Nachkommen nicht mehr beschneiden ließen.

Der Sieg im Jüdischen Krieg, der bald durch den großen Triumphzug in Rom und die Prägung von Siegesmünzen propagandistisch ausgewertet wurde, schuf für die Herrschaft Vespasians und seiner Söhne eine glänzende Ausgangsposition. Als Kaiser widmete sich Vespasian mit ganzer Kraft der Lenkung der Staatsgeschäfte. Er führte ein einfaches und anspruchsloses Leben, das sich bewusst vom Luxus und den Auswüchsen der Zeit Neros abhob. Auf allen Gebieten war ein Neuanfang nötig. Zu den vordringlichsten Aufgaben gehörte die Sanierung der Staatsfinanzen, die von Nero in einem katastrophalen Zustand hinterlassen worden waren. Vespasian unterzog das gesamte Steuerwesen einer systematischen Überprüfung mit dem Ziel, die Einnahmen zu steigern. Zu den neu eingeführten Steuern zählte neben der Judensteuer auch die Besteuerung des von den Gerbern verarbeiteten Urins der öffentlichen Latrinen, die das Sprichwort „pecunia non olet“ (Geld stinkt nicht) nach sich zog.

Die Konsolidierung des öffentlichen Haushalts ermöglichte Vespasian große Bauvorhaben wie den Wiederaufbau des bei den Unruhen nach Neros Tod in Flammen aufgegangenen Kapitols oder den Bau eines neuen Kaiserforums, des auf dem Gelände des großen Lebensmittelmarktes errichteten Friedenstempels (*templum pacis*). Das bedeutsamste von Vespasians Projekten war aber der Bau des gewaltigen Kolosseums, das erst unter Domitian fertiggestellt wurde. Eine Inschrift des Kolosseums legt den Schluss nahe, dass die Baukosten aus der Beute des Jüdischen Krieges bestritten wurden, insbesondere mit dem im Jahr 70 geplünderten Goldschatz des Jerusalemer Tempels. Den prunkvollen Kaiserpalast Neros, mit dem dieser seinem übersteigerten Herrschaftsanspruch und Hang zur Selbstvergöttlichung architektonisch Ausdruck verliehen hatte, ließ Vespasian dagegen zerstören.

Die Büste des Domitian befindet sich heute im Pariser Louvre.

Zwangsmaßnahmen Domitians

Unter Domitian, dem jüngeren Sohn Vespasians, breitete sich das Christentum in Rom auch in der Oberschicht aus und drang wahrscheinlich sogar bis in die kaiserliche Familie vor. Domitian hatte lange im übermächtigen Schatten von Titus gestanden und mit größter Ungeduld auf das Ableben seines älteren Bruders gewartet, um endlich selbst die Herrschaft antreten zu können. Als Titus im Jahr 81 nach nur zweijähriger Regierungszeit an einer Fieberkrankheit starb, kursierte sogar das Gerücht, Domitian habe ihn vergiftet. Sowohl von der christlichen Tradition als auch von römischen Schriftstellern wird Domitian als skrupelloser Gewaltherrscher gezeichnet. Nach seinem Tod verwehrte der Senat ihm nicht nur die Vergöttlichung, sondern verfügte auch die Auslöschung des Gedenkens an ihn. Vor dem Hintergrund dieser negativen Wirkungsgeschichte ist es schwer, der vielschichtigen Person Domitians gerecht zu werden.

Er verfügte über ein exzentrisches Wesen und war ein labiler Mensch mit starken Gefühlsschwankungen und ausgeprägter Geltungssucht. Hinzu kamen impulsive Entscheidungen, ein unberechenbares Verhalten selbst gegenüber engsten Vertrauten und ein Hang zur Einsamkeit. In den hoffnungsvollen Anfängen seiner Regierung errang Domitian mit der Unterwerfung des germanischen Volksstammes der Chatten militärische Anerkennung. Unbestreitbare Verdienste erwarb er sich auch auf dem Gebiet der Staatsverwaltung und der Rechtsprechung. Mit seiner Baupolitik, die neben umfassenden Restaurierungsmaßnahmen auch die Fertigstellung des Vespasiantempels auf dem Forum Romanum sowie den Neubau eines gewaltigen Stadions und überdachten Theaters auf dem Marsfeld umfasste, drückte er dem Stadtbild Roms wie kaum ein anderer Herrscher aus der frühen Kaiserzeit seinen Stempel auf.

Zahlreiche Wandgemälde finden sich in der Domitilla-Katakombe, darunter eine Darstellung von Christus mit seinen Aposteln aus dem 3. Jahrhundert.

Völlig überschattet werden diese positiven Aspekte der Herrschaft Domitians durch jene innenpolitischen Konflikte, welche die letzten Jahre des nun seelisch kranken und an einem übersteigerten Selbstbewusstsein leidenden Kaisers zur Schreckenszeit für seine Zeitgenossen werden ließen. Im Jahr 93 kam es zur Philosophenverschwörung in Rom. Bereits Vespasian hatte eine Reihe missliebiger stoischer Philosophen, in denen er eine Gefahr für Staat und Gesellschaft sah, aus der Stadt ausgewiesen. Als nunmehr erneut aus Stoikerkreisen und von stoisch gesinnten Senatoren grundsätzliche Kritik am Kaisertum geäußert wurde, verurteilte Domitian die Wortführer mit Billigung des Senats zum Tode und verfügte eine generelle Philosophenvertreibung aus Rom, von der auch Epiktet und Dio Chrysostomus betroffen waren.

Durch weitere willkürliche Hinrichtungen politischer Gegner und eine strenge Anwendung der altrömischen Sittengesetze, die eine Wiedereinführung der Bestattung von Missetätern bei lebendigem Leib einschloss, erwarb sich Domitian den Ruf eines skrupellosen Gewaltherrschers, der vor keiner Gräueltat zurückschreckte. Hinzu kamen Zwangsmaßnahmen gegen Mitglieder der kaiserlichen Familie und Angehörige der Oberschicht, bei denen es sich um Christen gehandelt haben dürfte.

Domitians einziger Sohn war bereits im Kindesalter verstorben. Deshalb adoptierte er zur Absicherung der Thronfolge zwei Söhne seines Vetters Flavius Clemens, der im Jahr 95 das Konsulat innehatte. Sie wurden von dem Rhetoriker Quintilian erzogen und auf ihre künftigen Aufgaben als Herrscher vorbereitet. Bald aber witterte Domitian Verrat im engsten

Verwandtenkreis. Er ließ Flavius Clemens hinrichten und dessen Frau Flavia Domitilla, eine Enkelin Vespasians, auf die Insel Ventotene vor der Küste Latiums verbannen, die in der Antike den Namen Pandateria trug.

Über die Hintergründe geben die Quellen unterschiedliche Informationen. Nach Darstellung Suetons wurde Flavius Clemens einer verächtlichen Gleichgültigkeit gegenüber den öffentlichen Angelegenheiten beschuldigt, wie sie von den römischen Behörden auch den Christen vorgeworfen wurde. Cassius Dio zufolge lautete die offizielle Anklage, die auch weitere Angehörige der römischen Oberschicht wie den Senator und Konsul Acilius Glabrio betraf, auf Gottlosigkeit und Übernahme jüdischer Sitten. Unter Gottlosigkeit sind eine Abwendung von der römischen Staatsreligion und Verweigerung des Kaiserkults zu verstehen, während sich hinter dem Befolgen jüdischer Sitten wohl eine Hinwendung zum Christentum verbirgt. Da zur Zeit Domitians der Unterschied zwischen den beiden aus Palästina stammenden Religionen noch nicht voll im allgemeinen Bewusstsein verankert war, das Christentum als jüdische Sekte galt und Christen gegenüber pauschal der Vorwurf der Gottlosigkeit erhoben wurde, dürfte es sich bei Flavius Clemens, seiner Ehefrau Flavia Domitilla und den anderen verfolgten Personen aus der Oberschicht Roms um Christen gehandelt haben. Der Kirchenvater Eusebius überliefert die vermutlich aus der verloren gegangenen Chronik des römischen Schriftstellers Bruttius stammende Nachricht, dass zumindest Flavia Domitilla wegen des christlichen Glaubens verbannt wurde.

Als Domitian im September 96 einem Attentat zum Opfer fiel, war das Ende der Flavierdynastie besiegelt. Unter Kaiser Nerva, der eine Amnestie für die von Domitian verbannten Personen verfügte und ihnen ihr Vermögen zurückerstattete, dürfte Flavia Domitilla nach Rom zurückgekehrt sein. Der späteren Überlieferung nach soll sie ihren Grundbesitz an der Via Ardeatina der christlichen Gemeinde zur Verfügung gestellt haben, wo mit der im 2. Jahrhundert angelegten Domitilla-Katakombe eine der bedeutsamsten Nekropolen der Ewigen Stadt entstand.

Mit dem Adoptivkaisertum setzte Nerva, der den Thron im Alter von 70 Jahren bestiegen hatte und zwei Jahre später kinderlos verstarb, eine richtungsweisende Neuerung durch. Dem Machterhalt dienende Adoptionen hatte es auch im julisch-claudischen Kaiserhaus gegeben, sie vollzogen sich dort aber im engsten Familienkreis. Nerva hingegen adoptierte vor seinem Tod mit Trajan einen Thronfolger, zu dem keinerlei verwandtschaftliche Beziehung bestand. Auch Hadrian, Antoninus Pius, Marc Aurel und Lucius Verus gelangten alle nicht als leibliche Söhne ihrer Vorgänger zur Herrschaft, sondern waren Adoptivkaiser.

Die Katakomben von Rom

Die Katakomben Roms sind unterirdische Grabanlagen, die auch von paganer Seite genutzt wurden, sich aber bei Christen besonderer Beliebtheit erfreuten. Sie entstanden in einer Zeit, als sich die Körperbestattung anstelle der Einäscherung durchsetzte und ein entsprechend höherer Platzbedarf herrschte. Die Domitilla-Katakombe zählte neben der Kallist-Katakombe und der Katakombe des Marcellinus und Petrus zu den ältesten und ausgedehntesten Grabanlagen der stadtrömischen Kirche. Die Katakomben erstreckten sich mehrere Stockwerke tief in das vulkanische Tuffgestein Roms. Jedes Stockwerk verfügte über Kammern und weit verzweigte Gänge, die eine Ausdehnung von mehreren Kilometern erreichen konnten.

In die Wände der Gänge schlug man Nischen, die der Beisetzung von Urnen, Sarkophagen oder nur in Tüchern gehüllten Leichnamen dienten. Die Urnen bargen in der Regel die Asche von Heiden, da Juden und Christen wegen ihrer Hoffnung auf leibliche Auferstehung die Feuerbestattung ablehnten. An den Wänden und Decken der Katakomben finden sich neben kunstvollen Malereien

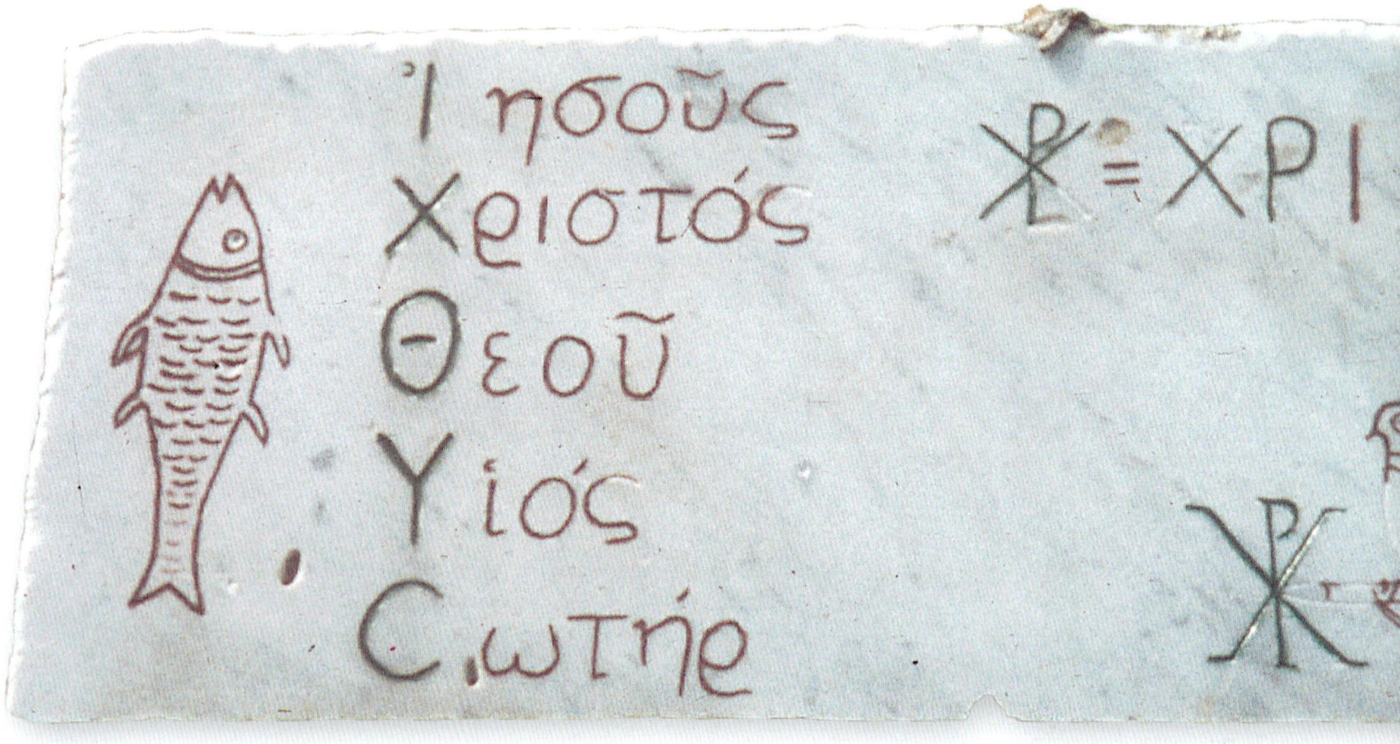

Diese in einer Katakombe gefundene Grabinschrift zeigt frühe christliche Symbole, unter anderem das Christusmonogramm.

mit überwiegend biblischen Motiven auch alte christliche Symbole, beispielsweise das aus den beiden griechischen Anfangsbuchstaben von Christus (XP) gebildete Christusmonogramm oder der Fisch.

Um die Katakomben ranken sich zahlreiche Mythen. Da in den Katakomben eine Vielzahl christlicher Märtyrer beigesetzt wurde, entstanden in den Gewölbekomplexen tief unter der Erde Stätten der Heiligenverehrung und des gottesdienstlichen Lebens. Die Annahme, dass sich in Zeiten der Verfolgung die gesamte Christenheit Roms in den unterirdischen Labyrinthen verbarg und dort ihre Gottesdienste abhielt, gehört aber in das Reich der Legenden. Allenfalls könnten die Katakomben mit ihren verwinkelten Gängen einzelnen Gläubigen als temporärer Zufluchtsort gedient haben, um sich dem Zugriff der Behörden zu entziehen. Als man im frühen Mittelalter die sterblichen Überreste zahlreicher Märtyrer in Kirchen umbettete und wegen des Bevölkerungsschwunds in Rom der Bedarf an Grabplätzen zurückging, verloren die Katakomben an Bedeutung und gerieten allmählich in Vergessenheit.

Die Clemensbriefe und der Clemensroman

Eine der schillerndsten Figuren aus der Frühzeit der stadtrömischen Kirche war Clemens, der in der Zeit Domitians wirkte. Unter seinem Namen sind zwei Briefe und eine romanhafte Autobiografie überliefert. Nach der altkirchlichen Tradition handelte es sich bei ihm um den dritten römischen Bischof nach Linus und Anenkletus. Mittelalterliche Legenden sprechen davon, dass Clemens den Märtyrertod starb und mit einem Anker im Meer versenkt wurde. In Rom wurde über den Fundamenten seines vermeintlichen Wohnhauses die Basilika San Clemente al Laterano errichtet.

Von den angeblich auf Clemens zurückgehenden Schriften kann nur der Erste Clemensbrief Anspruch auf Echtheit erheben. Der Brief selbst weist keine Verfasserangabe auf, wird aber schon bei seiner erstmaligen Erwähnung mit Clemens in Verbindung gebracht. Es handelt sich um ein Sendschreiben der Gemeinde von Rom an die Gemeinde

in Korinth, das wohl gegen Ende der Regierungszeit Domitians abgefasst wurde. Versuche einer Frühdatierung in die Zeit Neros oder einer Spätdatierung in die Zeit von Hadrian oder gar Antoninus Pius konnten sich nicht durchsetzen. In der ägyptischen und syrischen Kirche wurde der Erste Clemensbrief zeitweilig zum Bibelkanon gerechnet. Der Brief ist von hoher kirchenpolitischer Bedeutung. Er spiegelt den Anspruch der stadtrömischen Christen wider, in die inneren Angelegenheiten der Gemeinde von Korinth einzugreifen, wo es infolge von Streitigkeiten zur Absetzung von Kirchenältesten gekommen war.

Nach dem Briefeingang wird im ersten Hauptteil (Kap. 4–39), der das berühmte Zeugnis vom Märtyrertod des Petrus und Paulus enthält, zunächst allgemeine Belehrung und Unterweisung geboten. Neben Mahnungen, sich vor Neid wie Eifersucht zu hüten und nach Friedfertigkeit, Demut und Einheit zu trachten, findet sich auch eine Abhandlung über die Auferstehung. Darin wird der Glaube an die leibliche Auferstehung mit Analogien aus der Natur, darunter dem Mythos des aus seiner Asche wieder auferstehenden Phönix, untermauert.

Der zweite Hauptteil (Kap. 40–58) geht auf die Konflikte in Korinth ein, wobei der Briefautor zur Wiederherstellung der kirchlichen Ordnung aufruft und die Rückkehr der abgesetzten Presbyter in ihr Amt fordert. Aus dem Briefschluss sticht das große Kirchengebet hervor, das auch eine Fürbitte für den Kaiser und die staatlichen Organe enthält. Der Sprachstil und die Argumentation des Briefes zeigen, dass Clemens über eine gute literarische und popularphilosophische Bildung verfügte. Spekulationen, er könne zu den kaiserlichen Sekretären gehört haben oder Freigelassener aus dem Haus des Konsuls Flavius Clemens gewesen sein, entbehren allerdings der gesicherten Grundlage.

Der in der Frühzeit des Christentums ebenfalls in hohem Ansehen stehende Zweite Clemensbrief ist dagegen weder ein Brief noch geht er auf Clemens von Rom zurück. Es handelt sich um die Predigt eines unbekannten Theologen aus der Zeit um 150, die im Wesentlichen ethische Unterweisung mit Ermahnung zur Buße und Ratschlägen zum rechten Lebenswandel bietet. Manche halten die römischen Bischöfe Hyginus oder Soter für den Verfasser. Vermutlich ist der Brief aber in Ägypten entstanden.

Weiter ausgesponnen wird die Lebensgeschichte des Clemens im antiken Clemensroman aus dem frühen 3. Jahrhundert, der sich in der Alten Kirche großer Popularität erfreute. Er liegt in zwei unterschiedlichen Ausformungen vor, nämlich den Homilien (Predigten) und den Rekognitionen (Wiedererkennungen) des Clemens. Der früh nach Antworten auf die großen Sinnfragen des Lebens suchende Protagonist Clemens wird im Clemensroman mit dem unter Domitian hingerichteten Konsul Flavius Clemens aus der kaiserlichen Familie gleichgesetzt und erzählt in Ich-Form seine angebliche Lebensgeschichte. Als er in Rom von dem Wundertäter und Gottessohn Jesus hört, begibt er sich in den Osten des Reichs, macht in Cäsarea Bekanntschaft mit Petrus und wird Zeuge von dessen Auseinandersetzungen mit Simon Magus.

Im weiteren Verlauf der Erzählung begleitet Clemens den Apostel Petrus nach Tripolis, wo er die Taufe empfängt, und zieht mit ihm nach Laodizea weiter. Dort findet er schließlich seine verschollenen Familienangehörigen wieder, von denen er in jungen Jahren auf schicksalhafte Weise getrennt worden war. Diese Grundform des Clemensromans, die neben Traditionen über den Konflikt des Petrus mit seinem Erzfeind Simon Magus auch beliebte Motive der griechisch-römischen Unterhaltungsliteratur aufgreift, wird in den Homilien und den Rekognitionen in unterschiedlicher Weise ausgestaltet und überarbeitet, wobei die Homilien einen längeren Vorspann voranstellen. Dieser umfasst auch einen Brief des Clemens an Jakobus.

Das Martyrium des Heiligen Clemens, der mit einem Anker im Meer ertränkt wird, Deckengemälde um 1683 von Giovanni Battista Volpato

Darin wird erzählt, wie Petrus als letztes Vermächtnis kurz vor seinem Tod die ihm von Jesus zugesprochene Lehrgewalt über die Kirche an Clemens als seinen treuesten Weggefährten weitergab und ihn zu seinem Nachfolger als Bischof von Rom einsetzte. Mit dem historischen Clemens hat das Ganze nichts zu tun. Die Verfasserangabe des Clemensromans ist ebenso wie dessen gesamter Inhalt frei erfunden. Das Werk stammt aus dem judenchristlichen Milieu Syriens und integriert Vorstellungen aus der Gnosis und der Popularphilosophie in das theologische Denken, wendet sich allerdings entschieden gegen die Simon Magus zugeschriebene gnostische Unterscheidung zwischen dem verborgenen höchsten Gott und einem niederen Schöpfergott.

Der Hirt des Hermas

Hermas, ein freigelassener Sklave, kommt am Tiber vorbei und sieht seine frühere Herrin Rhode im Fluss baden. Als er ihr aus dem Wasser hilft und sie in ganzer Schönheit zu Gesicht bekommt, malt er sich ein glückliches Leben als Ehemann solch einer attraktiven Frau aus: Mit dieser erotischen Badeszene beginnt eine der populärsten Erbauungsschriften aus der Frühzeit des Christentums, der um 140 in Rom entstandene „Hirt des Hermas“. Was so schön anfängt, erscheint bald in dunklem Licht. Nicht lange nach der aufregenden Begegnung am Tiber wird Hermas während einer Wanderung im Geist entrückt. In einer Vision trifft er erneut auf Rhode, die ihn wegen seiner unbewussten sexuellen Begierden scharf tadelt und zur Umkehr ermahnt.

Bei dem „Hirt des Hermas“ handelt es sich um eine Apokalypse. Im Zentrum stehen visionäre Offenbarungen, wobei allerdings Enthüllungen über den endzeitlichen Geschichtsablauf, kosmische Katastrophen und die Beschaffenheit der jenseitigen Welt völlig fehlen. Der Verfasser Hermas, dessen Bruder Pius in der Gemeinde von Rom das Bischofsamt innehatte, berichtet in Ich-Form von seinen visionären Erlebnissen. Der Titel der Schrift erklärt sich dadurch, dass in der fünften Vision ein Engel mit dem Aussehen eines Hirten erscheint, dessen Verkündigung an Hermas dem apokalyptischen Buch den Stempel aufdrückt. Der „Hirt des Hermas" enthält fünf Visionen (*visiones*), zwölf Gebote (*mandata*) und zehn Gleichnisse (*similtudines*).

Der Hirt ist ein gebräuchliches Motiv und Symbol in der Bibel. Christus selbst wird oftmals als Guter Hirte dargestellt, so auch in der Giordani-Katakombe in Rom.

In den Visionen tritt nach der Erscheinung der Rhode mehrfach eine alte Frau auf, die Hermas wegen der laxen Erziehung seiner Kinder tadelt und alle Gläubigen zur Umkehr ermahnt. In einer der Traumvisionen zeigt sie Hermas, wie himmlische Wesen einen die Kirche symbolisierenden Turm errichten, wobei zahlreiche der die Christen repräsentierenden Steine unbrauchbar sind. Das Ziel der Vision ist der Appell an die Sünder, umzukehren und sich für den Kirchenbau als nützlich zu erweisen. Bald danach erscheinen ein furchterregendes Ungeheuer, das eine bevorstehende Verfolgung der Kirche symbolisiert, und eine Jungfrau, die angesichts der kommenden Drangsal zu Standhaftigkeit im christlichen Glauben und zum Handeln ermahnt. Den weitaus größten Teil der religiösen Erbauungsschrift machen die Gebote und Gleichnisse aus, die der am Ende der Visionen in Gestalt eines Hirten erscheinende Offenbarungsengel Gottes dem Hermas diktiert. Sie umfassen im Wesentlichen ethische Appelle zur christlichen Lebensführung und Belehrungen über die Buße.

Das entscheidende Anliegen des apokalyptischen Buches besteht darin, die Gerechten zu einem weiterhin tadellosen Lebenswandel anzuleiten und die Sünder zur Umkehr zu bewegen. Dabei beschreitet das Werk einen Mittelweg zwischen strikter Ablehnung einer nochmaligen Buße für getaufte Christen einerseits, wie sie beispielsweise vom Hebräerbrief (6,4–6) vertreten wird, und unbegrenzter Bußmöglichkeit andererseits. Hermas propagiert das der Barmherzigkeit Gottes zu verdankende Angebot, dass die Gläubigen noch ein einziges Mal Buße für ihre nach der Taufe begangenen schwereren Verfehlungen tun können und Vergebung empfangen werden. Mit diesem theologischen Programm traf der „Hirt des Hermas" den Nerv der Zeit und erfreute sich in der Alten Kirche ungeheurer Popularität. Das ursprünglich auf Griechisch abgefasste Buch ist auch in lateinischer, koptischer, äthiopischer und mittelpersischer Übersetzung erhalten. Die Aufnahme des „Hirt des Hermas" in den Kodex Sinaiticus, eine der wichtigsten alten Bibelhandschriften, deutet darauf hin, dass er im 4. Jahrhundert im Osten des Römischen Reichs zum Kanon der heiligen Schriften gerechnet wurde.

Justin und sein Schüler Tatian

Die Welthauptstadt Rom zog unzählige Menschen aus dem Osten des Reichs in ihren Bann. Unter den Neuankömmlingen befanden sich auch Personen, die bereits in ihrer Heimat mit dem Christentum in Berührung gekommen waren und nun dem römischen Gemeindeleben neue Impulse verliehen. Viele dieser zugewanderten Christen bewegten sich auf einem hohen geistigen Niveau. Einige hatten in ihrer vorchristlichen Vergangenheit sogar eine Ausbildung in einer der griechischen Philosophenschulen durchlaufen. In Rom wirkten sie als Weisheitslehrer und beteiligten sich an öffentlichen Debatten. Dadurch verhalfen sie dem Christentum dazu, auch in den gebildeten Schichten wahrgenommen zu werden. Ein Paradebeispiel für die Mitte des 2. Jahrhunderts ist Justin, der aus Neapolis in Samaria stammte und vor seiner Hinwendung zum Christentum platonischer Philosoph war.

Das römische Mosaik aus Pompeji aus dem 1. Jahrhundert zeigt die Philosophenschule Platons in Griechenland.

Unter Vespasian war es nach dem Jüdischen Krieg in unmittelbarer Nähe des alten Sichem am Berg Garizim zur Gründung von Flavia Neapolis gekommen, dem heutigen Nablus. Justin zählte zu den Nachkommen der griechischen und römischen Siedler, die sich in Neapolis eine neue Existenz aufgebaut hatten. Früh hoffte er, in einer der griechischen Philosophenschulen die wahre Erkenntnis und tieferes Wissen um die Dinge der Welt zu finden. In der Schule Platons glaubte Justin schließlich, am Ziel seiner leidenschaftlichen Suche nach der Wahrheit angekommen zu sein, bis er eines Tages am Meeresstrand mit einem alten Mann über philosophische Fragen ins Gespräch kam. Die schicksalhafte Begegnung trug sich vermutlich in der Nähe von Ephesus zu. Der alte Mann, der sich als Christ entpuppte, zeigte Justin eindrucksvoll die gedanklichen Unzulänglichkeiten der platonischen Philosophie auf. In seinem „Dialog mit dem Juden Trypho" schildert Justin in bewegenden Worten, wie er alle bis dahin gewonnenen Erkenntnisse radikal infrage stellte und in seiner Seele das Feuer für die christliche Wahrheit als alleinige Quelle der Weisheit entfacht wurde. Fortan sah er im Christentum die einzig nutzbringende Philosophie, die Frömmigkeit wie Gerechtigkeit hervorbringt und zum glückseligen Leben führt.

Um 150 herum kam Justin nach Rom, das er bereits früher einmal besucht hatte. Dort betrieb er in einer Mietwohnung, die sich über einer Badeanstalt befand, eine christliche Schule. Auch als Christ sah er sich in der Rolle des Philosophen und wollte als solcher ernst genommen werden. Er trug weiterhin den traditionellen Philosophenmantel und signalisierte damit nach Art griechischer Wanderphilosophen seine Bereitschaft, mit allen Interessierten auf den Marktplätzen oder in den Straßen über die Wahrheit ins Gespräch zu kommen. Die Tracht der Philosophen – neben dem langen Mantel gehörten dazu noch Sandalen, ein Stock und ein Ziegenbart – machte sie im Straßenbild unverwechselbar und ließ sie aus der Menschenmenge hervorstechen.

Während sich das Christentum in Rom bis dahin überwiegend hinter den verschlossenen Türen der Hausgemeinden abgespielt hatte, wurde es von Justin in das helle Licht der Öffentlichkeit gerückt. Als christlicher Weisheitslehrer schaltete er sich in innerplatonische Schuldebatten ein. Zudem führte er öffentliche Diskussionen mit Vertretern antiker Philosophenschulen, beispielsweise dem kynischen Philosophen und Christengegner Crescens, und warb in den gebildeten Schichten Roms für die christliche Wahrheit. Der Gott, dem die Platoniker durch eigene Erkenntnis auf die Spur zu kommen suchten, hatte sich für ihn durch die alttestamentlichen Propheten und Christus offenbart.

Neben der Darlegung der christlichen Philosophie war auch deren Verteidigung gegenüber ungerechtfertigten Vorwürfen ein zentrales Anliegen Justins. Zu den wenigen erhaltenen Schriften Justins zählt außer dem erwähnten Dialog mit Trypho eine zweiteilige Apologie, die formal an den Kaiser Antoninus Pius, seine Adoptivsöhne Marc Aurel und Lucius Verus sowie den römischen Senat gerichtet ist. In die-

sem Werk verteidigt Justin das Christentum gegen den Vorwurf des Kannibalismus und der sexuellen Ausschweifungen, verweist auf das hohe Alter der im Judentum wurzelnden christlichen Religion und sieht in den mit christlichen Riten verwandten Kultpraktiken griechisch-römischer Religionen eine Nachäffung des Christentums durch böse Dämonen. Zudem findet sich in der Apologie auch eine detaillierte Beschreibung des christlichen Sonntagsgottesdienstes mit Taufe und Abendmahl, wie er zu jener Zeit in Rom gefeiert wurde.

Justin berichtet in seinen Werken, dass er schon in seiner Zeit als platonischer Philosoph die Furchtlosigkeit der Christen vor der Todesstrafe bewunderte und sich von ihrer Bereitschaft, notfalls für den Glauben zu sterben, tief beeindruckt zeigte. Später verglich Justin die Verfolgung der Christen mit dem Schicksal des Sokrates, der in Athen zum Trinken des Giftbechers verurteilt worden war. Auch Justin selbst ließ für seine Überzeugungen das Leben, wovon seine im Kern historischen Märtyrerakten Zeugnis geben. Um 165 wurde Justin mit sechs weiteren Christen, bei denen es sich wohl um Angehörige seiner Schule handelte, von den Behörden in Rom verhaftet und vor Gericht gestellt. In dem Prozess unter Vorsitz des Stadtpräfekten Junius Rusticus wurde Justin wegen Verweigerung des Opfers für den Kaiser zum Tode verurteilt und durch Enthauptung hingerichtet.

Noch im Mittelalter waren die Himmelssphären Thema heißer Kontroversen: Der Holzschnitt (um 1480) versinnbildlicht die Auseinandersetzungen zwischen der Theologie und der Astronomie.

Der einflussreichste Schüler Justins war Tatian, der aus Syrien den Weg nach Rom fand. Mit seinem „Diatessaron" (griech. „durch vier" oder „aus vier") verfasste er eine im gottesdienstlichen Gebrauch außerordentlich beliebte Evangelienharmonie, die unter Berücksichtigung aller vier Evangelien eine umfassende und in sich geschlossene Darstellung des Lebens Jesu bot. Während Tatian in Rom noch auf dem Boden der Rechtgläubigkeit wandelte und keinen Anstoß erregte, vertrat er nach seiner Rückkehr in den Osten streng asketische Lehren, die zu seiner Verurteilung als Häretiker führten. Neben dem Genuss von Fleisch und Wein lehnte Tatian auch die Ehe entschieden ab.

Die Valentinianische Gnosis

Auch der aus Ägypten stammende Valentin zählt zu der Riege bedeutsamer christlicher Lehrer, die im 2. Jahrhundert nach Rom kamen und dort eine eigene Schule begründeten. Für die Kirchenväter war er allerdings ein Erzketzer des Christentums. Die von ihnen scharf bekämpfte Valentinianische Gnosis wurde jedoch zu Unrecht auf Valentin als Ahnherren und geistigen Stifter zurückgeführt.

Sofern man den Nachrichten des Bischofs Epiphanius von Salamis aus dem 4. Jahrhundert über den Lebensweg Valentins Glauben schenken darf, wurde Valentin in der ägyptischen Ortschaft Phrebonis geboren und erfuhr seine geistige Prägung in Alexandria. Dort machte er wohl auch in einer der Philosophenschulen Bekanntschaft mit den Lehren Platons, die ihn nachhaltig beeinflussten. Um 140 zog es Valentin nach Rom, wo er ungefähr 20 Jahre lang unangefochten als christlicher Lehrer wirkte, bis er sein Tätigkeitsfeld nach Zypern verlagerte. Dieser neuerliche Ortswechsel könnte damit zusammenhängen, dass Valentin in Rom bei der Wahl zum Bischofsamt seinem Gegenkandidaten unterlegen war.

Valentin verfasste nicht nur theologisch-philosophische Schriften, sondern dichtete auch Hymnen und Psalmen. Aus seinem umfangreichen literarischen Werk sind nur wenige Bruchstücke erhalten geblieben, die von einer kunstvollen poetischen Sprache zeugen und zumindest einen Eindruck von seiner durch platonisches Gedankengut geprägten Theologie vermitteln. Religionswissenschaftler bringen Valentin zudem immer wieder mit einzelnen der gnostischen Schriften in Verbindung, die 1945 im oberägyptischen Nag Hammadi entdeckt wurden. Vermutungen, Valentin könne der Verfasser des Evangeliums der Wahrheit und des Rheginusbriefes aus Nag Hammadi sein, bleiben allerdings reine Spekulation. Ohnehin deckt sich das altkirchliche Bild von Valentin als Urheber einer nach ihm benannten Richtung der Gnosis nicht mit der Wirklichkeit.

Theologus.
Astronomus.

Unter der Gnosis (griech. „Erkenntnis“) versteht man eine religiöse Erlösungsbewegung der Spätantike. Sie zeichnet sich in der Deutung des menschlichen Daseins durch eine konsequente Weltverneinung aus. Gleichzeitig verheißt sie Rettung durch die Vermittlung von Geheimwissen. Soziologisch war die Gnosis stark in der kaiserzeitlichen Stadtkultur verwurzelt, wo sie der gebildeten Oberschicht in Zeiten der Umwälzung Halt gab. Die Mehrzahl der gnostischen Systeme, zu denen auch die Valentinianische Gnosis zählt, zeichnet sich durch einen strengen kosmischen Dualismus aus. Der oberste Lichtgott hat als transzendente, überweltliche Gestalt keinerlei Anteil am Kosmos. Die

Weisheit (Sophia) brachte ohne Mitwirken Gottes oder gegen seinen erklärten Willen den negativ besetzten Weltschöpfer hervor, der abwertend als Handwerker (Demiurg) bezeichnet wird. Der Schöpfergott des Alten Testaments ist damit für die Gnostiker eine untergeordnete Gottheit, die aus einem Fehltritt der Sophia resultiert. Er brachte bösartige Planetenherrscher (Archonten) hervor, welche die Kontrolle über die sieben unteren Himmelssphären ausüben.

Die Welt gilt nicht als bergende Heimat des Menschen, sondern als Ort der Finsternis. Die Leibfeindlichkeit der Gnosis geht oft mit einer negativen Bewertung von Sexualität einher. Zu den Grundlinien gnostischen Denkens zählt weiterhin die Vorstellung, dass der Mensch einen nach Erlösung strebenden göttlichen Funken in sich trägt. Dabei setzt die Gnosis einen aus der platonischen Philosophie bekannten Leib-Seele-Dualismus voraus, demzufolge das wahre Ich im materiellen Körper eingesperrt und in der feindlichen Welt gefangen ist.

Die erhaltenen Fragmente Valentins vermitteln den Eindruck, dass er lediglich ein Wegbereiter, nicht aber der Schöpfer der nach ihm benannten Gnosis war. Die Valentinianer führten in Einklang mit anderen Gnostikern die Schöpfung auf das Wirken des Demiurgen zurück und betrachteten sie als grundlegend schlecht. Valentin selbst sah dagegen die Welt von Engeln geschaffen und pries sie in einem bei Hippolyt überlieferten Hymnus als wohlgeordnet und vom Geist Gottes durchwirkt. In einem anderen Fragment vergleicht er unter Verwendung platonischer Metaphorik die Beziehung zwischen Gott und der Welt mit einem Porträtgemälde. Das Gemälde ist zwar der lebendigen Person unterlegen und deren unvollkommenes Abbild, spiegelt aber die Erhabenheit des Originals wider.

Mit seiner Christologie erweist sich Valentin dagegen als Vordenker der Gnosis, welche die reale Menschwerdung Jesu Christi verneint. Valentin unterschied zwar nicht wie die Gnostiker zwischen dem Menschen Jesus und dem göttlichen Lichtwesen Christus als zwei unterschiedlichen Personen, vermochte aber den Glauben an die vollständige Göttlichkeit des Erlösers nicht mit dessen realer Menschwerdung zusammenzudenken. Er vertrat die Auffassung, dass Jesus Christus während seines Erdenlebens zwar aß und trank, aber nichts ausschied, weil er als Gott eigentlich keiner Nahrung bedurfte und daher in seinem Körper auch keine Verdauungsprozesse abliefen.

Die von den Kirchenvätern bekämpfte Valentinianische Gnosis wurde wohl maßgeblich von Ptolemäus entwickelt, der in Rom der bedeutendste Schüler Valentins war. Bei ihm handelt es sich aller Wahrscheinlichkeit nach um denselben Ptolemäus, über dessen Märtyrertod Justin in seiner zweiten Apologie berichtet. Ptolemäus unterrichtete in Rom als Privatlehrer eine Frau aus vornehmen Kreisen. Diese begeisterte sich für die christlichen Lehren und versuchte, ihren Ehemann von seinem ausschweifenden Lebensstil abzubringen, hatte damit aber keinen Erfolg. Daraufhin verweigerte sie sich ihm sexuell und reichte schließlich die Scheidung ein. Der erzürnte Ehemann sorgte dafür, dass Ptolemäus vor Gericht gestellt und zum Tode verurteilt wurde. Zwei weitere Christen, die im Prozess für ihn Partei ergriffen hatten, mussten ebenfalls sterben.

Das Ganze trug sich in der Amtszeit des Stadtpräfekten Urbicus (144–160) zu. Bei der vornehmen Frau aus der römischen Oberschicht, deren Namen Justin diskret verschweigt, handelt es sich wohl um Flora, an die der Gnostiker Ptolemäus einen Brief geschrieben hat. Epiphanius überlieferte diesen Brief in seinem „Arzneikasten gegen die Häresien". Ptolemäus handelt darin auf hohem literarischem Niveau und in klarer philosophischer Beweisführung die Frage nach der Gültigkeit des mosaischen Gesetzes für die Christen ab. Der Urheber des Mosegesetzes und Schöpfer der Welt wird im gnostischen Sinne als untergeordnete Gottheit betrachtet, die eine Mittelstellung zwischen dem höchsten, vollkommenen Gott und dem Teufel einnimmt.

Frühe Terrakottaplastik des Christuskopfs, oströmisch, 4. Jahrhundert

Der Häretiker Markion

Um 140 trägt sich in Rom eine denkwürdige Begebenheit zu. Markion, ein reicher Christ aus Kleinasien, ist vom Schwarzen Meer an die Stadt am Tiber übergesiedelt. Beim Eintritt in die römische Gemeinde legt er die unglaublich hohe Summe von 200 000 Sesterzen als Geldgeschenk auf den Tisch. Die Höhe der Spende entspricht dem damaligen Kaufpreis für ein stadtrömisches Wohnhaus oder dem Jahreseinkommen höchster römischer Beamter. Die Begeisterung der Gläubigen schlägt jedoch bald in Ernüchterung um. Der edle Gönner entpuppt sich zusehends als unbequemer Denker, der im Blick auf das Alte Testament und den Schöpfergott befremdliche Ansichten vertritt. Eine von Markion angeregte theologische Disputation endet mit einem Paukenschlag. Wenige Jahre nach seiner umjubelten Ankunft in Rom wird Markion wegen seiner provokativen Thesen exkommuniziert. Das der Gemeindekasse gestiftete Geld erhält er auf Heller und Pfennig zurück. Doch damit ist die Geschichte noch nicht zu Ende. Markion investiert sein Vermögen sogleich in die Gründung einer eigenen Kirche, die sich erfolgreich entwickelt und der Großkirche für rund 200 Jahre schwer zu schaffen macht. Im 20. Jahrhundert gelangt der als Erzketzer in die Kirchengeschichte eingegangene Querdenker nochmals zu traurigem Ruhm, als sich völkische Christen mit ihrer Ablehnung des Alten Testaments auf ihn berufen und ihn zum geistigen Mentor des Antisemitismus erklären.

Biografische Eckdaten

Markion kam Anfang des 2. Jahrhunderts in Sinope am Schwarzen Meer zur Welt, das zur römischen Provinz Pontus gehörte und als Heimatstadt des kynischen Philosophen Diogenes Bekanntheit erlangte. Markion stammte sicher aus einer gut situierten Familie, die ihm eine fundierte, in der Antike mit erheblichen Kosten verbundene Schulbildung ermöglichte. Sein späterer Umgang mit dem Bibeltext erlaubt den Rückschluss darauf, dass er eine Grammatikschule durchlaufen haben muss, wo er das philologische Rüstzeug zur kritischen Arbeit an handschriftlichen Texten erwarb. Eine tiefere philosophische Schulung, die über Allgemeinwissen hinausging, scheint er nach dem, was man über seine Schriften weiß, nicht genossen zu haben. Zumindest entwickelte er im Gegensatz zu anderen Häretikern kein ausgeklügeltes philosophisch-theologisches System mit mythologischen und kosmologischen Spekulationen.

Vermutlich wuchs Markion in einem christlich geprägten Milieu auf. Sein Vater soll in Sinope das Bischofsamt innegehabt haben. Am Schwarzen Meer brachte es Markion als Schiffsreeder und Kaufmann im Überseehan-

Gottvater als Weltenschöpfer, französische Buchmalerei aus dem 13. Jahrhundert. Bei dieser Thematik schieden sich allerdings die Geister.

Der Häretiker Markion auf einem Kupferstich der Frühen Neuzeit

del zu beträchtlichem Reichtum. Dass Markion seinen Wohnsitz von Kleinasien nach Rom verlegte, dürfte wirtschaftliche Gründe gehabt haben. Die Stadt war zur Versorgung ihrer zahlreichen Einwohner mit Getreide, Fleisch, Wein und Öl auf Gütertransporte in erheblicher Größenordnung angewiesen. Daher kamen Reeder in der Kaiserzeit in den Genuss beträchtlicher Steuerprivilegien, wenn sie ihre Schiffe in den Dienst der Lebensmittelversorgung Roms aus den überseeischen Provinzen stellten. Markion wollte sicher mit seiner Handelsflotte an diesen Verdienstmöglichkeiten partizipieren.

Markion soll bereits in der Zeit Hadrians umstrittene Lehren verbreitet haben und vor seiner Übersiedelung nach Rom mit kirchlichen Autoritäten Kleinasiens wie Papias von Hierapolis und Polykarp von Smyrna in Konflikt geraten sein. Die überlieferte Geschichte, Markion sei in Sinope von seinem eigenen Vater wegen der Verführung einer Jungfrau aus der Gemeinde exkommuniziert worden, ist allerdings von zweifelhaftem Wert. Der Vorwurf der sexuellen Ausschweifungen zählt zum klassischen Repertoire der Ketzerbekämpfung und kann nicht für bare Münze genommen werden. Erst in Rom entwickelte sich Markion zum deutlich von den Glaubensgrundsätzen der Kirche abweichenden Häretiker. Wenn man den Kirchenvätern Glauben schenken darf, geschah dies unter Einfluss des aus Syrien stammenden Gnostikers Cerdo, der Markion in der Hauptstadt mit seiner für die Gnosis typischen Lehre von der Unterscheidung zwischen bösem Schöpfergott und gutem Erlösergott nachhaltig beeinflusste. Markion stand mit manchen seiner Anschauungen der Gnosis nahe, war aber wohl kein lupenreiner Gnostiker.

Die Zugehörigkeit Markions zur römischen Kirche war nur von relativ kurzer Dauer. Im Sommer des Jahres 144 forderte er die Amtsträger der Gemeinde zu einer theologischen Disputation heraus, die den sofortigen und vollständigen Bruch nach sich zog. Markion wurde wegen seiner radikalen Ansichten zum Alten Testament als Irrlehrer gebrandmarkt und aus der Gemeinde ausgeschlossen. Sein großzügiges Geldgeschenk erhielt er aus der Gemeindekasse zurück. Von nun an betrat Markion neue Wege und schritt mit seinem Vermögen tatkräftig zur Gründung eigener Gemeinden, die sich über das Römische Reich ausdehnten und für die Großkirche bald zu einer ernsthaften Gefahr wurden. Dank der beträchtlichen finanziellen Ressourcen Markions wuchs seine Bewegung und konsolidierte sich recht schnell in festen kirchlichen Formen. In manchen Regionen hatten die straff organisierten markionitischen Gemeinden mehr Anhänger als die rechtgläubigen Gemeinden. Trotz seines immensen Reichtums übte sich Markion in Weltverachtung. Er praktizierte einen Lebensstil, der sich am Armutsideal Jesu ausrichtete und von strenger Askese gekennzeichnet war. Sexualität, Fleischverzehr und Weingenuss lehnte er ab. In der markionitischen Kirche feierte man das Abendmahl mit Wasser statt Wein.

Markion verstarb um 165. Die von ihm ins Leben gerufene Kirche vermochte sich im Westen etwa 100 Jahre lang zu halten, im Osten konnte sie erst im 4. Jahrhundert, also nach

War es der Demiurg, der die Erde erschaffen hat, unabhängig von einem grundgütigen Erlösergott? George Frederic Watts hielt den „Säer der Systeme" 1902 im Bild fest.

der Konstantinischen Wende, in den Hintergrund gedrängt werden. Markion führte nicht nur eine Kirchenspaltung herbei, er schuf für seine Kirche auch einen eigenen Bibelkanon. Zudem verfasste er ein Werk mit dem Titel „Antithesen“, das konfrontierende Gegenüberstellungen von alttestamentlichen und neutestamentlichen Aussagen enthielt. Weder die Bibel Markions noch seine Antithesen haben überlebt. Unsere Kenntnisse seiner Schriften und Theologie beruhen im Wesentlichen darauf, was die späteren kirchlichen Gegner wie Irenäus, Tertullian oder Hippolyt über den als Erzketzer verdammten theologischen Denker und Kirchengründer berichteten. Die von ihnen überlieferten Nachrichten sind allerdings in etlichen Punkten widersprüchlich, sodass über den am schärfsten bekämpften Häretiker seiner Zeit vieles im Dunkel bleibt.

Die Irrlehren des Markion

Das theologische Denken Markions war von einem strengen Dualismus zwischen bösem Schöpfergott und gutem Erlösergott geprägt. Der Kirchenvater Irenäus umschreibt in seinem ersten Buch „Gegen die Häresien“ die Gotteslehre des Markion mit den Worten:

„In schamloser Art und Weise lästerte er den Gott, der vom Gesetz und den Propheten verkündet worden ist. Für ihn ist er der Schöpfer der Übel, kriegslüstern, in seinen Absichten nicht auszumachen und in Selbstwidersprüche verwickelt. Jesus stammt aber von dem Vater, der über dem Weltschöpfergott ist.“

Wie die geistige Bewegung der Gnosis ging Markion von zwei unterschiedlichen Gottheiten aus, fällte ein vernichtendes Urteil über die Schöpfung und vertrat eine durch Askese gekennzeichnete Ethik des Rückzugs aus der Welt. Den als Handwerker (Demiurg) bezeichneten Schöpfer der abgrundtief schlechten Welt und den ewigen Gott der Liebe, der in Jesus Christus die Menschen erlöste, vermochte er nicht zusammen zu den-

ken. In diesem Zusammenhang spielte offensichtlich auch die philosophische Vorstellung der Unwandelbarkeit Gottes eine zentrale Rolle. Markion rechnete mit der Existenz eines niederen Schöpfergottes, dessen Buch das Alte Testament ist und der die jüdische Gerechtigkeit der Wiedervergeltung fordert, und eines höchsten verborgenen Gottes, der absolut gut ist und den Menschen unbekannt war, bis er sich in Jesus Christus offenbarte. Dabei nahm Markion keine reale Menschwerdung Jesu an, sondern betrachtete diesen als Erscheinung Gottes und körperloses Wesen. Ähnlich hatten bereits vor ihm Gnostiker davon gesprochen, dass Jesus nur zum Schein Mensch geworden sei, da sie sich eine Verbindung des Göttlichen mit der Geschöpflichkeit nicht vorstellen konnten.

Der dualistischen Lehre von den beiden Göttern ordnete Markion den Gegensatz von Gesetz und Evangelium zu. Während der gerechte, verborgene Gott sich der Menschen aus reiner Barmherzigkeit erbarme und das Evangelium offenbare, regiere der unbarmherzige, strafende Gott die von ihm geschaffene böse Welt mit dem alttestamentlichen Gesetz. Anders als die Gnostiker mit ihrer Symbolsprache und eigenwilligen Neuinterpretation der biblischen Schöpfungsmythen vertrat Markion aber keine allegorische Auslegung der alttestamentlichen Schriften, sondern nahm sie bei ihrem buchstäblich-wörtlichen Sinn und betrachtete sie für den christlichen Glauben als bedeutungslos.

In seinen „Antithesen" begründete Markion detailliert den Gegensatz zwischen beiden Teilen der Bibel und verwarf das Alte Testament ohne Wenn und Aber. Er verwies etwa darauf, dass dort die gewaltsame Eroberung Kanaans befohlen werde, während Jesus Gewaltverzicht fordere, oder dass der Weltschöpfer den Sabbat angeordnet habe, wohingegen Jesus ihn aufhebe. Markion verfiel nicht in offenen Antijudaismus, vertrat aber pointiert die Auffassung, dass das Alte Testament für die christliche Kirche keinerlei autoritative Bedeutung haben kann und nicht als Buch der in Christus erfüllten Prophezeiungen gelesen werden darf.

Umstritten ist die Frage, welche Art von Heilslehre Markion predigte. Viele gehen davon aus, dass er diesbezüglich fest auf dem

Die im 20. Jahrhundert gefundenen Rollen von Qumran enthalten antike religiöse Texte, verfasst zwischen dem 2. Jahrhundert v. Chr. und dem 2. Jahrhundert n. Chr., darunter zahlreiche Schriften, die heute als Teil des Tanach angesehen werden. Das Alte Testament hatte für Markion allerdings keinerlei autoritative Bedeutung.

Boden der paulinischen Theologie stand. In völliger Übereinstimmung mit dem Apostel Paulus habe er die Auffassung vertreten, dass allein die in Jesus Christus offenbar gewordene Güte Gottes den Menschen aus der verhängnisvollen Macht des Gesetzes und der Sünde befreie. Andere hingegen sehen in Markion einen religiösen Denker, der nach Art der Gnostiker unter Erlösung die Befreiung des göttlichen Lichtfunkens aus dem verderbten menschlichen Körper verstand und die für den Himmelaufstieg der Seele notwendige Erkenntnis (Gnosis) vermitteln wollte. Diese Position kann sich auf Irenäus berufen. Seiner Darstellung nach schloss Markion den Körper vom Heil aus, weil er der Erde entsprungen sei. Heil gebe es nach Markion nur für die Seele – und zwar nur für die Seelen derjenigen Gläubigen, die seine Lehren kennen. Auch wenn Markion kein in sich geschlossenes gnostisches System entwickelte und Paulus als Leitfigur betrachtete, sollte man ihn mit seiner Erlösungslehre nicht in zu großer Entfernung von der Gnosis verorten.

Markions Bibel und die Folgen für die Kanonbildung

Für die von ihm neu gegründete Kirche schuf Markion einen eigenen Bibelkanon. Die jüdische Bibel genoss in den christlichen Gemeinden seiner Zeit in Gestalt der Septuaginta, des griechischen Alten Testaments, uneingeschränkte Autorität und diente im Gottesdienst als Grundlage der Schriftlesung. Markion hingegen verwarf sie völlig. Als vermeintlich nur vom zornigen, grausamen und rachgierigen Schöpfergott zeugendes Buch des Gesetzes konnte sie in seinem theologischen System für das christliche Denken keinerlei Relevanz haben. Paulus galt für Markion als einzig wahrer Apostel. Im Galaterbrief erklärt Paulus nachdrücklich, dass es nur ein Evangelium, nämlich das von ihm verkündigte, gebe. Gleichzeitig warnt er die Galater eindringlich davor, sich einem anderen Evangelium als dem paulinischen zuzuwenden.

Auch wenn Evangelium dabei noch die Grundbedeutung „frohe Botschaft“ hat, schloss Markion aus diesen Aussagen, dass es nur eine einzige autoritative Evangelienschrift geben könne. Von den zu seiner Zeit bereits allgemein anerkannten vier Evangelien ließ er daher allein das Lukasevangelium gelten. Der Grund dafür war sicher die relative Nähe des Lukasevangeliums zu Paulus. Vermutlich kannte Markion bereits die altkirchliche Tradition, dass es sich bei dem Verfasser des Lukasevangeliums um den aus dem Kolosserbrief bekannten Arzt Lukas handele, der zeitweilig zum Mitarbeiterstab des Paulus zählte. Zudem konnte er aufgrund der signifikanten Übereinstimmungen, die Lukas und Paulus in ihren Berichten von der Einsetzung des Abendmahls aufweisen (Lk 22,15–20; 1 Kor 11,23–25), das Lukasevangelium gewissermaßen als das paulinische unter den vier Evangelien identifizieren.

Die Evangelien des Matthäus und Johannes schieden für Markion wegen der vielen alttestamentlichen Bezüge von vornherein aus. Das nur 16 Kapitel umfassende Evangelium des Markus dürfte Markion zu kurz gewesen sein. Es kam aber auch schon deshalb kaum in Betracht, weil es in der altkirchlichen Tradition auf die von Johannes Markus aufgezeichneten Predigten des Petrus und damit auf den großen Gegenspieler von Paulus zurückgeführt wurde, mit dem dieser sich in Antiochia überworfen hatte.

Neben dem Lukasevangelium verleibte Markion seinem Bibelkanon zehn Schriften aus der Paulusbriefsammlung ein, und zwar den Galaterbrief, die beiden Korintherbriefe, den Römerbrief, die beiden Thessalonicherbriefe, den Epheserbrief, den Kolosserbrief, den Philipperbrief und den Philemonbrief. Die in Markions Kanon fehlenden Pastoralbriefe (Timotheusbriefe und Titusbrief), die kaum von Paulus selbst stammen und relativ spät entstanden sind, scheinen zu jener Zeit noch nicht die zentrale Rolle gespielt zu ha-

Ausschnitt aus dem Lukasevangelium des Evangeliars der Sainte Chapelle aus dem 13. Jahrhundert

ben, die sie später einnahmen. Warum Markion die Apostelgeschichte des Lukas nicht berücksichtigte, bleibt unklar.

Mit der Zusammenstellung dieses Bibelkanons waren allerdings Markions Probleme noch nicht gelöst, da auch das Lukasevangelium und die herangezogenen zehn Paulusbriefe viele Aussagen enthalten, die im Widerspruch zu seiner Theologie standen. Vor diesem Hintergrund entwickelte Markion eine verwegene Verschwörungstheorie. Der Gott des Alten Testaments habe judenchristliche Lügenapostel ausgesandt, welche die neutestamentlichen Schriften verfälschten: So hätten sie eine Identität des Vaters Jesu Christi mit dem Schöpfergott und eine positive Beziehung zwischen dem alttestamentlichen Gesetz und dem Evangelium in den Schriften hinzugefügt.

Bei diesen Lügenaposteln dachte Markion konkret an die Gegner des Paulus, die im Galaterbrief und Zweiten Korintherbrief bekämpft werden. Markion musste daher seinen aus dem Lukasevangelium und den zehn Paulusbriefen bestehenden Kanon unter akribischer Anwendung philologischer Methoden der Textkritik von angeblichen judaisierenden Zusätzen reinigen. Einige dieser willkürlichen Änderungen seien beispielhaft genannt. Im Römerbrief strich Markion weitgehend den von der endzeitlichen Rettung Israels handelnden Abschnitt Röm 9–11 wegen seiner positiven Betrachtung des jüdischen Volks als Träger der alttestamentlichen Verheißungen. Im Kolosserbrief tilgte er die Aussage von der Beteiligung Christi an der Schöpfung (1,15–17) und im Galaterbrief die Vorstellung von Abraham als Vater der Glaubenden (3,6–9).

Beim Lukasevangelium fielen nahezu die gesamten vier Einleitungskapitel dem Rotstift zum Opfer, da für Markion der Gott des Alten Testaments nicht als Vater Jesu Christi erscheinen durfte und das Alte Testament nicht als Weissagung auf Christus hin infrage kommen konnte. Die neuerdings aufgestellte These, Markion habe keineswegs das Lukasevangelium nach seinen Vorstellungen verunstaltet, sondern umgekehrt über ein den neutestamentlichen Evangelien als Grundlage dienendes Urevangelium und damit über die älteste Evangelienschrift überhaupt verfügt, dürfte kaum den Tatsachen entsprechen. Auch Spekulationen darüber, dass Markion Bibelhandschriften zur Verfügung standen, die von vornherein nur zehn Paulusbriefe enthielten und bereits charakteristische antijudaistische Spitzen aufwiesen, lassen sich nicht erhärten.

Lodovico Antonio Muratori entdeckte den später nach ihm benannten Kanon Muratori, ein lateinisches Kanonverzeichnis aus dem 8. Jahrhundert.

Mit seiner Bibel leistete Markion unfreiwillig der großkirchlichen Kanonbildung Vorschub. In den Tagen Markions besaß die Mehrheit der Gemeinden Abschriften der vier Evangelien, der Apostelgeschichte und der Paulusbriefe, denen zuweilen auch der Hebräerbrief zugerechnet wurde. Zudem galten in vielen Kirchengebieten einzelne der Katholischen Briefe unseres Neuen Testaments und die Johannesoffenbarung als kanonisch. Umgekehrt standen mancherorts auch heute weitgehend ins Abseits geratene Werke wie der Barnabasbrief, die beiden Clemensbriefe, die Petrusapokalypse, der „Hirt des Hermas" oder die Paulusakten im Ansehen Heiliger Schriften. Mit dem für seine Gegenkirche entworfenen Bibelkanon stellte Markion die Großkirche vor die Herausforderung, sich ebenfalls Gedanken über den Umfang des Neuen Testaments zu machen und ihre Beziehung zum Alten Testament zu überdenken. Die Kirche hat nicht wie Markion und die Gnosis die Existenz eines Schöpfergottes und eines davon unterschiedenen Erlösergottes angenommen. Sie widerstand der verlockenden Versuchung, für das unerklärbare Leid in der Welt einfach einen niederen bösen Gott verantwortlich zu machen. Auch das Festhalten am Alten Testament erweist sich im geschichtlichen Rückblick als richtige Entscheidung, da sie das Bewusstsein für die Verwurzelung des Christentums im Judentum und die geschwisterliche Verbundenheit mit dem jüdischen Volk wachhält. Indirekt und ungewollt hat Markion damit der Kirche einen wichtigen Dienst erwiesen.

Ein zentrales Zeugnis der von Markion als Katalysator beschleunigten Festlegung des Bibelkanons ist der nach seinem Entdecker, dem Bibliothekar Lodovico Antonio Muratori (1672–1750), benannte Kanon Muratori aus Rom. Die lateinische Handschrift aus dem 8. Jahrhundert bietet die Übersetzung einer um 200 entstandenen griechischen Vorlage. Bei diesem nur noch fragmentarisch erhaltenen Dokument handelt es sich um das älteste überlieferte Kanonverzeichnis der christlichen Kirche. Es gibt darüber Auskunft, welche Bücher in Rom an der Schwelle vom 2. zum 3. Jahrhundert kirchlich anerkannt waren.

Der verloren gegangene Anfang der Handschrift zählte wohl zunächst die Heiligen Schriften des Alten Testaments auf und fuhr dann mit dem Matthäusevangelium und dem Markusevangelium fort. Der erhaltene Text setzt mit der Auflistung des Lukasevangeliums als „drittem Evangelium" und des Johannesevangeliums als „viertem Evangelium" ein, gefolgt von der Apostelgeschichte des Lukas. Es schließen sich die 13 Paulusbriefe, drei der sieben Katholischen Briefe (Judasbrief und die ersten beiden Johannesbriefe), die Johannesapokalypse und das Buch der Weisheit an, das heute zu den deuterokanonischen oder apokryphen Schriften des Alten Testaments zählt.

Auch die Petrusapokalypse wird erwähnt, allerdings mit dem Verweis, dass manche gegen ihre Verlesung im Gottesdienst seien. Der „Hirt des Hermas" ist zur Privatlektüre zugelassen, darf aber nicht öffentlich in der Gemeinde verlesen werden. Weitere apokryphe Schriften werden verworfen, darunter ein angeblich für Markion verfasstes Psalmenbuch und zwei von der markionitischen Kirche gefälschte Paulusbriefe an die Laodizener und Alexandriner. Nicht enthalten sind im Kanon Muratori der Hebräerbrief, die beiden Petrusbriefe, der Jakobusbrief und der Dritte Johannesbrief.

Der älteste Beleg für den Bibelkanon im heutigen Umfang ist der 39. Osterfestbrief des Athanasius von Alexandria aus dem Jahr 367. Nach Anführung aller Bücher des Alten Testaments listet der ägyptische Bischof die bis heute verbindlichen 27 Schriften des Neuen Testaments auf. Ergänzend erklärt er, dies seien die Quellen des Heils und in ihnen allein werde die Lehre der Frömmigkeit verkündigt. Niemand solle ihnen etwas hinzufügen oder etwas von ihnen wegnehmen. Der Prozess der Kanonbildung war damit weitgehend zum Abschluss gekommen, auch wenn es noch vereinzelte Nachhutgefechte um die Johannesoffenbarung gab, die bis ins frühe Mittelalter in einigen Kirchengebieten strittig war.

Visionärer Reformator der Kirche oder verdammungswürdiger Ketzer?

Im Mittelpunkt von Markions theologischem Denken stand die Orientierung an Paulus, wobei er sich vor allem vom strengen Dualismus zwischen Gesetz und Evangelium im Galaterbrief inspirieren ließ. Die Grundüberzeugung von einem dem bösen Gott zuzuordnenden unbarmherzigen Gesetz der Strafe und einem dem guten Gott zu verdankenden Evangelium der reinen Gnade leitete Markion von Paulus ab, dessen Briefe er allerdings noch von vermeintlichen Eingriffen reinigen musste. Markion spitzte damit die paulinische Theologie radikal zu: Anders als Paulus postuliert er die Lehre von zwei Göttern, betrachtet die Schöpfung uneingeschränkt negativ und verwirft das Alte Testament vollständig. Zudem steht die gnostisch geprägte Erlösungslehre Markions, die zukünftiges Heil nur für die Seele, nicht aber den Körper erhofft, im Gegensatz zum Auferstehungsglauben des Paulus. Der Apostel hätte sich mit Sicherheit gegen eine derartige Zuspitzung seiner Lehren verwehrt und wäre einer der schärfsten Gegner Markions gewesen. Für die Kirchenväter stand außer Zweifel, dass es sich bei Markion um einen Erzketzer der übelsten Sorte handelte, den zu Recht der Bannstrahl der Großkirche getroffen hatte und dessen Lehren grundlegend gegen den christlichen Glauben verstießen. Der Bischof Polykarp von Smyrna soll Markion als den Erstgeborenen des Satans bezeichnet haben. In der Neuzeit wird die Person des Markion dagegen kontrovers diskutiert.

Adolf von Harnack, der große Theologe der Kaiserzeit und Mitverfasser der Kriegserklärung Wilhelms II. zum Auftakt des Ersten Weltkriegs, leitete die Markion-Renaissance ein. Bereits in einer preisgekrönten Schrift von 1870 stellte der damals erst 19-jährige Harnack sein Bild von Markion als bedeutsamem Reformator der Kirche in den Raum, das er dann in der großen Markion-Monografie von 1921 weiter ausmalte und präzisierte. Harnack porträtiert Markion als verdienstvollen Theologen, der das Evangelium des Paulus von Entstellungen gereinigt habe. Markion sei der einzige Denker der Christenheit, der mit der Überzeugung Ernst gemacht habe, dass der Erlösergott nichts mit der Welt und ihrem Geschick zu tun hat. Mit Markions radikaler Einsicht, wie befreiend der neutestamentliche Erlösergott der Liebe im Gegensatz zum furchtbaren und „zugleich jämmerlichen" Gott der Welt und des Gesetzes sei, vermöge nur Luther zu konkurrieren. Markion wird damit als Sachwalter der paulinischen Theologie, als großer Kirchenreformator und Vorläufer des Protestantismus in unmittelbare Nähe Luthers gerückt.

In seiner Gesamtbewertung stellt Harnack die These auf, dass Markions Verwerfung des Alten Testaments im 2. Jahrhundert zu früh kam und deshalb von der Großkirche zu Recht abgelehnt wurde. Heute müsse jedoch dem Alten Testament die ihm nicht zustehende kanonische Autorität entzogen werden. Mit seinem Versuch der Rehabilitierung Markions schießt Harnack weit über das Ziel hinaus. Markion gebührt zwar das Verdienst, der zu seiner Zeit weithin verblassten paulinischen Gnadenlehre wieder schärfere Konturen gegeben zu haben, er erweist sich aber vor allem im Blick auf seine Ansichten zu Schöpfung und Altem Testament als höchst problematischer Denker. Seine Lehre von den beiden Göttern bietet eine allzu bequeme Lösung für die Frage nach dem Leid und dem Bösen in der Welt. Die von Markion mit philologischer Methodik rekonstruierte Urform der in seinen Bibelkanon aufgenommenen Schriften stellt ein willkürliches Fantasiegebilde dar.

Adolf von Harnack hielt zwar das Alte Testament für theologisch bedeutungslos und war

Adolf Harnack, Holzstich um 1890

am Judentum geschichtlich nicht sonderlich interessiert, positionierte sich aber aufgrund seines protestantischen Humanitätsideals klar gegen den Antisemitismus seiner Zeit. Seine Markion-Rezeption stieß allerdings in völkischen und nationalsozialistischen Kreisen auf positive Resonanz und trug mit verheerenden Folgen für das jüdische Volk zur Rechtfertigung von Bestrebungen bei, das Alte Testament aus der christlichen Tradition zu entfernen. Spätestens vor dem Hintergrund dieser verhängnisvollen Wirkungsgeschichte zeigt sich, wie richtig die Entscheidung der Gemeinde in Rom war, sich von Markion zu trennen und die Erinnerung an die jüdischen Wurzeln des Christentums wachzuhalten. Ohnehin lässt sich das Alte Testament nicht als minderwertiges und widerchristliches Buch des Gesetzes abqualifizieren, wie Markion es tat. Dass es vielen reizvoll erscheint, Sympathien für den Ketzer von einst zu hegen und ihn als einzig wahrhaften Paulusinterpreten seiner Zeit zum verkannten Heiligen emporzuheben, mag nachvollziehbar sein. Diesem Reiz zu erliegen, stellt allerdings einen gedanklichen Kurzschluss dar und blendet die Schattenseiten von Markions Theologie aus.

ΑΛΕ

Die römische Gemeinde in der Zeit um 200

Ein Unbekannter kritzelt ein Bild des gekreuzigten Jesus mit Eselskopf an die Wand, um den Christen Alexamenos wegen seines scheinbar törichten Glaubens zu verhöhnen. Zur gleichen Zeit beginnen die gebildeten Schichten Roms das Christentum als neue Philosophie anzuerkennen. Gelehrte Christen aus dem Osten haben nach dem Vorbild Justins in der Stadt Philosophenschulen gegründet und suchen den intellektuellen Diskurs. Das gewachsene Selbstbewusstsein der Kirche in Rom gipfelt in dem Versuch von Bischof Victor, den kleinasiatischen Gemeinden die eigene Osterpraxis aufzuzwingen. Innere Konflikte um Fragen des Glaubens und der Lebensführung stellen die stadtrömische Christenheit vor schwere Zerreißproben. Es wird mit harten Bandagen gekämpft, und immer wieder kommt es zur Gründung von Gegenkirchen. Von außen droht die Gefahr, wegen des Glaubens angezeigt und zum Tode verurteilt zu werden. Das Christentum in Rom bietet in der Zeit um 200 ein ebenso spannungsgeladenes wie facettenreiches Bild.

Die politischen Entwicklungen und die Situation der Christen

Nach dem Untergang der Flavierdynastie beherrschten mehr als 80 Jahre lang Adoptivkaiser die Szenerie in Rom. Mit Commodus trat 180 n. Chr. erstmals wieder ein leiblicher Sohn des Kaisers die Nachfolge an. Aus der Perspektive der antiken Geschichtsschreiber war Commodus nach Caligula und Nero der dritte blutrünstige Tyrann auf dem römischen Kaiserthron. Cassius Dio spricht in seiner „Römischen Geschichte" sogar davon, dass Commodus das bis dahin goldene Kaisertum zu einem eisernen und rostigen werden ließ. Zusätzlich vernebelt wird das Bild des Herrschers durch das mit fünf Oscars ausgezeichnete Hollywood-Epos „Der Gladiator" aus dem Jahr 2000. Dort wird in völliger Verzerrung der geschichtlichen Tatsachen behauptet, Commodus habe seinen Vater Mark Aurel im Feldlager in Germanien ermordet, weil dieser ihn nicht zum Thronerben machen wollte. In Wirklichkeit starb Mark Aurel im Jahr 180 nahe Wien an der Pest. Zu diesem Zeitpunkt hatte er Commodus längst zum Mitregenten ernannt, um die dynastische Nachfolge zu sichern. Auch der im Film angedeutete Inzest zwischen Commodus und seiner Schwester ist allein der Fantasie der Drehbuchautoren entsprungen.

Das schlechte Ansehen des Commodus ist im Wesentlichen darauf zurückzuführen, dass er ein absolutistisches Hofregiment führte, die Prätorianergarde ungezügelt walten ließ und

In der Pagenschule auf dem Palatin in Rom fand man das sogenannte Spottkruzifix an der Wand mit der Inschrift: „Alexamenos betet seinen Gott an".

Römische Münzen mit dem Porträt des Commodus um 192 n. Chr.

es nicht verstand, den Senat angemessen in die politischen Entscheidungsprozesse einzubinden. Kritiker und Gegner schaltete er rücksichtslos aus. Gegen Ende seiner Herrschaft kam eine übersteigerte Selbstinszenierung hinzu: Commodus schlüpfte bei Gladiatorenkämpfen im Amphitheater in das Kostüm des göttlichen Herakles. Des Weiteren plante er, die Monatsnamen nach seinen eigenen Ehrentiteln umzubenennen und im Anschluss an die verheerende Feuersbrunst des Jahres 191 ein neues Rom mit dem Namen *Colonia felix Commodiana* zu errichten.

Am Ende fiel Commodus einem Mordkomplott seiner Konkubine Marcia, seines Kammerdieners Eclectus und des Prätorianerpräfekten Laetus zum Opfer, die ihre Namen auf einer geheimen Hinrichtungsliste des Kaisers entdeckt hatten. Der in höchster Eile zum neuen Prinzeps ausgerufene Pertinax wurde nicht einmal drei Monate nach der Thronbesteigung ebenfalls ermordet. Als sein Nachfolger gelangte der aus dem nordafrikanischen Leptis Magna im heutigen Libyen stammende Septimius Severus 193 n. Chr. auf den Kaiserthron. Er begründete die Dynastie der severischen Kaiser, der noch Caracalla, Elagabal und Severus Alexander angehören.

An der rechtlichen Situation der Christen, wie sie seit den Tagen Trajans bestand, hatte sich nichts verändert. Der römische Staat zeigte kein Interesse an systematischen Christenverfolgungen, es konnte aber jederzeit zu Anzeigen und schweren Übergriffen gegen Anhänger des neuen Glaubens kommen. Hadrian, Nachfolger Trajans und Kaiser bis 138 n. Chr., ergriff zur Sicherung des inneren Friedens punktuell Schutzmaßnahmen, um in den östlichen Provinzen des Reichs verleumderische Denunziationen zu unterbinden und willkürliche Zwangsmaßnahmen der lokalen Behörden gegen Christen einzudämmen. Unter Mark Aurel, der als Philosoph auf dem Kaiserthron in das Geschichtsbewusstsein einging, verschlechterte sich dagegen die Lage der Christen dramatisch. Sein Lehrer war der am Hof lebende Rhetor Marcus Cornelius Fronto, der die Christen in einer Kampfschrift des Inzests und Verzehrs von Menschenfleisch bezichtigte.

Mark Aurel verschärfte die römischen Gesetze gegen Religionsfrevler und Praktiker abergläubischer Riten, zu denen jederzeit auch die Christen gerechnet werden konnten. Im Jahr 167 ordnete er vor dem Hintergrund einer Pestepidemie und der äußeren Bedrohung der Reichsgrenzen Opferhandlungen für die römischen Götter an, um diese gnädig zu stimmen. Christen mit ihrem monotheistischen Glauben brachte dies in eine schwere Situation: Sie verweigerten die Opfer und wurden somit zu Sündenböcken, die mit ihrem Monotheismus angeblich die Götter erzürnten und dadurch Katastrophen aller Art heraufbeschworen. Während der Herrschaft von Mark Aurel kam es in Kleinasien und Gallien zu einer Welle der Gewalt und zu zahlreichen Todesurteilen gegen Christen, wobei der aufgebrachte Mob und die Provinzialbehörden meist Hand in Hand zusammenarbeiteten.

In Gallien, insbesondere in Lyon und Vienne, hatte die starke Zunahme der Anzeigen und Todesurteile gegen Christen häufig noch einen ganz anderen Hintergrund: In den Amphitheatern der Städte herrschte ein Mangel an Gladiatoren. Diese waren überwiegend in das Heer eingezogen worden, um dort die durch die Pest und die verlustreichen Schlachten an den Außengrenzen des Reichs entstandenen Lücken zu schließen. Daher führte Mark Aurel um 177 einen Senatsbeschluss herbei, der den Gladiatorenhändlern in Gallien den verbilligten Erwerb von zum Tode verurteilten Verbrechern ermöglichte. Diese wurden als Kämpfer in die Arena geschickt und dort zur Unterhaltung der Massen zerfleischt. Die Richter Galliens trugen mit ihren Todesurteilen gegen Christen dazu bei, dass eine hinreichende Zahl von Delinquenten für die Arena zur Verfügung stand.

Unter Commodus beruhigte sich die Situation wieder, und es trat eine Zeit des Friedens ein, während in der Herrschaftszeit von Septimius Severus die Kirchen Nordafrikas

Unter Septimius Severus starben vor allem in Nordafrika und Ägypten zahlreiche Christen den Märtyrertod.

und Ägyptens eine große Zahl von Märtyrern zu beklagen hatten, darunter den Kirchenvater Origenes aus Alexandria. Die „Historia Augusta" berichtet zudem, dass Septimius Severus ein neues Gesetz erlassen habe, welches den Übertritt sowohl zum Judentum als auch zum Christentum unter Strafe stellte. Der historische Wert dieser Überlieferung ist allerdings zweifelhaft.

Auch in Zeiten des Friedens für die Kirche mussten Christen mit der Verurteilung zum Tode wegen Gottlosigkeit oder staatsfeindlicher Umtriebe rechnen, wenn es aufgrund von Anzeigen zu einem formellen Gerichtsverfahren kam und sie ihrem Glauben nicht abschworen. In der Zeit des Commodus war in Rom ein angesehenes Gemeindemitglied namens Apollonius davon betroffen, den auch Reichtum und vornehme Abstammung nicht vor der Hinrichtung bewahren konnten. Der Fall erinnert an den Prozess gegen Justin in der Zeit von Mark Aurel. Apollonius betrieb in Rom eine christliche Philosophenschule. Wegen seiner Bildung und Gelehrsamkeit war er allgemein geschätzt. Als er von einem seiner Sklaven bei den Behörden als Christ denunziert wurde, kam es zum Prozess, der trotz einer brillanten Verteidigungsrede des Angeklagten mit dem Todesurteil und der anschließenden Enthauptung endete.

Nach den im späten 19. Jahrhundert wiederentdeckten Märtyrerakten des Apollonius nahmen an der Gerichtsverhandlung auch interessierte Philosophen teil. Dies deutet darauf hin, dass Apollonius in der Philosophenszene Roms hohes Ansehen genoss. Da zudem etliche Senatoren dem Prozess beiwohnten und vermutlich als Beisitzer fungierten, war Apollonius wohl senatorischen Ranges. Am Kaisergericht waren Senatoren nur dann offiziell zugegen, wenn gegen ein Mitglied ihres eigenen Standes verhandelt wurde. Aber selbst wenn die Senatoren den Prozess nur aus privatem Interesse beobachtet haben sollten, dürfte der Grund ihrer Anwesenheit darin gelegen haben, dass eine Person aus ihrem direkten gesellschaftlichen Umfeld vor Gericht stand.

Der Osterfeststreit

In der Anfangszeit des stadtrömischen Christentums kamen alle wichtigen Personen und die entscheidenden geistigen Impulse aus dem griechischsprachigen Osten des Reichs. Dies änderte sich Ende des 2. Jahrhunderts, als mit Minucius Felix und Victor die ersten renommierten lateinischsprachigen Theologen aus der Provinz Africa, die neben dem heutigen Tunesien noch Teile von Algerien und Libyen umfasste, die Bühne in Rom betraten. Minucius Felix bestritt seinen Lebensunterhalt als erfolgreicher Rechtsanwalt und verfasste ein apologetisches Werk mit dem Titel „Octavius", das die christliche Religion gegenüber Vorwürfen aus der griechisch-römischen Bildungswelt in Schutz nimmt. Victor war der einflussreichste, aber auch umstrittenste Bischof aus der Frühzeit des Christentums in Rom. Er soll direkt neben Petrus unter dem Petersdom begraben liegen. Mit seinem Namen ist in erster Linie der große Osterfeststreit verbunden, der das gestiegene Selbstbewusstsein und den wachsenden Machtanspruch der römischen Kirche dokumentiert.

Jesus von Nazareth wurde an einem Freitag gekreuzigt. Am darauffolgenden Sonntag entdeckten die Frauen um Maria Magdalena das leere Grab und verkündeten die Botschaft von der Auferstehung. Nach Darstellung der ersten drei Evangelien erfolgte die Kreuzigung am Passahfest. Das Passah ist ein bewegliches Fest, das auf jeden beliebigen Wochentag fallen kann. Es wird immer am 14. Tag des jüdischen Monats Nisan gefeiert, bevor sich das Fest der ungesäuerten Brote anschließt. Der Nisan beginnt nach dem Gregorianischen Kalender irgendwann zwischen Mitte März und Anfang April. Im frühen Christentum gab es bald Kontroversen darüber, wann Ostern zu feiern sei und ob die Kreuzigung oder die Auferstehung Jesu den zentralen Inhalt des Festes ausmache. In Kirchengebieten, wo das Bewusstsein der gemeinsamen Wurzeln mit dem Judentum stark ausgeprägt war, hielt man an der Verbindung mit dem Passah fest. Man feierte zeitgleich mit dem jüdischen Passah im

Gedenken an die Kreuzigung Jesu ein christliches Erlösungspassah und beendete an diesem Tag das Fasten der Passionszeit.

Allgemein setzte sich aber bald die Überzeugung durch, dass Ostern durch die an einem Sonntag erfolgte Auferstehung Jesu seine besondere Bedeutung gewinne, das Fest daher immer am Sonntag nach dem Passah zu begehen sei und erst an diesem Tag das Fasten beendet werden dürfe. So wurde es auch in Rom gehandhabt. In den Tagen des Bischofs Victor war allerdings nahezu die gesamte Kirche Kleinasiens noch in der alten Tradition verwurzelt, am Tag des Passahs die durch den Kreuzestod Christi bewirkte Erlösung zu feiern. Victor unternahm vor diesem Hintergrund den Versuch, alle kleinasiatischen Gemeinden auf die in Rom und den übrigen Kirchengebieten gängige Osterpraxis zu verpflichten.

In Kleinasien nahm man dies nicht hin. An die Spitze des Widerstands stellte sich der Bischof Polykrates von Ephesus, der in einem Brief an Victor das Festhalten an der Tradition begründete. Daraufhin erklärte Victor die ihm nicht Folge leistenden Christen Kleinasiens zu Ketzern und verband dies mit einer Aufkündigung der Kirchengemeinschaft. Diese rabiate Vorgehensweise stieß nicht nur in Kleinasien auf höchste Empörung, sondern brachte Victor auch scharfe Kritik von

Wann das Osterfest zu feiern sei, war Gegenstand heftiger Auseinandersetzungen zwischen Rom und den kleinasiatischen Gemeinden. Kruzifix aus Ephesus, 10. Jahrhundert

solchen Bischöfen ein, die eine Begehung des Osterfestes am Sonntag nach dem Passah befürworteten. Irenäus von Lyon, der aus Kleinasien stammte und nicht zuletzt wegen seiner fünf Bücher „Gegen die Häresien" in der gesamten Kirche in höchstem Ansehen stand, erhob in einem Brief an Victor die Forderung, dieser möge sich am friedfertigen Beispiel seiner römischen Amtsvorgänger orientieren und um der Einheit der Kirche willen unterschiedliche Osterfesttermine tolerieren. Am Ende zog Victor in dem Osterfeststreit den Kürzeren und musste klein beigeben.

In der Folgezeit verkomplizierte sich die Situation dadurch weiter, dass man sich in einzelnen Kirchengebieten bei der Festlegung des Ostersonntags nicht mehr mechanisch am Passah orientierte, sondern losgelöst vom jüdischen Festkalender eigenständige Berechnungen vornahm. Damit konkurrierten in der Alten Kirche nun drei unterschiedliche Osterfeiern, nämlich ein mit dem Passah zusammenfallendes Fest zum Gedenken an den heilvollen Kreuzestod Jesu, ein Osterfest am Sonntag nach dem Passah und ein Osterfest an einem unabhängig vom Passah errechneten Sonntag. Auf dem Konzil von Nizäa im Jahr 325 wurde die letzte der drei Varianten als verbindliche Osterpraxis für alle Kirchengebiete festgelegt und dies mit der antijudaistischen Begründung versehen, dass die Christen bei der Feier ihres heiligen Osterfestes nichts mit dem verhassten Volk der Juden gemeinsam haben sollten.

Galen und die Christen

Seit den Tagen Justins nahmen die gebildeten Schichten Roms das Christentum immer mehr als eine ernst zu nehmende neue Philosophie wahr. Hausgemeinden in der Stadt organisierten sich teilweise in Form christlicher Philosophenschulen und beteiligten sich in der Öffentlichkeit an philosophischen Debatten. Vor diesem Hintergrund kam es Ende des 2. Jahrhunderts zu einer intensiven geistigen Begegnung zwischen Galen und den Theodotianern.

Der in Pergamon als Sohn eines wohlhabenden Architekten im Jahr 129 zur Welt gekommene Arzt und Philosoph Galen war eine der schillerndsten Figuren der Antike. Als Verfasser zahlreicher Kommentare zu Schriften des „Corpus Hippocraticum" verhalf er der hippokratischen Heilkunst dazu, dass sie sich als wichtigste medizinische Tradition des Abendlands etablieren konnte. Galen studierte Medizin in Pergamon, Smyrna und Alexandria, beschäftigte sich aber von Jugend an auch intensiv mit der Geometrie und den griechischen Philosophenschulen. In seinen philosophischen Schriften zeigt er besonderes Interesse an Aristoteles und Theophrast. Sein Weltbild war von der aristotelischen Physik geprägt, während er im Blick auf die Seelenlehre dem Platonismus folgte. Nachdem er fünf Jahre als Gladiatorenarzt in Pergamon gewirkt hatte, siedelte Galen nach Rom über, wo er abgesehen von einer kurzen Unterbrechung bis zum Ende seines Lebens blieb und als Leibarzt am Kaiserhof tätig war. In Rom erregte er nicht nur durch seine öffentlichen Leichensektionen und anatomischen Experimente an Tieren zur Erforschung des Nervensystems Aufsehen, sondern führte auch philosophische Diskussionen. Den christlichen Dogmen stand Galen ablehnend gegenüber, attestierte aber dem Christentum im Blick auf dessen Ethik, dass es eine vom Streben nach Wahrheit gekennzeichnete Philosophie sei.

Die Theodotianer gehen auf den gebildeten Schuster Theodotion zurück, der um 190 aus Byzanz nach Rom übersiedelte und dort mit seinen Lehren bald für Unruhe in der christlichen Gemeinde sorgte. Nachdem er von Bischof Victor als Häretiker verurteilt worden war, gründete er eine eigene christliche Schule. Zu den einflussreichsten Vertretern der Theodotianer zählte neben Asklepiodot, über den außer dem Namen nichts bekannt ist, ein weiterer Theodotion, bei dem es sich um einen wohlhabenden Bankier handelte. Beide wurden von Bischof Zephyrin, dem Nachfolger Victors, exkommuniziert und gaben der theodotianischen Bewegung

daraufhin die Organisationsstruktur einer Gegenkirche. Wohl mithilfe der finanziellen Ressourcen des Bankiers Theodotion gelang es, den angesehenen Christen Natalius von der Großkirche abzuwerben und gegen ein ansehnliches Monatsgehalt von 150 Denaren zur Übernahme des Bischofsamts in der Kirche der Theodotianer zu bewegen.

Die Theodotianer vertraten einen strengen Monotheismus, der die Göttlichkeit Jesu Christi verneinte und als adoptionistischer Monarchianismus bezeichnet wird. Sie stellten die Alleinherrschaft (Monarchie) Gottes derart in den Mittelpunkt, dass sie Jesus als gewöhnlichen Menschen betrachteten, der erst durch seine Taufe und den Empfang des Geistes in einer Art Adoption von Gott als Sohn angenommen wurde. Fortan hätten zwar die göttlichen Kräfte in ihm gewirkt, er sei aber dadurch nicht zum göttlichen Wesen geworden. Diese Sichtweise kann sich durchaus auf das Markusevangelium berufen, das weder die Glaubensvorstellung der Jungfrauengeburt kennt noch eine himmlische Existenz Christi vor seiner Menschwerdung thematisiert.

Die Theodotianer verfügten über ein ausgesprochen hohes Bildungsniveau. Der Kirchenvater Eusebius warf ihnen vor, sich zur Begründung ihrer Gottlosigkeit der philosophischen Logik zu bedienen und philologische Kritik an den neutestamentlichen Schriften zu üben, um mithilfe revidierter Textformen

Diese Illustration aus dem 19. Jahrhundert zeigt Galen als Gladiatorenarzt in Pergamon. Seine Lehren prägten die Medizin selbst noch 1500 Jahre später.

ihre Lehren biblisch zu untermauern. Zu diesem Zwecke studierten sie nicht nur intensiv die Geometrie Euklids, sondern bewunderten auch Aristoteles und Theophrast. Ergänzend wurde der Vorwurf erhoben, dass einige von ihnen sogar Galen wie einen Gott anbeteten. Ganz offenkundig zählten die von Eusebius angegriffenen Theodotianer in Rom zu den philosophischen Gesprächspartnern Galens, der sie im logischen Denken griechischer Mathematiker und Philosophen unterwies.

Das Spottkruzifix auf dem Palatin

Im Jahr 1856 legten Archäologen in Rom an der Südwestseite des Palatinhügels oberhalb des Circus Maximus die Überreste des Pädagogiums frei. In dieser Ausbildungsstätte wurden Pagen auf ihre Tätigkeit am römischen Kaiserhof vorbereitet. An der Wand eines Raumes entdeckte man ein Graffito aus dem frühen 3. Jahrhundert, das Jesus in eselsköpfiger Gestalt am Kreuz zeigt. Links daneben ist ein junger Mann abgebildet, der wie der Gekreuzigte eine ärmellose Tunika trägt und eine Hand zum Gebet erhoben hat. In griechischer Schrift finden sich unter dem Bild die Worte „Alexamenos betet zu Gott". Bei dem Graffito handelt es sich um die älteste erhaltene Darstellung der Kreuzigung Jesu. Einer der Kameraden des Alexamenos hat die Zeichnung an die Wand gekritzelt, um diesen wegen seines christlichen Glaubens zu verhöhnen.

Hintergrund des Spottkruzifixes ist die Übertragung judenfeindlicher Polemik auf das Christentum. Der Rhetor Apion aus Alexandria, mit dem sich der jüdische Geschichtsschreiber Josephus in einer Gegenschrift auseinandersetzt, spricht von einem goldenen Eselskopf, der im Tempel zu Jerusalem verehrt wurde. Dort soll er dem syrischen Herrscher Antiochus IV. in die Hände gefallen sein, als dieser in der Makkabäerzeit das jüdische Heiligtum plünderte, um Finanzmittel für einen bevorstehenden Ägyptenfeldzug zu akquirieren.

Tacitus und Plutarch wissen dagegen von einer Statue in Eselsgestalt zu berichten, die sich im Jerusalemer Tempel befunden haben

Seth mit stilisiertem Eselskopf (links) und Horus (rechts) haben Ramses II. in ihrer Mitte. Möglicherweise wurde der Gott Seth mit dem Gott der Bibel in Verbindung gebracht.

soll. Beide Autoren überliefern zudem zur Erklärung der jüdischen Eselsverehrung eine Legende, die auf antike Volkserzählungen Bezug nimmt, in denen der Esel als Wasser liebendes und Quellen aufspürendes Tier gilt: Als die Israeliten in der Wüste zu verdursten drohten, sei Mose den Spuren einer Wildeselherde im Wüstensand gefolgt und zu einer Wasserader geführt worden. Zum Dank für die wunderbare Errettung habe man später im Inneren des Tempels ein Eselsbild aufgestellt und geweiht. Der geschichtliche Wert dieser Überlieferung ist gleich null. Die Existenz eines Eselskopfes oder einer Eselsstatue im Jerusalemer Tempel kann angesichts des alttestamentlichen Bilderverbots ausgeschlossen werden. Dass der herabwürdigende Vorwurf eines jüdischen Eselskults überhaupt entstand, könnte auf eine lautliche Ähnlichkeit zwischen dem Gottesnamen Jao (Jahwe) und dem ägyptischen Wort für Esel (Jo) zurückzuführen sein. Denkbar ist auch, dass von Gegnern des Judentums Züge der häufig in Eselsgestalt abgebildeten ägyptischen Gottheit Seth-Typhon auf den Gott der Bibel übertragen wurden.

Dass die Eselsverehrung bald auch den Christen nachgesagt wurde, ist kaum verwunderlich, da man in der griechisch-römischen Welt anfangs nicht sorgfältig zwischen den beiden aus Palästina stammenden Religionen unterschied und das Christentum als jüdische Sekte betrachtete. Dabei wurde Jesus nicht nur am Kreuz als Esel dargestellt. Tertullian empörte sich beispielsweise über eine in Karthago verbreitete Jesus-Darstellung, die von einem Juden der Stadt stammte und antiken Lehrerkarikaturen nachempfunden war. Sie zeigte den lehrenden Jesus, der eine Toga trägt und ein Buch in Händen hält, mit Eselsohren und einem Huf anstelle des Fußes. Das Spottkruzifix vom Palatin veranschaulicht auf plastische Weise die Aussage des Apostels Paulus aus dem Anfangskapitel des Ersten Korintherbriefs, dass die Botschaft vom gekreuzigten Christus den Juden ein Ärgernis, den Heiden aber eine Torheit sei. Das Graffito spiegelt das allgemeine Unverständnis darüber wider, wie man eine Person als göttliches Wesen verehren kann, die den schmachvollen und entwürdigenden Kreuzestod gestorben ist.

Kallist und Hippolyt – schwere Konflikte um den Gottesglauben und die Zweite Buße

Hippolyt von Rom, geboren um 160, war ein Schüler des Irenäus von Lyon und einer der bedeutsamsten Theologen seiner Zeit, doch ranken sich um seine Person viele offene Fragen. Eusebius berichtet im sechsten Buch seiner Kirchengeschichte zunächst von einem gelehrten Kleriker namens Hippolyt, der Vorsteher einer Kirche gewesen sei. Wo sich diese befand, wird nicht gesagt. Kurz danach ist von einem Hippolyt die Rede, der in der Zeit von Kaiser Severus Alexander zahlreiche theologische Abhandlungen und Bibelkommentare verfasste, von denen Eusebius einige mit Titel anführt. Der Kirchenvater Hieronymus bietet wenige Jahrzehnte später eine vollständigere Liste der Schriften Hippolyts, darunter den Kommentar zum Buch Daniel und die „Widerlegung aller Häresien", und bezeichnet ihn als Bischof, kennt aber nicht seinen Bischofssitz. Ein Märtyrerverzeichnis aus dem 4. Jahrhundert schließlich erwähnt einen Hippolyt von Rom, der am 13. August 235 den Märtyrertod erlitt. Auch wenn es abweichende Theorien gibt, wird überwiegend davon ausgegangen, dass sich alle skizzierten Nachrichten auf ein und denselben Hippolyt beziehen, der demzufolge römischer Bischof, theologischer Schriftsteller und christlicher Märtyrer war.

Umstritten ist ein archäologischer Fund aus Rom. Im Jahr 1551 entdeckte man nahe der Krypta des Hippolyt eine Marmorstatue, die eine auf einem Sessel sitzende Person abbildet. Oberkörper und Kopf fehlten allerdings. Da in den Sockel der Statue neben dem christlichen Osterkalender auch ein Verzeichnis der Schriften Hippolyts eingemeißelt ist, glaubte man, dass es sich um eine Hippolytstatue handele, und versah den Torso bei der Restauration mit einem männlichen Oberkörper und Kopf. Ob dies richtig war, bleibt mit Fragezeichen versehen. Die renommierte

Archäologin Margherita Guarducci kam zu dem weithin anerkannten Ergebnis, dass der Torso eine weibliche Form hat und die Statue in Wirklichkeit die epikureische Philosophin Themista von Lampsacus abbildete. Die heute in der Eingangshalle der Vatikanischen Bibliothek stehende Statue gelangte irgendwann in den Besitz der von Hippolyt gegründeten Kirche.

Zu den im Sockelbereich der Statue verzeichneten Schriften Hippolyts zählt auch die „Traditio Apostolica", eine ursprünglich auf Griechisch verfasste, aber nur in Übersetzungen erhalten gebliebene Kirchenordnung, in der unter anderem die Gestaltung von Taufe, Eucharistiefeier und Bischofsweihe geregelt wird. Allerdings gibt es unterschiedliche Auffassungen darüber, inwieweit diese Schrift tatsächlich auf Hippolyt zurückgeht und bereits die römische Kirchenpraxis seiner Zeit widerspiegelt.

Wenn Hippolyt in Rom Bischof war, muss er als Gegenbischof amtiert haben. Vermutlich stellte er sich 219 nach dem Tod Zephyrins zur Wahl und unterlag seinem Erzfeind Kallist, von dem er in seinem Hauptwerk „Widerlegung aller Häresien" ein wenig schmeichelhaftes Bild zeichnet: Demzufolge war Kallist in den Tagen des Commodus der Sklave eines kaiserlichen Hofbeamten namens Karpophorus, der ihn mit der Eröffnung eines Bankgeschäfts betraute und mit dem notwendigen Startkapital ausstattete. Als Bankier scheiterte Kallist jedoch kläglich, ging bankrott und veruntreute das Vermögen vieler gutgläubiger Christen. Kallist wollte aus Rom fliehen, wurde jedoch in Portus an Bord eines Schiffes kurz vor dem Lichten der Anker von Karpophorus festgenommen und zur Zwangsarbeit in die Tretmühle geschickt. Später begnadigte man ihn.

Um seine Schulden zu begleichen, wollte Kallist bei jüdischen Geschäftspartnern noch ausstehende Zahlungen eintreiben und stürmte dazu am Sabbat deren Synagoge. Daraufhin züchtigte ihn der römische Stadtpräfekt Fuscianus wegen Schändung des Gottesdienstes mit Geißelhieben und verurteilte ihn zur

Teile der Reliquien Hippolyts liegen heute im Schrein der Pfarrkirche im elsässischen Saint-Hippolyte (Sankt Pilt).

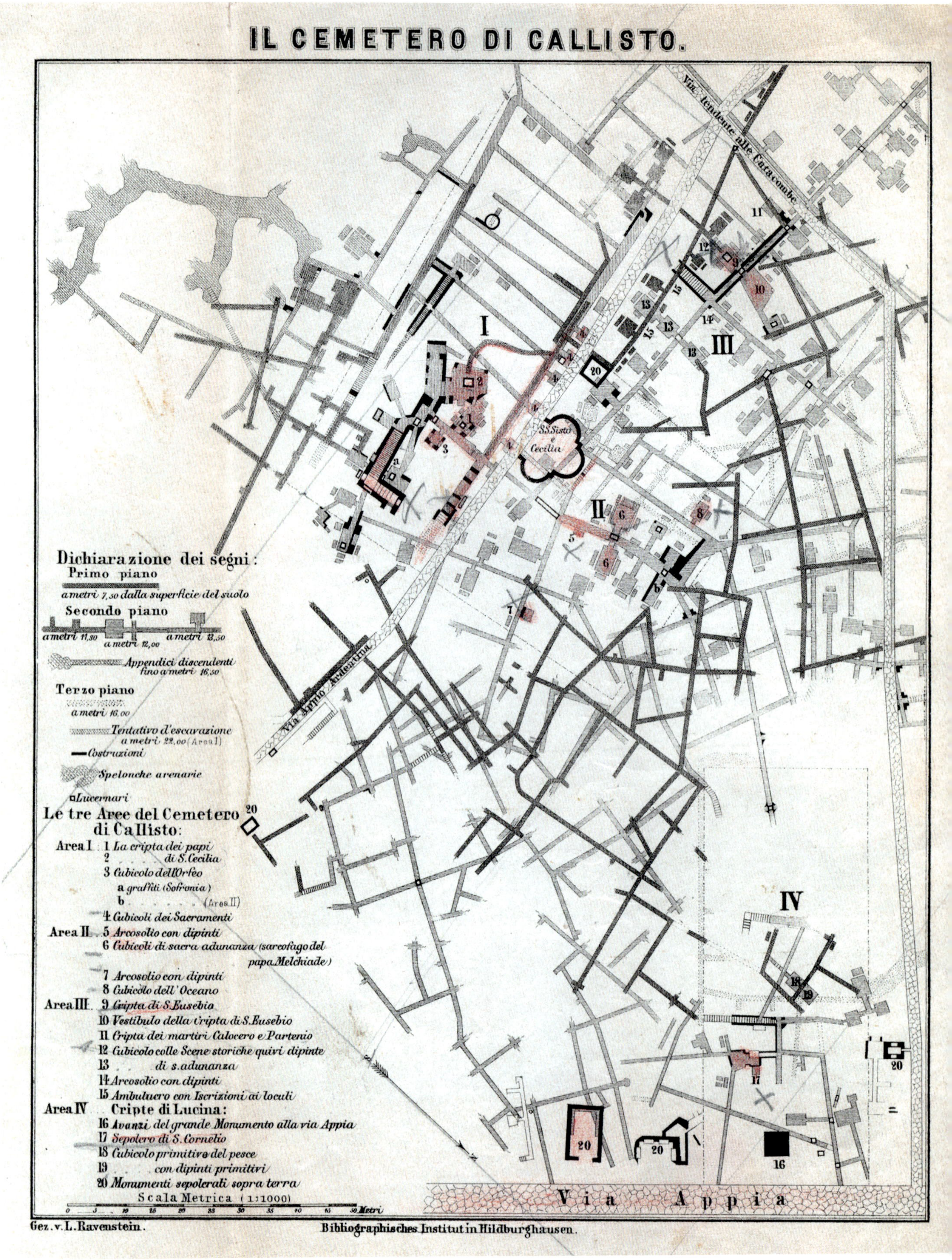
IL CEMETERO DI CALLISTO.
Via tendente alle Catacombe
Via Appio Ardeatina
SS. Sisto e Cecilia
I
II
III
IV
Dichiarazione dei segni:
Primo piano
a metri 7,50 dalla superficie del suolo
Secondo piano
a metri 11,80
a metri 12,00
a metri 13,50
Appendici discendenti fino a metri 16,50
Terzo piano
a metri 16,00
Tentativo d'escavazione a metri 22,00 (Area I)
Costruzioni
Spelonche arenarie
Lucernari
Le tre Aree del Cemetero di Callisto:
Area I. 1 La cripta dei papi
2 . . . . di S. Cecilia
3 Cubicolo dell'Orfeo
a graffiti (Sofronia)
b . . . . . . (Area II)
4 Cubicoli dei Sacramenti
Area II. 5 Arcosolio con dipinti
6 Cubicoli di sacra adunanza (sarcofago del papa Melchiade)
7 Arcosolio con dipinti
8 Cubicolo dell' Oceano
Area III. 9 Cripta di S. Eusebio
10 Vestibulo della Cripta di S. Eusebio
11 Cripta dei martiri Calocero e Partenio
12 Cubicolo colle Scene storiche quivi dipinte
13 . . . di s. adunanza
14 Arcosolio con dipinti
15 Ambulacro con Iscrizioni ai loculi
Area IV. Cripte di Lucina:
16 Avanzi del grande Monumento alla via Appia
17 Sepolcro di S. Cornelio
18 Cubicolo primitivo del pesce
19 . . . . con dipinti primitivi
20 Monumenti sepolcrali sopra terra
Scala Metrica (1:1000)
0 5 10 15 20 25 30 35 40 45 50 Metri
Via Appia
Gez. v. L. Ravenstein.
Bibliographisches Institut in Hildburghausen.

Sklavenarbeit in den Bergwerken Sardiniens. Als durch Vermittlung der kaiserlichen Konkubine Marcia zahlreiche christliche Bekenner aus den Bergwerken Sardiniens begnadigt wurden, schaffte es Kallist durch Betteln und Flehen nachträglich auf die Liste der Freizulassenden. Bischof Victor war über die Rückkehr Kallists derart entsetzt, dass er ihm sogleich Antium als neuen Wohnort zuwies und ihn mit einer monatlichen Pension ausstattete, um ihn von Rom fernzuhalten. Nach Victors Tod holte dessen Nachfolger Zephyrin Kallist zurück und betraute ihn mit der Verwaltung des Coemeteriums, der Begräbnisstätte der römischen Gemeinde. Dabei gewann Kallist immer größeren Einfluss auf Zephyrin und richtete diesen innerlich zugrunde, um ihn schließlich im Bischofsamt zu beerben.

So weit die Darstellung des Hippolyt. In der abenteuerlichen Geschichte mischen sich historische Fakten mit bösartigen Diffamierungen. Hippolyt wollte um jeden Preis die moralische Integrität Kallists infrage stellen. Wenn Kallist unter Victor eine monatliche Pension aus der Gemeindekasse erhielt, war er wegen seiner Zwangsarbeit in Sardinien offiziell als Märtyrer anerkannt. Zephyrin betraute Kallist schließlich mit einem der einflussreichsten Ämter, das der römische Bischof zu vergeben hatte. Die Verwaltung des Coemeteriums erforderte hohes organisatorisches und wirtschaftliches Geschick, über das Kallist als ehemaliger Bankier verfügte. Durch seine umsichtige Amtsführung konnte er sich für höhere Aufgaben in der Gemeinde empfehlen, sodass er bei der Bischofswahl offenkundig die breite Mehrheit der Gläubigen hinter sich hatte. Die später nach Kallist benannten Katakomben San Callisto, für die er unter Zephyrin verantwortlich war und die er als Bischof weiter ausbauen ließ, wurden 1849 von dem Archäologen Giovanni Battista de Rossi zwischen der Via Appia und der Via Ardeatina wiederentdeckt. Sie beherbergen die Gräber etlicher Bischöfe oder Märtyrer des 3. Jahrhunderts, darunter das Grab von Cornelius, der sich nach der Christenverfolgung durch Kaiser Decius bei der römischen Bischofswahl gegen Novatian durchsetzte. Kallist selbst, der nach nur fünfjährigem Pontifikat starb, liegt dort nicht begraben, sondern fand seine letzte Ruhestätte in der Katakombe des Calpodius an der Via Aurelia Antica.

Hintergrund der scharfen Polemik Hippolyts gegen Kallist waren tief greifende theologische Gegensätze. Zunächst einmal warf Hippolyt seinem Erzfeind eine falsche Trinitätslehre vor. Es geht um die kontrovers diskutierte und erst auf dem Konzil von Nizäa verbindlich geregelte Frage, in welcher Beziehung Gottvater, Sohn und Heiliger Geist zueinander stehen. Kallist sah in Jesus Christus die menschliche Verkörperung von Gott selbst und vertrat die Auffassung, dass der Vater im Sohn am Kreuz mitgelitten habe. Der Geist war für ihn mit Gott identisch. Man bezeichnet diese Lehre als Modalismus, da Jesus als eine Seinsweise (*modus*) Gottes gilt. Der Modalismus war in Rom schon vor Kallist durch aus dem Osten oder aus Nordafrika zugewanderte Lehrer wie Noëtus, Praxeas und Sabellius, den Kallist allerdings später aus der Gemeinde ausschloss, populär geworden. Gegen Praxeas und seine Anhänger verfasste Tertullian eine Kampfschrift. Denjenigen Gläubigen, die wie Hippolyt zwischen Gott und seinem Sohn unterschieden und unterschiedliche Personen annahmen, warf Kallist vor, sich in Widerspruch zum Monotheismus zu begeben und letztlich zwei Götter zu verehren.

Übersichtsplan der Kallist-Katakomben um 1860

Noch stärker als die trinitarischen Streitigkeiten wogen aber die Konflikte um die christliche Lebensführung und die Möglichkeit einer sogenannten Zweiten Buße. Die erste oder eigentliche Buße mit Sündenvergebung vollzog sich mit der Taufe beim Übertritt zum Christentum. Strittig war die bereits im „Hirt des Hermas" thematisierte Frage, ob die Gläubigen für schwere Verfehlungen, die sie nach der Taufe begangen haben, ein weiteres Mal Buße tun und Vergebung empfangen können. Hippolyt vertrat diesbezüglich eine rigoristische Haltung und lehnte eine

nochmalige Sündenvergebung ab. Gegenüber Kallist erhob er den Vorwurf, dass dieser die christliche Moral untergrabe, indem er durch ein Dekret die Vergebung aller Sünden verfügte und sogar aus der Kirche ausgestoßene Missetäter wieder aufgenommen habe. In das kirchliche Amt habe er auch Christen eingesetzt, die bereits in zweiter oder dritter Ehe verheiratet seien.

Vielleicht verbirgt sich Kallist auch hinter jenem namentlich nicht genannten „Pontifex maximus, welcher der Bischof der Bischöfe ist", den Tertullian in seiner Schrift „Über die Ehrbarkeit" scharf angreift, weil er durch einen Erlass allen bußwilligen Gläubigen die Vergebung von Ehebruch und Unzucht zugesichert habe. In einem weiteren Punkt der Ehemoral zog Kallist die Kritik Hippolyts auf sich. Er erteilte vornehmen Frauen aus der Gemeinde, die keinen standesgemäßen christlichen Ehepartner fanden, die kirchliche Genehmigung, mit einem sozial niedriger gestellten Mann oder sogar mit einem Sklaven im Konkubinat zusammenzuleben. Damit bot Kallist eine pragmatische Lösung für das Problem, dass die formelle Eheschließung mit einem Partner aus einer niedrigeren Gesellschaftsschicht für die betreffenden Frauen gemäß dem römischen Recht einen Rangverlust nach sich gezogen hätte.

Bei dem Konflikt um die Zweite Buße stehen sich zwei völlig unterschiedliche Konzeptionen von Kirche gegenüber. Hippolyt wie auch Tertullian vertreten eine rigoristische Vorstellung von der Kirche als Gemeinschaft der Heiligen, aus der man bei Kapitalsünden wie Ehebruch oder Mord unwiderruflich ausgeschlossen wird. Biblisch kann sich diese Position vor allem auf den Hebräerbrief stützen, der eine nochmalige Buße getaufter Christen entschieden ablehnt. Für Kallist hingegen war die Kirche eine Gemeinschaft, die sowohl Gerechte als auch Sünder umfasst. Er berief sich dafür auf Jesu Gleichnis vom Unkraut unter dem Weizen. Zudem betrachtete er die Arche Noah, in der sich sowohl reine als auch unreine Tiere befanden, als Symbol für die Kirche und plädierte für einen von Nachsicht geprägten Umgang mit Missetätern. Die Bußriten für getaufte Christen, die schwer gesündigt hatten, umfassten in jener Zeit ein öffentliches Schuldbekenntnis vor der Gemeinde, den vorübergehenden Ausschluss vom Abendmahl und schließlich die feierliche Vergebung. Diese großmütige Bußpraxis wurde biblisch mit dem neutestamentlichen Verbot des Richtens über andere und mit Jesu Aufruf zu unermesslicher Vergebungsbereitschaft begründet.

Der Streit um die Zweite Buße stellte die Alte Kirche vor eine ihrer schwersten Zerreißproben. In der Zeit des Kallist hatte längst die um 160 von dem christlichen Propheten Montanus in Kleinasien begründete und durch einen ethischen Rigorismus geprägte Kirche der Montanisten ihren Siegeszug über das gesamte Römische Reich angetreten. Diese predigte die sexuelle Enthaltsamkeit und betrachtete selbst bei verwitweten Gläubigen eine zweite Ehe als unverzeihliche Todsünde. In Rom war der Montanismus durch Proklus etabliert worden, der möglicherweise mit dem gleichnamigen Kammerdiener von Kaiser Septimius Severus identisch ist. Tertullian kehrte in Karthago der Großkirche aus Protest gegen deren Sündenvergebungspraxis den Rücken und schloss sich den Montanisten an.

Hippolyt dagegen rief in Rom mit Gleichgesinnten eine eigene Gegenkirche ins Leben, in der er aller Wahrscheinlichkeit nach bis zu seiner Verbannung durch Kaiser Maximinus Thrax als Bischof amtierte. Im Exil auf Sardinien soll es dann zu einer Aussöhnung Hippolyts mit dem ebenfalls verbannten Pontianus, dem großkirchlichen Bischof Roms, gekommen sein. Beide starben am selben Tag im August 235 den Märtyrertod. Hippolyt wurde in der heute nach ihm benannten Katakombe an der Via Tiburtina beigesetzt. Später scheint man die Reliquien auf die im Tiber gelegene Isola Sacra umgebettet zu haben. Dort wurde 1973 unter den Trümmern einer frühchristlichen Basilika der mutmaßliche Sarkophag Hippolyts entdeckt.

Zahlreiche Bischöfe fanden ihre letzte Ruhestätte in der Kallist-Katakombe. Die Zeichnung aus dem 19. Jahrhundert zeigt die unrestaurierte „Papstkrypta" in der Kallist-Katakombe.

FABIVS
GEORGES BECKER

Verfolgung und Martyrium unter den Soldatenkaisern

Im April 248 erlebt Rom ein Spektakel, wie es die Stadt bis dahin nicht gesehen hat. Anlässlich der Tausendjahrfeier Roms werden gigantische Festspiele abgehalten, in deren Mittelpunkt spektakuläre Gladiatorenkämpfe, Wagenrennen und Tierhetzen im Circus Maximus stehen. Auf dem Marsfeld führt man Tag und Nacht drei Tage lang Theaterstücke auf. Das Großereignis ist der unbestrittene Höhepunkt der kurzen Herrschaft von Philippus Arabs. Der wegen seiner orientalischen Herkunft vielfach angefeindete Kaiser lässt anlässlich des Festes Münzen prägen, auf denen die ruhmreiche Vergangenheit Roms in Erinnerung gerufen und das unter seiner Herrschaft anbrechende neue Zeitalter willkommen geheißen wird. Um die Feierlichkeiten gebührend begehen zu können, erhalten die Bürger der Stadt vom Kaiser großzügige Geldgeschenke. Auch viele Christen Roms erliegen der Anziehungskraft der Schauspiele, obgleich der Besuch von Gladiatorenkämpfen und Tierhetzen gegen das christliche Ethos verstößt.

Was als Aufbruch in ein neues Zeitalter voller Glück gefeiert wird, soll sich für die Christen jedoch bald als Katastrophe erweisen. Mit der Tausendjahrfeier besinnt man sich jener Götter, die Rom nach allgemeiner Überzeugung groß gemacht haben und deren Gunst zurückgewonnen werden muss. Unter Philippus Arabs, den spätere Legenden sogar zum Christen machen, bleibt die Kirche weitgehend unbehelligt. Sein Nachfolger Decius aber ergreift ein Jahr nach dem Großereignis religionspolitische Maßnahmen, die für unzählige Christen das Gefängnis oder den Tod nach sich ziehen.

Die Krise des Römischen Reichs und die Herrschaft der Soldatenkaiser

Im Verlauf des 3. Jahrhunderts erlebte das Römische Reich die bis dahin schwerste Krise seiner Geschichte. Durch die Soldatenkaiser, die meist aus den romanisierten Eliten der Provinzen kamen und vor ihrer Thronbesteigung in der Regel eine militärische Laufbahn absolviert hatten, erfuhr das römische Herrschaftssystem des Prinzipats eine grundlegende Neuausrichtung. Mit militärischem Geschick und einem pragmatischen Herrschaftsstil, der den neuen Herausforderungen Rechnung trug, vermochten die Soldatenkaiser einen Zerfall des Römi-

Die Witwe eines Märtyrers in den römischen Katakomben, Holzstich nach einem Gemälde von Georges Becker um 1860

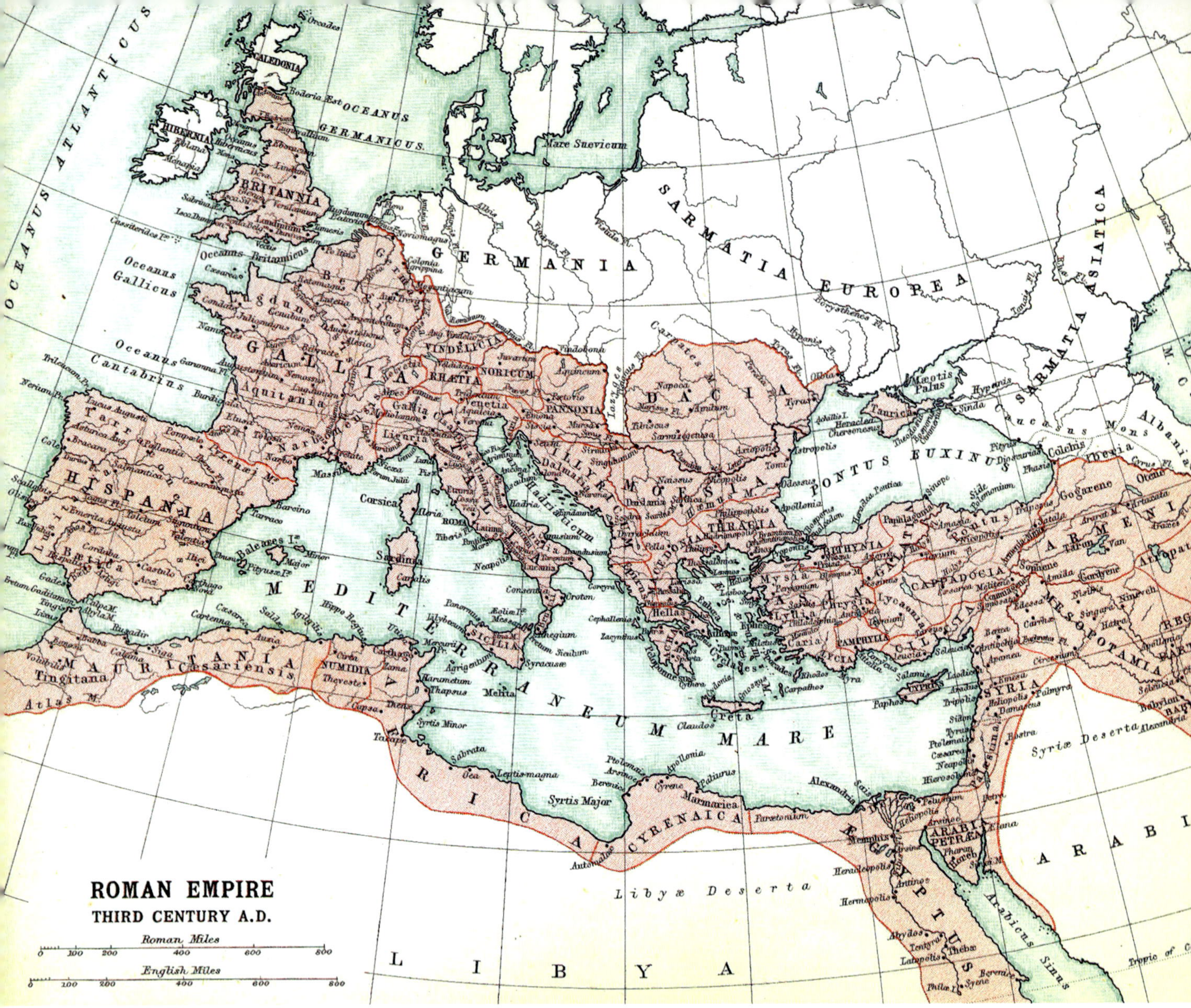

Die Karte (um 1915) zeigt das Römische Reich im 3. Jahrhundert.

schen Reichs zu verhindern. Kaum einer von ihnen konnte sich aber längere Zeit im Amt halten und fast alle starben eines gewaltsamen Todes. Zu einer dauerhafteren Stabilisierung der Verhältnisse kam es erst durch die Reformmaßnahmen Diokletians ab 284 n. Chr.

Umwälzende Veränderungen innerhalb des Imperiums brachten die alte Ordnung im 3. Jahrhundert ins Wanken. Ausgangspunkt der schweren Krise waren die Reichsgrenzen, deren Sicherung eine nur noch unter höchstem Aufwand zu bewältigende Aufgabe darstellte. Zu den alten Konfliktfeldern an den Außengrenzen der germanischen Provinzen kamen neue Brandherde hinzu: Die Goten drangen bis zur unteren Donau vor, und im Osten bot anstelle des Partherreichs das neupersische Sassanidenreich den Römern die Stirn. Die verstärkte Bedrohung von außen zog erhebliche Probleme im Inneren nach sich. Der Unterhalt der zahlenmäßig stark aufgerüsteten Armee verschlang in Verbindung mit einer aufgeblähten Verwaltung Unsummen von Geld und zog eine dramatische Verschlechterung der wirtschaftlichen Situation nach sich. Die breite Bevölkerung litt unter Steuererhöhungen, Inflation und rapide steigenden Lebenshaltungskosten. Bürgerkriege um den Kaiserthron trugen zu einer weiteren Destabilisierung bei und banden die eigentlich zur Grenzsicherung notwendigen militärischen Ressourcen. Bald war es eine nahezu unlösbare Aufgabe, das riesige Römische Reich mit seinen ethnischen, kulturellen und sozialen Gegensätzen in einer Hand zusammenzuhalten und wirksam gegen seine äußeren Feinde zu schützen.

Mit Maximinus Thrax, dessen Soldaten durch die Ermordung von Severus Alexander den Untergang der Severerdynastie besiegelten und ihren eigenen Befehlshaber auf den Thron hievten, begann im Jahr 235 die neue Epoche der Soldatenkaiser, die sich in ihrer Macht auf das Militär stützten. Der römische Senat war nun politisch zur weitgehenden Bedeutungslosigkeit verurteilt. Keinem der Soldatenkaiser war eine längere Herrschaftszeit beschieden. Fast ausnahmslos kamen sie bei kriegerischen Auseinandersetzungen an den Reichsgrenzen ums Leben, fielen Verschwörungen zum Opfer oder ließen ihr Leben bei blutigen Thronkämpfen. In den Provinzen gingen die Legionen zunehmend dazu über, ihre eigenen Heerführer zu Gegenkaisern auszurufen, was zu Bürgerkriegen und häufigen Machtwechseln führte. In den rund 50 Jahren vom Ende der Severerdynastie 235 bis zur Stabilisierung der Herrschaftsordnung durch Diokletian 284 regierten mehr als 30 Kaiser und Gegenkaiser, die jeweils von unterschiedlichen Teilen des römischen Heeres gestützt wurden. Im Laufe des Jahres 238 saßen gleich sechs verschiedene Kaiser auf dem Thron.

Das Opferedikt von Kaiser Decius

Decius hatte die einflussreiche Position des Stadtpräfekten von Rom inne und blickte auf eine erfolgreiche militärische Laufbahn zurück, als Kaiser Philippus Arabs den erfahrenen General mit der Aufgabe betraute, an der Donau die römischen Grenzanlagen gegen die Goten zu befestigen. Dort wurde Decius von seinen Truppen zum neuen Kaiser ausgerufen, womit sie zugleich einen Bürgerkrieg heraufbeschworen. Nachdem Philippus Arabs in der Entscheidungsschlacht nahe Verona sein Leben gelassen hatte, bestieg Decius im Herbst 249 den Thron in Rom. Durch den Ausbau der Verkehrswege, eine verbesserte Lebensmittelversorgung der Bevölkerung und eine Wiedereinbeziehung des Senats in die politischen Entscheidungsprozesse gelang Decius unerwartet schnell eine Stabilisierung des zerrütteten Reichs.

Seine erfolgreiche Reformpolitik zur Überwindung der innenpolitischen Krise beinhaltete zudem eine Stärkung der Reichsidee und die Rückbesinnung auf die altrömische Tradition. Die damit verbundene Restauration des Staatskults sollte sich für die Christen als verhängnisvoll erweisen. Decius ordnete per Gesetz ein allgemeines Opfer für die Staatsgötter an, die gütig gestimmt werden sollten, damit sie ihre Hilfe bei der Überwindung der Krise nicht versagten. Sämtliche Reichsbewohner mussten vor staatlichen Opferkommissionen erscheinen, um dort durch die Darbringung von Trank- und Speiseopfern sowie den Genuss von Opferfleisch den römischen Göttern ihre Ehrerbietung zu erweisen. Danach wurde eine Bescheinigung ausgestellt, mit der man im Bedarfsfall den Vollzug des Opfers nachweisen konnte. Aus Ägypten sind mehr als 40 solcher Opferquittungen erhalten.

Das Opferedikt richtete sich nicht gezielt gegen Christen, sondern betraf alle Reichsbewohner. Zu keinem Zeitpunkt ging es Decius darum, das Christentum auszurotten und die Kirche zu vernichten. Seine Maßnahme stellte aber aus der Perspektive der Christen eine Verfolgung ihrer Religion dar, da ihnen mit dem Vollzug des Opfers der Abfall vom monotheistischen Glauben abverlangt wurde. Vorrangiges Ziel des Decius war nicht die Bestrafung der sich verweigernden Christen, sondern ihre Integration in den römischen Staat.

Die lokalen Behörden legten in der Regel einen Termin fest, bis zu dem das Opfer geleistet und bescheinigt werden musste. Wer innerhalb der Frist nicht erschienen war, wurde mit Gewalt vorgeführt und zum Opfern aufgefordert. Im Falle der Weigerung kerkerte man die betreffenden Personen ein, um sie durch Folter, Einziehung des Vermögens und Androhung weiterer Strafen doch noch zum Opfer zu bewegen. Nicht wenige

Cyprian war zur Zeit des Decius und Valerian Bischof von Karthago.

Gläubige beugten sich dem staatlichen Druck und leisteten die geforderten Opferhandlungen. Andere besorgten sich durch Bestechung der zuständigen Beamten Opferquittungen, ohne tatsächlich dem Opferbefehl nachgekommen zu sein. Wer standhaft blieb, wurde meist zu Haftstrafen verurteilt. In Rom war ein Christ namens Celerinus der Erste, der ins Gefängnis gehen musste. Christen, die sich trotz wiederholter Folterungen immer noch hartnäckig weigerten, ein Opfer zu bringen, wurden vielerorts auch hingerichtet.

Im Zuge dieser für Christen leidvollen Situation entbrannte ein schwerer Konflikt zwischen den Kirchen von Rom und Karthago. In Rom verweigerte Bischof Fabian, der seit 236 an der Spitze der Gemeinde stand, den Vollzug des Opfers und verstarb 250 im Gefängnis. In Karthago entzog sich Bischof Cyprian dagegen dem Opferedikt des Decius, indem er in den Untergrund ging. Zuvor hatte in der Arena von Karthago der christenfeindliche Pöbel bereits lauthals die Zerfleischung Cyprians durch die Löwen gefordert. Von seinem geheimen Zufluchtsort aus hielt Cyprian über Mittelsmänner und Briefe Kontakt mit seiner Gemeinde. Die römischen Presbyter und Diakone sandten einen Bericht über den Märtyrertod Fabians an die Gemeinde von Karthago und kritisierten in einem Begleitschreiben das Verhalten Cyprians als feige Flucht vor dem Martyrium, die eines Bischofs unwürdig sei. Dieses Begleitschreiben ließ Cyprian postwendend mit der scheinheiligen Bitte nach Rom zurückgehen, die Echtheit zu bestätigen, da er ernstliche Zweifel daran habe.

Später verfasste Cyprian, dem auch in Karthago Gegenwind aus den eigenen Reihen ins Gesicht blies, ein Antwortschreiben. Er verwahrte sich gegen den Vorwurf, seine Gemeinde im Stich gelassen zu haben, und führte zu seiner Rechtfertigung an, dass er mit

dem Abtauchen in den Untergrund zu einer Deeskalation der christenfeindlichen Stimmung in Karthago beigetragen habe. Damit konnte Cyprian das römische Kollegium der Presbyter und Diakone überzeugen. Dieses stellte sich in seiner Antwort auf das Rechtfertigungsschreiben nun auf Cyprians Seite und stärkte ihm in den innerkirchlichen Auseinandersetzungen Karthagos den Rücken.

Schlagartig beendet wurden die staatlichen Zwangsmaßnahmen gegen die Christen mit dem Tod des Decius, der 251 nach nur zweijähriger Herrschaft in kriegerischen Auseinandersetzungen mit den Goten sein Leben ließ. Er war mit seinen Truppen in einem Sumpfgebiet an der unteren Donau in einen Hinterhalt geraten und wurde von einem gegnerischen Pfeil tödlich getroffen.

Unter Decius sollten alle Reichsbewohner den Göttern opfern. Das römische Mosaik aus dem 3. Jahrhundert, gefunden in Saint-Romain-en-Gal, zeigt ein Opfer an Ceres oder Bacchus.

Die Gegenkirche des Novatian

Der römische Bischof Cornelius war der Gegenspieler Novatians und trat für die Bußmöglichkeit der in der Verfolgung schwach Gewordenen ein.

Die Kirche wurde durch die Entwicklungen unter Decius in massive Probleme gestürzt, da unzählige Christen dem staatlichen Druck zum Opfer nachgegeben hatten und von ihrem Glauben abgefallen waren. Die Mehrheit der „Gefallenen" fühlte sich aber immer noch dem Christentum zugehörig und strebte nach dem Ende der Verfolgungen die Rückkehr in die Kirche an. Die alte Streitfrage, ob sündige Christen nach getaner Buße Vergebung empfangen konnten oder die Kirche sich zur Wahrung ihrer Makellosigkeit konsequent von ihnen trennen sollte, gewann damit neue Sprengkraft.

Besonders kontrovers wurde das Problem des Umgangs mit den Sündern in Karthago erörtert. Dort plädierte Bischof Cyprian 251 in seiner Schrift „Über die Gefallenen" für einen Mittelweg zwischen unangebrachter Milde und übertriebener Strenge, der noch im selben Jahr von einer nordafrikanischen Generalsynode bekräftigt wurde. Mit Verweis auf Gottes Barmherzigkeit gewährte man den in der Verfolgung vom Glauben Abgefallenen die Buße, schaltete aber der Wiederaufnahme in die Gemeinde ein unter der Obhut des Bischofs stehendes kirchliches Disziplinarverfahren voran. Dieses sah in der Regel so aus, dass sich die Büßer schrittweise der Wiederzulassung zu Gottesdienst und Abendmahl annäherten. Zunächst mussten sie als Weinende in der Vorhalle der Kirche bleiben und die Gemeindemitglieder um Fürbitte anflehen. Danach konnten sie als Hörende im hinteren Teil der Kirche wenigstens der Predigt lauschen. Als Kniende durften sie dann dort, wo die normalen Gottesdienstbesucher standen, in bußfertiger Haltung dem Gottesdienst beiwohnen. Schließlich wurden sie als Dabeistehende regulär in den Gottesdienst integriert, durften aber erst nach einiger Zeit auch wieder am Abendmahl teilnehmen.

Die Länge der einzelnen Phasen wurde vom Klerus festgelegt und richtete sich nach der Schwere des Vergehens. Dabei unterschied man zwischen Gläubigen, die tatsächlich den römischen Göttern geopfert hatten, und Gläubigen, die sich lediglich auf dem Wege der Bestechung amtliche Opferbescheinigungen besorgt hatten. Allerdings gab es in Karthago eine starke Opposition, die für eine sofortige Wiederaufnahme der Gefallenen ohne Disziplinarverfahren eintrat und den Priester Fortunatus zum Gegenbischof erhob.

Auch in Rom führte der Streit über den Umgang mit den Abgefallenen zu einer Kirchenspaltung, allerdings mit anderer Frontstellung als in Karthago. Der Presbyter Novatian, der nach dem Märtyrertod von Bischof Fabian als Sprecher des Presbyteriums die kommissarische Leitung der stadtrömischen Kirche innehatte und sich berechtigte Hoffnungen auf das vakante Bischofsamt machen konnte, vertrat eine harte Linie gegenüber den in der Verfolgung vom Glauben Abgefallenen. Novatian war der erste große lateinischsprachige Theologe der stadtrömischen Kirche. Er verfügte über eine ausgezeichnete rhetorisch-philosophische Bildung und verfasste etliche Schriften, von denen vier erhalten blieben. Aus seiner Feder stammte auch die Mehrzahl der Briefe, die der römische Klerus in der Zeit der Verfolgung durch Decius nach Karthago sandte.

Novatian hatte einige Zeit als Einsiedler gelebt, trat für einen asketischen Lebensstil ein und war ein Verfechter klarer Moralvorstellungen. Beispielsweise war er der Auffassung, dass sich Weingenuss und der Besuch von Schauspielen für Christen nicht ziemten. Sein Kontrahent Cornelius kümmerte sich dagegen engagiert um die seelischen Nöte der in der Verfolgung Abgefallenen und trat dafür ein, ihnen nach getaner Buße die Wiederaufnahme in die Kirche zu ermöglichen. Seine Haltung zum Umgang mit den Gefallenen deckte sich im Wesentlichen mit den Vorstellungen Cyprians, der in einem Brief an die römischen Presbyter und Diakone seine Position in der Bußfrage dargelegt hatte.

Als Novatian in der Bischofswahl überraschend Cornelius unterlag, gründete er eine Gegenkirche, die sich als Gemeinschaft der Reinen verstand. Gläubigen, die schwer gesündigt hatten, verweigerte man mit unerbittlicher Strenge die Buße. Sie mussten die Kirche Novatians verlassen und konnten nach dessen Dafürhalten nur noch auf die Gnade Gottes im Endgericht hoffen.

Das Neue Testament bezieht keine einheitliche Position zur „Zweiten Buße“. Neben Evangelientexten, die zu einer unbegrenzten Vergebungsbereitschaft ermahnen, findet sich die Ablehnung der Zweiten Buße im Hebräerbrief und die Erwähnung einer nicht wiedergutzumachenden „Sünde zum Tode“ im Ersten Johannesbrief (5,16). Vor diesem Hintergrund ist umstritten, ob Novatian von der Großkirche zu Recht als Irrlehrer gebrandmarkt wurde. Novatian stand jedenfalls im gesamten Römischen Reich auch bei vielen rechtgläubigen Bischöfen in hohem Ansehen. Er starb als Märtyrer während der Verfolgung durch Kaiser Valerian in Rom, wo man 1932 an der Via Tiburtina seinen mutmaßlichen Grabstein entdeckte. Seine bis ins 7. Jahrhundert existierende Gegenkirche fand nicht nur in Italien, sondern auch in Afrika und im Osten zahlreiche Anhänger.

Der Streit um die Ketzertaufe

Während die Großkirchen Roms und Karthagos im Umgang mit den vom Glauben Abgefallenen weitgehend an einem Strang zogen, entzündete sich am Problem der sogenannten Ketzertaufe ein schwerer Konflikt. Schon im 2. Jahrhundert hatten sich von der rechtgläubigen Großkirche gnostische, markionitische und montanistische Gegenkirchen abgespalten, die sich großer Attraktivität erfreuten. Mit der von Novatian ins Leben gerufenen Glaubensgemeinschaft kam eine weitere bedeutsame Gegenkirche hinzu. Wenn Gläubige, die in einer dieser Gegenkirchen die Taufe empfangen hatten, zur Großkirche übertreten wollten, stellte sich die Frage, ob eine Wiederholung der Taufe notwendig war oder die „Ketzertaufe“ Anerkennung finden sollte.

In Nordafrika und Kleinasien bekräftigten Synoden in der ersten Hälfte des 3. Jahrhunderts die Nichtigkeit der Ketzertaufe. Man argumentierte, dass die Häretiker nicht denselben Gott und Christus wie die Großkirche verehrten. Folglich müssten von Häretikern getaufte Gläubige beim Übertritt in die Großkirche ein zweites Mal die Taufe empfangen, weil die Vollmacht zur Sündenvergebung und Geistverleihung allein der wahren apostolischen Kirche verliehen sei. Dagegen verfuhr

Frühchristlicher Grabstein mit der Darstellung der Taufe eines Mädchens aus dem 4. Jahrhundert

man in Alexandria und Rom nach der Praxis, die Ketzertaufe grundsätzlich anzuerkennen und bei Konvertiten lediglich die Handauflegung vorzunehmen, um so den Heiligen Geist zu übereignen. Diese unterschiedlichen Verfahrensweisen mündeten um 255 in den großen Ketzertaufstreit zwischen Karthago und Rom, der beinahe zum dauerhaften Bruch der Kirchengemeinschaft geführt hätte.

Auslöser der Auseinandersetzung war der Sachverhalt, dass Bischof Cyprian Konvertiten aus der novatianischen Kirche ein zweites Mal taufen ließ und zwei Synoden in Karthago dieses Vorgehen als rechtmäßig bestätigten. In einem Brief nach Rom setzte Cyprian Bischof Stephan davon in Kenntnis, der seit 254 an der Spitze der stadtrömischen Kirche stand. Bereits einige Jahre zuvor hatte Cyprian in seiner Schrift „Über die Einheit der Kirche" dargelegt, dass es nur eine einzige vom Licht des Herrn durchflutete Kirche gebe, die mit ihrer Milch die Gläubigen nähre und sie durch ihren Geist belebe. Gott könne man nicht zum Vater haben, wenn man nicht gleichzeitig diese Kirche zur Mutter habe. Daraus ergab sich für Cyprian zwangsläufig die Nichtigkeit der Ketzertaufe. Da den Häretikern und Schismatikern die entscheidenden Merkmale der wirklichen Kirche, nämlich die apostolische Vollmacht zur Sündenvergebung und die Präsenz des Heiligen Geistes, fehlten, könne die von ihnen gespendete Taufe kein Heil vermitteln.

Die Kirche in Rom vertrat hingegen eine andere Auffassung, zumal sie die Novatianer wegen ihrer weitgehenden Übereinstimmung mit den großkirchlichen Lehren nicht mit Erzketzern wie den Gnostikern oder Markioniten über einen Kamm scheren wollte. Bischof Stephan attackierte daher in seinem Antwortschreiben an Cyprian die nordafrikanische Praxis, übertrittswillige Novatianer ein zweites Mal zu taufen, als unzulässige Neuerung. Im Gegenzug bekräftigten sowohl nordafrikanische als auch kleinasiatische Synoden, dass Cyprians Auffassung rechtmäßig sei. Also fuhr Stephan schwere Geschütze auf und drohte der Gegenseite beim Festhalten an ihrer Praxis mit Exkommunikation. Einige Indizien deuten darauf hin, dass Stephan sich in diesem Zusammenhang als erster römischer Bischof darauf berief, als Nachfolger des Petrus eine einzigartige Autorität zu besitzen. Dies zeigt, welche Dimension der Herrschaftsanspruch Roms inzwischen gewonnen hatte, auch wenn die Zeit für dessen Durchsetzung noch nicht reif war.

Selbst Bischof Dionysios von Alexandria, der mit Stephan in der Anerkennung der Ketzertaufe einer Meinung war, verurteilte dessen Versuch, den Bischöfen anderer Kirchengebiete Vorschriften zu erteilen. Ohne dass es zu einer Klärung kam, fand die Auseinandersetzung durch den Tod beider Kontrahenten ein abruptes Ende. Cyprian wurde 258 ein Opfer der Christenverfolgung Valerians, während Stephan bereits im Jahr zuvor eines natürlichen Todes gestorben war. In der Folgezeit setzte sich die Auffassung durch, dass die Wirkung der Sakramente nicht davon abhängig gemacht werden kann, von wem oder in welcher Kirche sie gespendet wurden. Jede ordnungsgemäß im Namen des Vaters, des Sohnes und des Heiligen Geistes vollzogene Taufe vermittelt demnach die Sündenvergebung und darf nicht wiederholt werden, sondern bedarf allenfalls der Ergänzung um eine Handauflegung.

Valerians Vorgehen gegen die Christen

Unter Kaiser Valerian kam es zu neuerlichen Repressionen des Staates gegen die Christen, die sich als geradlinige Fortsetzung der Religionspolitik des Decius erwiesen. Da bei dem reichsweiten Opferedikt des Decius der einzig spürbare Widerstand von der Kirche ausge-

Die Basilika Sankt Laurentius vor den Mauern zu Ehren des den Märtyrertod gestorbenen Diakons Laurentius

gangen war und sich dort vor allem der Klerus verweigert hatte, nahm Valerian gezielt die christlichen Amtsträger ins Visier. Sein erstes Edikt vom Sommer 257 gebot allen Bischöfen, Diakonen und Presbytern, die römischen Götter durch Opfer zu ehren. Für den Fall der Verweigerung drohte er harte Sanktionen an, nämlich die Verbannung der Kleriker ins Exil und ein Verbot der christlichen Versammlungen. Valerian erhoffte sich wohl, dass die breite Masse des Kirchenvolks nachziehen würde, sobald sich der Klerus zum Opfer für die Staatsgötter bereit erklärt hatte.

Ebenso wie Decius wollte Valerian die Christen lediglich zur Verehrung der Staatsgötter zwingen und sie nicht an ihrer Religionsausübung hindern. Niemand musste seinem christlichen Glauben abschwören. Aus Sicht der römischen Behörden, die für den Monotheismus keinerlei Verständnis aufbrachten, schlossen sich eine Befolgung des Opferedikts und die Praktizierung der christlichen Religion nicht aus. Da das erste Edikt Valerians offenkundig nicht den gewünschten Erfolg hatte, erließ er 258 ein zweites Edikt, das die Strafen verschärfte und den davon betroffenen Personenkreis ausweitete. Kirchen und Friedhöfe wurden konfisziert. Kleriker erwartete bei Verweigerung des Opfers nun die Todesstrafe. Zudem verlangte man jetzt auch christlichen Laien aus höheren Gesellschaftsschichten das Opfer für die Staatsgötter ab. Wer sich widersetzte, wurde mit Verbannung oder Zwangsarbeit bei gleichzeitigem Verlust der Würdestellung und des Besitzes bestraft.

Infolge des zweiten Edikts von Valerian starben in Karthago Bischof Cyprian und in Rom Bischof Sixtus II., der erst ein Jahr zuvor als Nachfolger von Stephan an die Spitze der Gemeinde gerückt war, den Märtyrertod durch Enthauptung. In diesen Kontext gehört auch die Legende vom Heiligen Laurentius. Nach der Hinrichtung von Sixtus II. soll sein Diakon Laurentius ausgepeitscht und aufgefordert worden sein, den Kirchenschatz innerhalb von drei Tagen herauszugeben. Da-

raufhin verteilte Laurentius diesen angeblich an die Mitglieder der Gemeinde, präsentierte dem Kaiser eine Schar von Armen und Kranken als wahren Schatz der Kirche und starb zur Strafe auf einem glühenden Eisenrost den Märtyrertod. Über seinem Grab vor den Stadtmauern Roms errichtete man zur Zeit Konstantins des Großen eine Basilika, an deren Stelle im frühen Mittelalter die zu den sieben Pilgerkirchen Roms zählende Basilika Sankt Laurentius vor den Mauern gebaut wurde.

Die Zwangsmaßnahmen Valerians gegen die Christen fanden aufgrund der äußeren Bedrohung des Römischen Reichs ein rasches Ende. Die mühsam konsolidierte Ostgrenze sah sich erneuten Angriffen der Sassaniden ausgesetzt. Valerian erlitt 260 in der Nähe von Edessa eine schwere Niederlage und geriet in persische Kriegsgefangenschaft, wo er bald darauf verstarb. Sein Sohn Gallienus wurde vom Mitregenten zum Alleinherrscher und setzte das Opferedikt außer Kraft. Zudem gab er den Christen ihre Versammlungsräume zurück und erlaubte die Wiederinbetriebnahme der christlichen Begräbnisstätten. Damit begann eine mehr als 40-jährige Friedenszeit für die Kirche, da Gallienus und die nachfolgenden Kaiser angesichts der äußeren Bedrohung durch Goten und Perser keine zusätzlichen innenpolitischen Konflikte durch Zwangsmaßnahmen gegen Christen riskieren wollten.

Unmittelbar nach der valerianischen Verfolgung entbrannte in Ägypten und Libyen ein Streit um die Trinitätslehre, in den sich auch Bischof Dionysios von Rom einschaltete. Sein Namensvetter Dionysios von Alexandria, dem als Bischof der ägyptischen Metropole auch die libysche Pentapolis an der Großen Syrte unterstand, hatte dortige Kleriker verurteilt. Diese betrachteten in Anlehnung an die Lehren des um 220 in Rom exkommunizierten Theologen Sabellius Gott und Jesus Christus als eine Person, um den Monotheismus zu betonen. Dionysios von Alexandria hob dagegen hervor, dass der Sohn vom Gottvater zu unterscheiden sei: Sie verhielten sich zueinander wie die Pflanze zum Gärtner oder das Boot zu seinem Erbauer.

Daraufhin schalteten die der Irrlehre bezichtigten Libyer Dionysios von Rom ein, der ein Lehrschreiben zu der Streitfrage verfasste. Darin verurteilt Dionysios von Rom die Zerteilung der Trinität durch eine Betrachtung von Gottvater, Sohn und Geist als drei einander fremder Mächte und betont die Wesenseinheit der göttlichen Trias. Damit vermochte er Dionysios von Alexandria zu einer Präzisierung seiner Position und zur Akzeptanz des Wortes „wesenseins“ für das Verhältnis Gottes zu Jesus Christus zu bewegen. Der Konflikt gilt als wichtiges Vorspiel zu den Konzilien von Nizäa 325 und Konstantinopel 381, auf denen die trinitarischen Streitigkeiten in dem Sinne geklärt wurden, dass Vater, Sohn und Geist wesenseins sind und drei unterschiedliche Seinsweisen (Hypostasen) der ungeteilten Gottheit darstellen.

Die große Christenverfolgung unter Diokletian

Während sich die Kirche ab 260 weitgehend ungestört ausbreiten und ihre Strukturen festigen konnte, setzte sich die innere Erschütterung des Römischen Reichs unaufhaltsam fort. Eine durchgreifende Reform der politischen Struktur bei gleichzeitiger Bewältigung der schweren Wirtschaftskrisen zeichnete sich mehr denn je als dringlichste Aufgabe ab. Sie wurde von Diokletian in Angriff genommen, der aus der Donauprovinz Dalmatien stammte. Nachdem er 284 durch einen Putsch auf den Thron gelangt war, nahm er eine grundlegende Neuordnung des Staatswesens vor, mit der die Periode der ständigen Machtwechsel ein Ende fand und die Fundamente des Römischen Reichs für längere Zeit gesichert wurden. Einen wichtigen Schlüssel zur Etablierung einer stabilen Reichsgewalt sah Diokletian in der Rückbesinnung auf die altrömischen Traditionen. Die Kehrseite seiner erfolgreichen Reformpolitik waren Christenverfolgungen eines bis dahin unbekannten Ausmaßes.

Diokletian führte auf allen zentralen Feldern einen grundlegenden Wandel herbei. Seine Verwaltungsreformen mündeten in die Neuordnung der Provinzen, um dem Reich eine effizientere Verwaltungsstruktur zu geben und die Einziehung der Steuern zu optimieren. Durch Provinzteilungen wurde die Zahl der römischen Provinzen nahezu verdoppelt. Gleichzeitig sollten die Provinzen in zwölf neu geschaffene Diözesen integriert werden, die jeweils von einem kaiserlichen Beauftragten geleitet wurden. Mit Währungs- und Wirtschaftsreformen versuchte Diokletian, die ökonomische Krise in den Griff zu bekommen und die Inflation einzudämmen. In diesem Zusammenhang legte er auch durch ein Maximalpreisedikt fest, dass Löhne und Preise für Waren ein bestimmtes Niveau nicht übersteigen durften.

Das Herzstück der Reformpolitik Diokletians aber war das von ihm entwickelte System der Herrschaftsteilung und automatischen Herrschaftsnachfolge: Mit der Übertragung der Regierungsgewalt auf vier Personen (Tetrarchie) sollten die ruinösen Kämpfe um das Kaiseramt beendet werden. Zwei Jahre nach seiner Thronbesteigung ernannte Diokletian den erfahrenen General Maximian zu seinem Mitregenten. Beide trugen den Ehrentitel Augustus und standen formal auf einer Stufe, auch wenn Diokletian seinen Mitregenten an Autorität und Herrschaftskompetenz überragte.

Bald gelangte Diokletian zu der Einsicht, dass auch die Herrschaftsteilung durch die beiden Augusti nicht ausreichte, um der Krise des Reichs Herr zu werden. Ab 293 wurde das Kaiserkollegium um zwei den Augusti jeweils untergeordnete und von ihnen adoptierte Mitkaiser (Cäsaren) auf vier Personen erweitert. Nach einem festgelegten Zeitraum sollten sich Diokletian und Maximian ins Privatleben zurückziehen, deren Mitkaiser zu Augusti aufrücken und die frei gewordenen Stellen mit neuen Cäsaren besetzt werden. Jeder der vier Herrscher verfügte über einen eigenen Hofstaat und wohl auch über ein eigenes Herrschaftsgebiet, wobei allerdings die Augusti in den Zuständigkeitsbereich der ihnen unterstell-

Unter Diokletian kam es zu neuerlichen Christenverfolgungen, Marmorkopf aus dem 3. Jahrhundert.

ten Cäsaren hineinregieren konnten. Die das gesamte Reich betreffenden Probleme wurden in gemeinsamer Absprache aller vier Regenten geregelt.

Um die Herrschaft zu dezentralisieren, waren die Residenzen so gewählt, dass die kaiserliche Herrschaftsgewalt breit gestreut an markanten Punkten in den auseinanderstrebenden Reichsteilen präsent war. Diokletians Kaiserpalast befand sich in der kleinasiatischen Metropole Nikomedia, dem heutigen İzmit. Von dort herrschte er über die römischen Provinzen des Ostens. Der ihm zugeordnete Cäsar Galerius hatte seine Residenz in Thessaloniki und war für Griechenland und die Donauprovinzen verantwortlich. Maximian hielt sich als der über Italien, Spanien und die Provinz Africa herrschende Augustus des Westens überwiegend in seinem Palast in Mailand auf. Sein Cäsar Konstantius Chlorus, der die Regierungsgewalt über Gallien und Britannien ausübte, residierte in Trier und York.

Rom büßte damit seine Rolle als unumschränktes Zentrum des Reichs ein. Allerdings kam es in der Ära Diokletians und seiner Mitregenten erstmals seit der Zeit der severischen Kaiser wieder zu größeren öffentlichen Baumaßnahmen in Rom. Insbesondere im Bereich des Forum Romanum, wo 283 ein Brand schwere Schäden angerichtet hatte, wurden umfängliche Restaurierungsarbeiten durchgeführt und auch neue Bauten errichtet. Die Diokletiansthermen auf dem Viminal, dem kleinsten der sieben Hügel Roms, waren der imposanteste Neubau aus der Zeit der Tetrarchie. Die prachtvolle Anlage bot etwa 3000 Badegästen Platz und umfasste zwei Bibliotheken.

Marcus und Marcellianus werden von ihren Frauen angefleht, dem christlichen Glauben abzuschwören. Schließlich werden sie unter Diokletian hingerichtet. Fresko von Giovanni Baleison, 1481 in der Kapelle Sainte-Claire in Venanson

Ein weiterer zentraler Teil der Reformpolitik Diokletians betraf die Restauration der altrömischen Religion. Im Hintergrund stand die Überzeugung, dass das Wohlergehen des Staatswesens und der Bestand seiner Einrichtungen von der Pflege der alten Kulte abhängig waren. Gleichzeitig kam es zu einer Neuausrichtung des Herrscherkults. Diokletian legte sich den Beinamen Jovius zu, während Maximian als Herculius auftrat. Die beiden Augusti erhoben damit den Anspruch, als Söhne des Weltenlenkers Jupiter bzw. des Herkules mit himmlischer Macht ausgestattet zu sein und im göttlichen Auftrag zu herrschen. Die Cäsaren Konstantius Chlorus und Galerius gaben sich als irdische Stellvertreter des Sonnengottes Sol bzw. des Kriegsgottes Mars.

Diese programmatische Synthese von altrömischer Religion und Herrscherkult zog knapp 20 Jahre nach Diokletians Herrschaftsantritt den Versuch nach sich, die kirchliche Organisation und das Christentum in ihrer

Gesamtheit auszuschalten. Durch die Opferverweigerung der Christen sah Diokletian das Wohl des Staates bedroht. Im Jahr 299 forderte er von allen Hofbeamten und Soldaten den Vollzug des Opfers als Bekenntnis zur Staatsreligion. Im Falle der Weigerung drohte die Prügelstrafe oder die Entlassung. Damit wurden die am Hof und im Heer mittlerweile zahlreich vertretenen Christen aus dem Staatsdienst gedrängt, und die Kirche verlor wichtige Repräsentanten im öffentlichen Leben.

Diese Maßnahme war eine Art Vorspiel zu den eigentlichen Christenverfolgungen. Sie wurden am 23. Februar 303 mit einem Edikt eingeläutet, das die Zerstörung aller Kirchengebäude und die Verbrennung der Heiligen Schriften anordnete. Ferner verloren die Christen die Rechtsfähigkeit, wodurch sie weder Gerichtsprozesse führen noch rechtsgültige Testamente verfassen konnten. Im Hofdienst tätige Freigelassene sollten, wenn sie Christen waren und am Glauben festhielten, in den Sklavenstand zurückversetzt werden. Im Frühjahr 303 folgten zwei gezielt gegen den Klerus gerichtete Edikte, in denen der Kaiser zunächst die Inhaftierung aller Kleriker und dann deren Verurteilung zum Tode anordnete, wenn sie sich dem Opfer für die Staatsgötter und die Kaiser verweigerten. Den Höhepunkt der christenfeindlichen Maßnahmen markiert ein Edikt von 304, das den Opferbefehl auf alle Reichsbewohner ausweitete und für den Fall der hartnäckigen Verweigerung die Verbannung oder Hinrichtung vorsah.

Gottesdienst zu Ehren der Märtyrer in den Katakomben, Gemälde von Jules Eugène Lenepveu, 1855

In den Herrschaftsgebieten des Reichs wurden die von Diokletian angeordneten Zwangsmaßnahmen in unterschiedlicher Intensität umgesetzt. Während die Christenverfolgungen im Westen bald zum Erliegen kamen, wurden sie im Osten auch nach der Abdankung Diokletians im Jahr 305 unerbittlich fortgesetzt. Letztlich waren sie aber zum Scheitern verurteilt. Die Behörden mussten erkennen, dass das Christentum nicht ausgelöscht und die kirchliche Organisation nicht vollständig zerschlagen werden konnte. Zudem zeigten sich negative Auswirkungen der christenfeindlichen Maßnahmen auf die Wirtschaft und die innere Stabilität des Reichs. Vor diesem Hintergrund nahm der römische Staat einen grundlegenden Kurswechsel in der Religionspolitik vor. Am 30. April 311 ordnete Galerius, der 305 zum Augustus des Ostens aufgestiegen war, im Namen aller vier Herrscher das Ende der Verfolgungen an und erklärte das Christentum zur geduldeten Religion.

Die Christianisierung Roms durch Konstantin den Großen

Vor den Toren Roms tobt die Entscheidungsschlacht um die Vorherrschaft über den Westen des Römischen Reichs. Nahe der Milvischen Brücke fügt Konstantin den zahlenmäßig weit überlegenen Truppen seines Kontrahenten Maxentius eine vernichtende Niederlage zu. Maxentius selbst findet in den Fluten des Tibers den Tod. Seinen Triumph führt Konstantin auf die Unterstützung des Christengottes zurück, von dem er eine Vision empfangen hatte und mit dessen Insignien er in die Schlacht gezogen war. Mit dem Sieg Konstantins beginnt eine neue Epoche in der Geschichte der Kirche und der Ewigen Stadt. Das lange verfolgte und erst seit Kurzem tolerierte Christentum kommt bald in den Genuss zahlreicher Privilegien. In Rom entstehen prächtige Kirchenbauten, die aus der Staatskasse finanziert werden und dem Stadtbild ein neues Gepräge geben. Die Kehrseite der Medaille ist, dass der Kaiser sich nun massiv in innerkirchliche Auseinandersetzungen und Bekenntnisfragen einmischt.

Der Aufstieg Konstantins

Konstantin kam um 275 in Naissus im heutigen Serbien zur Welt. Sein Vater Konstantius Chlorus diente als Offizier im römischen Heer, seine Mutter Helena übte eine Tätigkeit als Schankwirtin oder Stallmagd aus. Konstantius und Helena waren wohl nicht rechtsgültig verheiratet, sondern lebten im Konkubinat. Später trennten sich ihre Wege. Über die Kindheit und Jugend Konstantins ist kaum etwas Zuverlässiges bekannt. In jungen Jahren absolvierte er in der Reiterei des Galerius eine militärische Ausbildung und hielt sich am Hof Diokletians in Nikomedia auf. Nach Diokletians Abdankung begab sich Konstantin 305 zu seinem Vater nach Trier und begleitete ihn auf dem Feldzug nach Britannien. Dort begann mit dem Tod von Konstantius Chlorus der rasante Aufstieg Konstantins.

Zur dauerhaften Etablierung der Tetrarchie hatte Diokletian eine Nachfolgeregelung konzipiert, die zunächst auch erfolgreich umgesetzt wurde. Im Jahr 305 dankten sowohl Diokletian als auch Maximian ab und zogen sich in das Privatleben zurück. Nachfolger wurden vereinbarungsgemäß die beiden Cäsaren Galerius und Konstantius Chlorus. Ga-

In der Yilanli-Kirche aus dem 11. Jahrhundert im türkischen Göreme findet sich ein Fresko von Konstantin I. mit seiner Mutter, der Heiligen Helena, und dem Kreuz Christi. Dies spielt darauf an, dass Helena 325 das wahre Kreuz Jesu in Jerusalem entdeckt haben soll.

lerius rückte zum Augustus des Ostens und Konstantius Chlorus zum Augustus des Westens auf. Die frei gewordenen Plätze der Cäsaren nahmen Maximinus Daia im Osten und Severus im Westen ein.

Ein Jahr später bekam das ausgeklügelte tetrarchische System tiefe Risse. Als Konstantius Chlorus überraschend in Britannien starb, riefen seine Truppen Konstantin in York zum Augustus des Westens aus, obwohl eigentlich Severus als Cäsar in diese Position hätte aufrücken müssen. Konstantin war damit faktisch zum Usurpator geworden, der die Kaiserherrschaft widerrechtlich an sich gerissen hatte. Gleichzeitig ließ sich in Rom Maxentius auf Betreiben seines gemeinsam mit Diokletian in den Ruhestand gegangenen Vaters Maximian ebenfalls zum Augustus des Westens ausrufen. Er schaltete Severus aus, ohne dass Galerius dies zu verhindern vermochte. Alles lief nun auf einen blutigen Konflikt zwischen Konstantin und Maxentius zu. Da Maxentius aber bereits in Kämpfe mit Galerius verwickelt war und eine zusätzliche militärische Auseinandersetzung mit Konstantin scheute, erkannte er diesen formal als Augustus an und begnügte sich mit der Position des Cäsars. Besiegelt wurde der Burgfriede durch die Vermählung Konstantins mit Fausta, der Schwester des Maxentius und Tochter des Maximian.

Bald nachdem Maxentius die Herrschaft in Italien an sich gerissen hatte, kam es unter den römischen Christen zu schweren Auseinandersetzungen, in die der Regent eingriff. Maxentius hatte die Christenverfolgungen in seinem Herrschaftsbereich beendet und der Kirche in Rom die Wahl eines neuen Bischofs genehmigt. Das Amt war nach dem Tod von Marcellinus, der während der diokletianischen Verfolgung das Martyrium erlitten hatte, mehrere Jahre lang vakant. Nun entbrannte wie schon nach der Verfolgung durch Decius ein heftiger Streit über den Umgang mit jenen Gläubigen, die sich dem staatlichen Druck zum Vollzug des Opfers und zur Auslieferung Heiliger Schriften gebeugt hatten.

Der neu gewählte Bischof Marcellus vertrat eine harte Linie und schloss die in der Verfolgung schwach Gewordenen vom Abendmahl

Das Stiftermosaik aus dem 11. Jahrhundert in der Hagia Sophia zeigt die thronende Maria sowie links Kaiser Justinian mit einem Modell der Hagia Sophia und rechts Kaiser Konstantin, den Stadtgründer, mit einem Modell von Byzanz/Konstantinopel.

Die legendäre Schlacht an der Milvischen Brücke stellte Matthäus Merian d. Ä. 1630 im Kupferstich dar.

aus. Dies wiederum führte zu derartigen Tumulten, dass sich Maxentius zur Wiederherstellung der inneren Ruhe gezwungen sah, den Bischof aus Rom zu verbannen. Altkirchliche Quellen behaupten zudem, dass Maxentius den Christinnen Roms nachstellte und sich eine vornehme Frau namens Sophronia lieber in das Schwert stürzte, als den sexuellen Begierden des Herrschers zum Opfer zu fallen. Diese Geschichten dürften aber in das Reich der Fabel gehören. Die Kirchenväter neigen dazu, Maxentius als Gegenspieler Konstantins in möglichst dunklen Farben zu malen.

Trotz aller Bemühungen von Galerius, das System der Tetrarchie zu retten, wurde dieses immer instabiler und zerbrach nach seinem Tod im Jahr 311 vollständig. Im Osten lieferten sich Maximinus Daia und Licinius blutige Kämpfe um die Nachfolge des Galerius, im Westen loderte der Konflikt zwischen Konstantin und Maxentius erneut auf. Zur weiteren Eskalation trug der Versuch Maximians bei, nach seiner Abdankung selbst noch einmal auf den Thron zurückzukehren und seinem Schwiegersohn Konstantin die Herrschaft streitig zu machen. Daraufhin zwang dieser Maximian zum Selbstmord und verfügte die Auslöschung der Erinnerung an ihn (*damnatio memoriae*).

Als Maxentius im Gegenzug in Rom die Zerstörung von Konstantinstatuen veranlasste, Konstantin des Mordes an Maximian bezichtigte und Maximian posthum in die Riege der Götter aufnehmen ließ, um sich selbst als Sohn eines Gottes eine sakrale Herrschaftslegitimation zu verschaffen, kam dies einer Kriegserklärung gleich. Im Frühjahr 312 marschierte Konstantin mit einer eilig zusammengestellten und relativ kleinen Streitmacht von Trier über die Alpen nach Italien. Er eroberte Turin, Mailand und Verona und rückte schließlich gegen Rom vor, wo ihn Maxentius mit seinem Heer erwartete. Am 28. Oktober 312 kam es zur legendären Schlacht nahe der Milvischen Brücke.

Die Schlacht an der Milvischen Brücke

Rom schien für Konstantin uneinnehmbar. Die Stadt verfügte über hervorragende Befestigungsanlagen und Maxentius hatte sich durch den Ankauf großer Getreidevorräte gegen eine längere Belagerung gewappnet. Als Konstantin sich von Norden Rom näherte, behielt Maxentius in einem ersten Gemetzel die Oberhand. Danach verschanzte er sich wieder in der Stadt, während Konstantin seine Truppen nahe der Milvischen Brücke zusammenzog. In dieser Situation änderte Maxentius seinen Plan, den Feind gegen die römischen Stadtmauern anrennen zu lassen und dann zum Gegenschlag auszuholen. Stattdessen suchte er mit seinem zahlenmäßig weit überlegenen Heer das Heil in der Offensive und zog Konstantin am 28. Oktober 312 über die Milvische Brücke entgegen, um ihn jenseits des Tibers vor den Toren der Stadt anzugreifen. Ein Orakel hatte Maxentius prophezeit, dass an diesem Tag ein Feind Roms vernichtet würde. Dies soll ihn dazu bewogen haben, einen Strategiewechsel vorzunehmen und die schnelle Entscheidung zu suchen.

Aus der mörderischen Schlacht ging aber Konstantin als Sieger hervor. Die Truppen des Maxentius wurden vernichtend geschlagen, der Regent selbst stürzte beim überhasteten Rückzug mit seiner berittenen Leibwache in den Tiber und ertrank. Konstantin ließ den Leichnam seines Gegners nach der Schlacht aus dem Fluss ziehen und schlug ihm den Kopf ab, um diesen beim triumphalen Einzug in Rom als Siegestrophäe mitzuführen. Der nach der Schlacht vom Senat in Auftrag gegebene und 315 eingeweihte Konstantinsbogen, der in unmittelbarer Nähe des Kolosseums steht, gibt ein anschauliches Bild von diesen Ereignissen. Seine Reliefs halten wichtige Etappen von Konstantins Italienfeldzug und Machtübernahme in Rom fest. Dargestellt sind der Aufbruch aus Mailand, die Belagerung von Verona, die Schlacht nahe der Milvischen Brücke, der Einzug des siegreichen

Zur Erinnerung an die siegreiche Schlacht Konstantins gegen Maxentius wurde 312–15 der Konstantinsbogen errichtet.

Römische Öllampe mit Christusmonogramm aus dem 4./5. Jahrhundert, Nordafrika

Kaisers in Rom, die Rede Konstantins auf dem Forum Romanum und die Verteilung von Geldgeschenken an die Bevölkerung.

Beim Einzug in Rom begab sich Konstantin überraschenderweise nicht zum Kapitol, um dort Jupiter ein Dankopfer darzubringen. Der Grund dafür war, dass er seinen spektakulären Sieg an der Milvischen Brücke auf den Beistand des Christengottes und das Kreuzeszeichen zurückführte. Die Inschrift auf dem Konstantinsbogen spricht unbestimmt von einer göttlichen Eingebung, der Konstantin neben der Größe seines Geistes den Sieg verdankte. Laktanz berichtet, dass Konstantin unmittelbar vor der Schlacht am Tiber aufgrund eines Traumes ein himmlisches Zeichen auf den Schilden seiner Soldaten anbringen ließ, und zwar den Christusnamen in Form eines quer gestellten X mit umgebogener oberer Spitze. Wahrscheinlich meinte Laktanz ein aus den beiden griechischen Anfangsbuchstaben von Christus (ΧΡΙΣΤΟΣ) gebildetes und das Kreuz auf Golgotha symbolisierendes Staurogramm. Dabei wird das Chi (X) durch eine Drehung um etwa 45 Grad in kreuzähnliche Gestalt gebracht und mit dem Rho (P) verschränkt.

Eine etwas andere, angeblich auf Konstantins eigener Darstellung basierende Version des Geschehens findet sich bei Eusebius von Cäsarea. Er berichtet in seiner Konstantinbiografie, dass der Kaiser schon vor Beginn des Italienfeldzugs am helllichten Tag im Beisein seines Heeres ein Lichtkreuz am Himmel erblickte, neben dem die Worte „in diesem (Zeichen) siege" zu sehen waren. In der folgenden Nacht sei Konstantin dann Christus im Traum erschienen und habe den Befehl zur Nachbildung des Kreuzes als Schutzzeichen erteilt. Daraufhin habe der Kaiser für seine Truppen eine Standarte in Form eines Kreuzes anfertigen lassen, indem man einen goldüberzogenen Lanzenschaft mit einer Querstange versah. Am oberen Rande des Lanzenschafts soll sich ein kunstvoll aus Gold und Edelsteinen zusammengesetzter Kranz mit dem Christusmonogramm als Zeichen für den Namen des Erlösers befunden haben. Dieses Christusmonogramm bestand, wie Eusebius darlegt, aus den beiden griechischen Anfangsbuchstaben für Christus, wobei der Buchstabe Chi (X) das Rho (P) durchkreuzt.

Als historischer Kern kristallisiert sich heraus, dass Konstantin aufgrund einer göttlichen Eingebung mit einem wie auch immer gearteten Kreuzeszeichen und einem Christusmonogramm in die Schlacht an der Milvischen

Brücke zog. Durch den triumphalen Sieg über Maxentius sah er sich als Günstling des von den Christen verehrten Gottes und wandte sich dem Christentum zu, ohne dass man für diesen Zeitpunkt von einer Bekehrung sprechen kann. Konstantin hat das Christentum in erster Linie aus politischen Gründen gefördert, fühlte sich dem christlichen Glauben im Laufe der Jahre aber auch aus innerer Überzeugung immer enger verbunden und empfing 337 auf dem Sterbebett in Nikomedia durch Bischof Eusebius von Nikomedia als erster römischer Kaiser die Taufe.

Privilegierung des Christentums durch neue Gesetze

Mit dem Sieg über Maxentius errang Konstantin die Alleinherrschaft über den Westen und wurde vom römischen Senat zum Maximus Augustus ausgerufen. Im Osten des Reichs erhob sich Licinius zum Augustus, der Maximinus Daia das Erbe des 311 verstorbenen Galerius streitig gemacht hatte. Konstantin und Licinius kamen im Februar 313 in Mailand zusammen, um Vereinbarungen über die Grundzüge ihrer zukünftigen Politik in den Bereichen der Sozialfürsorge, der Religion und der öffentlichen Sicherheit zu treffen. Ein für die Christen zentrales Ergebnis dieser Gespräche war die Mailänder Vereinbarung, in der die im Toleranzedikt des Galerius eingeräumte Religionsfreiheit bekräftigt und die Kirche als rechtsfähige Körperschaft anerkannt wurde. Das während der Verfolgung enteignete Vermögen erhielt die Kirche zurück. Zudem ließ Konstantin den Bischöfen beträchtliche Summen aus der Staatskasse zur Bewältigung ihrer Aufgaben zukommen. Bereits ein Jahr später kam es zu ersten kriegerischen Auseinandersetzungen zwischen Konstantin und Licinius, der 324 endgültig besiegt und bald hingerichtet wurde.

Die antiken Quellen heben hervor, dass Konstantin außergewöhnlich viele neue Gesetze erließ. Einige von ihnen betrafen direkt die Kirche und ihre Amtsträger. Ein Gesetz aus dem Jahr 318 anerkannte beispielsweise bischöfliche Schiedsgerichte, vor denen Christen ihre zivilrechtlichen Auseinandersetzungen austrugen. Zudem konnte der bis dahin nur vor einem kaiserlichen Beamten zu vollziehende Rechtsakt der Sklavenfreilassung nun auch vor einem Bischof ausgeführt werden. Ein 319 erlassenes Gesetz schrieb Steuerprivilegien für den Klerus fest. Die Stellung der Bischöfe wurde auch dadurch aufgewertet, dass sie zur Vorbereitung und Durchführung von Synoden mit der eigentlich dem Kaiser und der Reichsverwaltung vorbehaltenen Staatspost reisen durften. Durch Verfügungen aus den Jahren 316 und 321 war es gestattet, der Kirche rechtsgültig Schenkungen zukommen zu lassen und ihr testamentarisch Vermögen zu vermachen.

Bei anderen Gesetzen Konstantins gibt es Hinweise darauf, dass sie christlich motiviert oder in gewissem Umfang von christlichen Vorstellungen geprägt waren. Dazu zählen das 315 erlassene Verbot der Brandmarkung verurteilter Verbrecher im Gesicht, das mit der Bedeutung des Gesichtes als Abbild der himmlischen Schönheit begründet wird, und die 325 verfügte Abschaffung der Strafe des Gladiatorendienstes, bei der die Delinquenten meist den qualvollen Tod in der Arena starben. Die von Konstantin erlassenen Gesetze zu Familie und Ehe trugen wohl zumindest partiell christlichen Moralvorstellungen Rechnung. Wenn durch gesetzliche Regelungen aus dem Jahr 320 die steuerliche und erbrechtliche Benachteiligung von Ledigen bzw. Kinderlosen aufgehoben wurde, kam dies jenen Christen entgegen, die sich für ein Leben in Ehelosigkeit oder sexueller Enthaltsamkeit entschieden hatten. Die gesetzlichen Schutzmaßnahmen Kon-

stantins gegen Kinderhandel und Kinderaussetzung bewegten sich in die von der christlichen Ethik gewünschte Richtung, auch wenn sie den meisten Gläubigen nicht weit genug gingen. Auch die neu eingeführte Erschwernis der Ehescheidung für den Fall, dass die Trennung nicht im beiderseitigen Einvernehmen erfolgte, wurde von den Christen weithin begrüßt.

Eine geschickte Verschmelzung von christlicher Tradition und paganem Sonnenkult gelang Konstantin mit dem 321 erlassenen Sonntagsgesetz, das den Sonntag zum Ruhetag für die Justiz, die Stadtbevölkerung und das Handwerk bestimmte, während die Landwirtschaft ausdrücklich davon ausgenommen blieb. Konstantin zählte von Jugend an zu den leidenschaftlichen Anbetern des mit Mithras identifizierten unbesiegbaren Sonnengottes (*sol invictus*), als dessen menschliche Verkörperung sich sein Vater Konstantius Chlorus in der Zeit der Tetrarchie hatte verehren lassen. Mit dem Sonntagsgesetz entsprach Konstantin einerseits den Interessen der Christen, die den Sonntag als Tag der Auferstehung Jesu feierten und an diesem Tag ihre Gottesdienste abhielten. Andererseits vermied Konstantin in seinem Gesetz den christlichen Begriff Herrentag und sprach stattdessen bewusst vom „Tag der Sonne" (*dies solis*). Er wählte damit einen Namen, mit dem sich die zahlreichen Anhänger des Sonnengottes im Reich identifizieren konnten.

Auch das von Konstantin verfügte Gebet, das alle heidnischen Soldaten am Sonntag mit weit ausgestreckten Armen und zum Himmel erhobenem Blick zu sprechen hatten, ist anderen Strömungen gegenüber offen, indem

Darstellung des Sol Invictus (links) neben Luna und Iupiter Dolichenus, Rom um 300

der Name des Christengottes vermieden wird. Es beginnt mit den Worten „Dich allein kennen wir als Gott, dich erkennen wir als König, dich rufen wir als Helfer an, von dir erflehen wir den Sieg“ und propagiert damit zwar eine Art Monotheismus im christlichen Sinne, lässt aber die Identität des angebeteten Gottes im Unbestimmten. Damit erweist es sich als bekenntnisneutral.

Sakralbauten in Rom und die Kreuzesreliquien in der Basilica Santa Croce in Gerusalemme

Ein weiterer zentraler Bestandteil der begünstigenden Politik Konstantins gegenüber dem Christentum war die Errichtung monumentaler Kirchenbauten auf Staatskosten. Der Christengott, auf den Konstantin seinen triumphalen Sieg zurückführte und in dem er den Garanten für das Wohlergehen des Staates sah, sollte weithin sichtbare Kultstätten erhalten, die sich in ihrer Pracht und Größe mit den Tempeln paganer Gottheiten messen konnten.

Die erste richtungsweisende Kirchenstiftung Konstantins war die auf dem alten Grundstück der Laterani am Osthang des Esquilin errichtete Lateranbasilika, mit deren Bau man wohl bald nach der Schlacht an der Milvischen Brücke begann. Sie wurde zur römischen Bischofskirche und hatte mit einer umbauten Fläche von etwa 5000 Quadratmetern beachtliche Ausmaße. Der von Konstantin gestiftete Bau ist noch in Teilen unter dem Mauerwerk der heutigen Basilica di San Giovanni in Laterano aus dem 17. Jahrhundert erhalten.

Daneben entstanden in der konstantinischen Zeit über christlichen Grabanlagen an den Ausfallstraßen Roms zahlreiche Märtyrer- und Memorialkirchen. Die über dem vermeintlichen Grab des Apostels Petrus am Abhang des Vatikanhügels errichtete Peterskirche, die im 16. Jahrhundert dem monumentalen Neubau des heutigen Petersdoms weichen musste, übertraf wohl die Lateranbasilika in der Größe noch um einiges. Sie trug an gut sichtbarer Stelle im Inneren eine an Christus gerichtete und auf die Schlacht an der Milvischen Brücke anspielende Weiheinschrift mit den Worten: „Weil sich unter deiner Führung die Welt triumphierend zu den Gestirnen erhob, weihte Konstantin, der Sieger, dir diese Halle.“

Die Agnesbasilika, die auf Initiative von Konstantins Tochter Konstantia im Nordosten Roms an der Via Nomentana über dem Grab der Märtyrerin Agnes errichtet wurde, und die in unmittelbarer Nähe der heutigen Kirche San Lorenzo fuori le mura an der Via Tiburtina gelegene Basilika zu Ehren des Märtyrers Laurentius standen der Bischofskirche am Lateran und der Peterskirche am Vatikan in ihren Ausmaßen nur geringfügig nach. Von beiden Kirchen sind zumindest noch Reste erhalten, die einen Eindruck von der ursprünglichen Größe vermitteln. Vergleichsweise bescheiden fiel dagegen die sich über dem mutmaßlichen Grab des Paulus erstreckende Basilica San Paolo fuori le mura aus.

An der Via Labicana wurde die Katakombe der Märtyrer Marcellinus und Petrus mit einer kleineren Basilika überbaut, an die sich an der Ostseite das als Rundbau gestaltete Mausoleum für Konstantins Mutter Helena anschließt. Die über den Katakomben an der Via Appia errichtete Basilika der Apostel, die heutige Basilica San Sebastiano fuori le mura, geht vermutlich ebenfalls in die Tage Konstantins zurück, könnte aber auch schon unter Maxentius entstanden sein. Abgesehen von der Peterskirche und der Pauluskirche sind alle Märtyrerkirchen architektonisch als Umgangsbasiliken konzipiert, bei denen die Seitenschiffe wie ein Umgang um das Mittelschiff herumgeführt werden.

Gänzlich aus dem Rahmen fällt die Basilica Santa Croce in Gerusalemme (Basilika vom Heiligen Kreuz in Jerusalem), die im Sessorium in einen schon bestehenden Saal hineingebaut wurde. Das Sessorium war ein seit der Severerzeit als Kaiserresidenz genutzter und nun von Konstantins Mutter Helena bewohnter Palast in unmittelbarer Nähe der Laterankirche.

Die Basilika im Sessorium ist nicht zuletzt wegen ihrer Passionsreliquien berühmt. Neben einem Kreuzesnagel, Splittern des Holzbalkens von Golgotha, zwei Dornen aus der Krone Jesu und einem Fingerknochen des kleingläubigen Thomas findet sich dort auch das Fragment einer Holztafel. In das etwa 25 mal 14 Zentimeter große Bruchstück aus Walnussholz sind in hebräischer, griechischer und lateinischer Sprache die ersten Worte der Kreuzesinschrift „Jesus der Nazarener, König der Juden" eingeritzt. Diese ging unter der Abkürzung INRI (*Iesus Nazarenus Rex Iudaeorum*) in die christliche Ikonografie ein. Das Holzstück wurde 1492 bei Bauarbeiten in der Basilika entdeckt, wo es hinter einem Ziegelstein mit der Aufschrift „Titulus crucis" eingemauert war. Papst Alexander VI. erklärte die Reliquie 1496 für echt.

Helena beaufsichtigte nach dem Konzil von Nizäa die kaiserlichen Bauaktivitäten im Heiligen Land, wo Konstantin mit der Geburtskirche in Bethlehem, der Grabes- und Auferstehungskirche in Jerusalem und der Kirche in Mamre prächtige Basiliken errichten ließ. Zudem soll es 325 auf Betreiben von

Die Basilica Santa Croce in Gerusalemme bei Nacht

Helena in Jerusalem auch zur Entdeckung des Kreuzes Jesu und der Kreuzestafel gekommen sein. Der historische Wert dieser Überlieferung ist zwar umstritten, doch verehrte man nachweislich schon in der zweiten Hälfte des 4. Jahrhunderts das vermeintliche Kreuz Jesu und die Kreuzestafel in der Jerusalemer Grabeskirche beim Karfreitagsgottesdienst. Altkirchliche Quellen sprechen davon, dass Helena unmittelbar nach dem Fund der Reliquien ein Teilstück des Kreuzes und einige Kreuzesnägel an Konstantin bzw. den Kaiserpalast in Nikomedia sandte. Die vermeintlichen Kreuzesnägel Jesu ließ Konstantin als Glücksbringer in sein Pferdegeschirr einarbeiten. Vor diesem Hintergrund wird häufig vermutet, dass Helena auch die Kreuzestafel in zwei Stücke teilte. Während die eine Hälfte in Jerusalem verblieben sei, habe sie die andere Hälfte nach Rom in den Sessorianischen Palast mitgenommen, wo sie dann 1492 bei Bauarbeiten in der Basilika vom Heiligen Kreuz wiederentdeckt wurde. Allerdings führte ein Radiokarbontest zu dem Ergebnis, dass die Kreuzestafel erst aus der Zeit um 1000 stammt. Vermutlich handelt es sich um eine im Osten entstandene Fälschung, die im Hochmittelalter nach Rom gelangte.

Der Donatistenstreit

Die Kehrseite der staatlichen Privilegierung des Christentums war, dass sich der Kaiser sogleich aktiv in innerkirchliche Angelegenheiten einmischte. Zur Zeit Konstantins gab es neben der Großkirche eine ganze Reihe von Gegenkirchen mit teilweise beträchtlichen Mitgliederzahlen. Das Christentum war nur dann in der Lage, seine integrative Kraft und staatstragende Wirkung zu entfalten, wenn es mit einer Stimme sprach und die Gläubigen sich nicht gegenseitig zerfleischten. Davon konnte allerdings keine Rede sein. Im Westen tobte der die Provinzen Nordafrikas erschütternde Donatistenstreit, im Osten drohte der Arianische Streit die Einheit der Kirche zu sprengen und die öffentliche Ordnung zu gefährden. In beide Konflikte war die Kirche von Rom indirekt involviert.

Der in Karthago ausgebrochene Donatistenstreit zählt zu den Nachwehen der diokletianischen Christenverfolgung. In der Auseinandersetzung ging es um die altbekannten Konfliktpunkte: Welchen Umgang sollte die Kirche mit den in der Verfolgung schwach gewordenen Gläubigen praktizieren und wie war es um die Gültigkeit der von einem unwürdigen Kleriker gespendeten Sakramente bestellt? Als 311 der Diakon Caecilianus zum Bischof von Karthago gewählt wurde, schalteten sittenstrenge Rigoristen den numidischen Bischof Donatus ein. Caecilianus war Vertreter einer dem Märtyrerkult reserviert gegenüberstehenden Strömung von Klerikern, die in der Zeit der Verfolgung Konfrontationen mit den Behörden nach Möglichkeit aus dem Weg gegangen waren und den staatlichen Organen notfalls auch Heilige Schriften ausgeliefert hatten. Zudem wurde Caecilianus vorgeworfen, er habe als Diakon verhindert, dass die wegen ihres Glaubens im Gefängnis einsitzenden Bekenner mit Lebensmitteln aus der Gemeindekasse versorgt wurden.

Eine von Donatus in Karthago einberufene Synode numidischer Bischöfe erklärte die Weihe des Caecilianus für ungültig, da sein Weihebischof Felix von Aptungi den Behörden während der Verfolgung Bibeln ausgehändigt habe und damit ein Todsünder sei. Zugleich setzte die Synode Maiorinus zum Gegenbischof ein. Verschärft wurde der Konflikt dadurch, dass Kaiser Konstantin die staatlichen Entschädigungszahlungen für das in der Verfolgung erlittene Unrecht der von Caecilianus geleiteten Kirche zukommen ließ, während die Gegenseite leer ausging.

Damit war es zu einer Kirchenspaltung gekommen, die ganz Nordafrika ergriff. Die von Donatus ins Leben gerufene Gegenkirche erhob den Anspruch, die wahre und einzig heilige Kirche zu sein, da sie im Gegensatz zur katholischen Kirche in ihren Reihen keine Todsünder duldete, die unter staatlichem Druck dem Christentum formal abgeschworen oder Heilige Schriften ausgeliefert hatten. Zudem erklärten die Donatisten alle Sakramente für ungültig, die von einem in der Verfolgung nicht standhaft gebliebenen Kleriker gespendet worden waren. Christen, die von der Großkirche zu den Donatisten übertraten, wurden ein zweites Mal getauft.

Kaiser Konstantin setzte 313 zur Eindämmung der Konflikte ein kirchliches Schiedsgericht unter Leitung des Bischofs Miltiades von Rom ein, das Caecilianus zum rechtmäßigen Bischof von Karthago erklärte, da dieser vor seinem Kontrahenten Maiorinus die Weihe empfangen hatte. Als die Donatisten Einspruch einlegten, berief Konstantin ein Jahr später eine Synode in Arles ein, die das Urteil von Rom bestätigte. Die Donatisten appellierten daraufhin an das kaiserliche Gericht und erlitten erneut eine Niederlage. Sie gaben aber ihren Widerstand auch angesichts der nun einsetzenden Repressalien, in deren Verlauf es zur Enteignung von Kirchen und zur Verbannung von Bischöfen kam, nicht auf.

Als staatlich verfolgte Gegenkirche wurde die donatistische Bewegung zum Sammelbecken der sozial benachteiligten und gegen die römische Ordnung aufbegehrenden Bevölkerungsschichten in Nordafrika. Sie hatte vor allem in den von Berbern besiedelten Randgebieten Numidiens und Mauretaniens starken Rückhalt und sorgte weit über das Zeitalter Konstantins hinaus für Unruhe. Erst im 5. Jahrhundert gelang es Kaiser Honorius, die Macht der Donatisten zu brechen, wobei der Besuch ihrer Gottesdienste unter Androhung der Todesstrafe verboten wurde. In diesem Zusammenhang spielte der Kirchenvater Augustin als Befürworter staatlicher Gewaltmaßnahmen gegen die donatistische Kirche eine unrühmliche Rolle. Eine Gruppe in Rom lebender Donatisten, die von Nordafrika dorthin übergesiedelt waren, lösten die Behörden bereits Ende des 4. Jahrhunderts auf.

Die Reliquien in der Basilica Santa Croce in Gerusalemme zeigen unter anderem Splitter des Kreuzes Christi.

Der Arianische Streit und die Auseinandersetzungen um das Bekenntnis von Nizäa

Im Osten des Reichs tobte dagegen der Arianische Streit, dessen Wellen auch bis nach Rom schwappten. Im Zentrum der Auseinandersetzung stand die Frage nach dem Verhältnis zwischen Gottvater, Sohn und Heiligem Geist. Arius, ein Presbyter aus Alexandria, sah innerhalb der Trinität drei Hypostasen (Seinsweisen) von abgestuftem Rang. Allein der Vater sei als nicht geschaffenes Wesen von Ewigkeit an da und könne deshalb als Gott bezeichnet werden. Damit unterscheide er sich von Jesus Christus, der zwar vor der Entstehung der Welt geschaffen wurde, dem aber als Geschöpf die Gottheit nicht wesensmäßig zu eigen sei.

„Die Heilige Dreifaltigkeit" von Francesco Solimena um 1720. Im Arianischen Streit ging es um das Verhältnis zwischen Vater, Sohn und Heiligem Geist.

Damit eckte Arius bei jenen Gläubigen an, die Jesus Christus als gottgleiches Wesen verehrten. Im Jahr 319 wurde er auf Betreiben des Bischofs Alexander von einer Synode in Alexandria als Häretiker verurteilt. Die Auseinandersetzung war von höchster Brisanz und wurde in erbitterter Schärfe geführt, weil sie den Erlösungsglauben betraf. Nach Arius verschafft Jesus Christus den Menschen das Heil nicht eigentlich als Erlöser, sondern dadurch, dass er ihnen ein sittliches Vorbild gibt und die zu Gott führende Erkenntnis vermittelt. Seine Gegner waren der Überzeugung, dass Christus selbst wahrer Gott sein müsse, um die dem Tod verfallenen Menschen zu retten. Sie warfen Arius vor, dass er Christus als eine Art Halbgott zu weit von Gott abrücke und die christliche Heilsgewissheit zerstöre. Gott habe sich in seiner Liebe der verlorenen Menschheit erbarmt, indem er in Christus menschliche Gestalt annahm und durch Christi Auferstehung die Todesnatur der Menschen zum ewigen Leben führte.

Arius stand allerdings mit seiner Position keineswegs allein da. Der am Hof einflussreiche Bischof Eusebius von Nikomedia bot Arius Zuflucht und organisierte um 320 eine Synode, die Alexander von Alexandria zur Wiederaufnahme des Arius in die Kirche aufforderte. Auch Eusebius von Cäsarea hat Arius zunächst unterstützt.

Der Streit spaltete die Christenheit im Osten zutiefst und beschwor die Gefahr innerer Spannungen herauf. Daher richtete Konstantin unmittelbar nach dem Sieg über Licinius im Herbst 324 einen persönlichen Brief an Alexander und Arius, in dem er die Kontrahenten zur Versöhnung ermahnte. Als dieser Appell wirkungslos verhallte, berief Konstantin das Konzil von Nizäa ein, um in der Kirche Frieden zu schaffen und damit die Einheit des Reichs zu sichern. Von den etwa 300 anwesenden Klerikern stammte nur eine Handvoll aus dem lateinischsprachigen Westen. Bischof Silvester von Rom ließ sich durch zwei Presbyter vertreten. Auf dem Konzil wurde Arius nicht zuletzt auf Drängen des Kaisers und seiner theologischen Berater als Häretiker verurteilt.

Das Erste Ökumenische Konzil von Nizäa, Radierung nach einer Zeichnung von Daniel Chodowiecki um 1774

Das wichtigste Ergebnis war die Annahme eines Bekenntnisses, das von der Zeugung statt der Erschaffung Christi und von seiner Wesenseinheit mit dem Vater spricht, während die Arianer Christus als Geschöpf betrachteten und ihm lediglich eine Wesensähnlichkeit mit Gott zugestehen wollten. Der auf Christus bezogene Kernsatz von Nizäa lautet: „Licht vom Licht, wahrer Gott vom wahren Gott, gezeugt, nicht geschaffen, eines Wesens mit dem Vater.“ Als Anhang wurde dem Bekenntnis eine Verfluchung der arianischen Lehren beigefügt. Konstantin drohte jedem Konzilsteilnehmer, der die Unterschrift unter das Einigungsdokument verweigerte, die sofortige Verbannung ins Exil an.

Das Bekenntnis von Nizäa brachte allerdings weder einen theologischen Konsens noch inneren Frieden. Eindeutig war es nur in der Abgrenzung vom Arianismus. Ansonsten ließ es unterschiedliche Interpretationsmöglichkeiten offen, beispielsweise die problematische Betrachtung Christi als einer Erscheinungsweise Gottes ohne eigenständige Persönlichkeit. Erschwerend kam hinzu, dass die Lehren des Arius weiterhin viele Anhänger hatten und daher in der von Pragmatismus geleiteten staatlichen Religionspolitik bald ein Kurswechsel eintrat. Schon 328 hob der Kaiser die Verbannung des Arius auf.

Nach dem Tod Konstantins 337 und der Aufteilung des Reichs unter seinen Söhnen entbrannte der kirchenpolitische Konflikt aufs Neue. Im Westen richteten Konstantin II. und Konstans ihre Religionspolitik am Bekenntnis von Nizäa aus, während im Osten Konstantius II. mit aller Macht den Arianismus förderte. Konstantin II. kam schon 340 beim Versuch, seinem Bruder Konstans Italien zu entreißen, ums Leben. Konstans fiel 350 einer Verschwörung des Generals Magnentius zum Opfer, der sich aber nur drei Jahre als Augustus des Wes-

Die byzantinische Darstellung zeigt Kaiser Konstantin und die Bischöfe des ersten Konzils, die allerdings das Bekenntnis von Nizäa-Konstantinopel von 381 in die Höhe halten.

tens auf dem Thron halten konnte, bis er von Konstantius II. besiegt wurde und Selbstmord beging. Als Alleinherrscher über das Reich schwor Konstantius II. nun auch die abendländische Kirche mit aller Macht auf seinen arianischen Kurs ein und zwang sie zur Verdammung des Bischofs Athanasius von Alexandria, des wohl profiliertesten Anti-Arianers und leidenschaftlichsten Kämpfers für das Bekenntnis von Nizäa. Durch die Auseinandersetzungen um seine Person wurde auch die römische Kirche in den Arianischen Streit hineingezogen.

Bischof Athanasius von Alexandria wurde bereits 335 von einer Synode in Tyros wegen angeblicher Korruption und Gewalttätigkeiten erstmals des Amtes enthoben und vom Kaiser nach Trier verbannt. Nach dem Tod Konstantins konnte er nach Alexandria zurückkehren, wo sich der Widerstand erneut gegen ihn formierte und der arianische Presbyter Pistos als Gegenbischof eingesetzt wurde. Beide Kontrahenten bemühten sich um kirchliche Anerkennung, womit Bischof Julius von Rom ins Spiel kam.

Im Jahr 338 reiste eine alexandrinische Gesandtschaft nach Rom, um im Westen die Anerkennung von Pistos als rechtmäßigem Bischof zu erreichen und Athanasius der Unterstützung durch die abendländische Kirche zu berauben. Dabei übergaben sie Julius auch die Beschlüsse der Synode von Tyros und die Kriminalakten, auf deren Grundlage Athanasius verurteilt worden war. Julius wollte sich allerdings ein eigenes Bild machen und Athanasius die Möglichkeit zur Darstellung seiner Position geben. Er schlug beiden Konfliktparteien die Einberufung einer Synode zur Entscheidungsfindung vor. Stattdessen hielten die Gegner des Athanasius, an deren Spitze Bischof Eusebius von Nikomedia stand, im Winter 338/339 unter Beteiligung von Kaiser Konstantius II. eine Synode in Antiochia ab, auf der Athanasius erneut verurteilt wurde. Athanasius floh daraufhin nach Rom und hielt sich dort knapp zwei Jahre lang auf.

Bischof Julius scheiterte 340 erneut mit dem Versuch, zur Beilegung des Streits beide Konfliktparteien auf einer Synode an einen Tisch zu bringen. Die Gegner des Athanasius wiesen die Vorladung nach Rom zurück und verbaten sich die Einmischung des römischen Bischofs in die inneren Angelegenheiten der orientalischen Kirche. Indem Julius die Absetzung des Athanasius anfocht und sich damit über rechtskräftige Synodenbeschlüsse des Ostens hinwegsetzte, erhob er in der Tat einen weit über die eigenen Kirchengrenzen hinausgehenden Machtanspruch.

Im Jahr 355 wurde Bischof Liberius von Rom, der Julius nach dessen Tod im Amt gefolgt war, wegen seines Eintretens für Athanasius und das nizäische Bekenntnis von Kaiser Konstantius II. nach Thrakien verbannt. Athanasius, der ein zweites Mal auf seinen Bischofsstuhl in Alexandria hatte zurückkehren können, wurde durch ein von Konstantius II. einberufenes Konzil verurteilt und 356 vom Kaiser unter Einsatz des Militärs aus Alexandria vertrieben. Er konnte sich in die ägyptische Wüste retten, wo er in einem Kloster Unterschlupf fand. Liberius vollzog im Exil unter dem Druck der kaiserlichen Zwangsmaßnahmen eine Kehrtwende und stimmte schließlich der umstrittenen Verurteilung des Athanasius zu, um sich den Weg für die Heimkehr nach Rom zu ebnen.

Kaiser Julian ermöglichte Athanasius 362 die erneute Rückkehr auf den Bischofsstuhl von Alexandria, den er mit zwei weiteren Unterbrechungen bis zu seinem Tod im Mai 373 innehatte. Sein Ende fand der Arianische Streit 381 durch das Zweite Ökumenische Konzil von Konstantinopel, wo das Bekenntnis von Nizäa um Aussagen über den Heiligen Geist erweitert wurde und man gleichzeitig festschrieb, dass die Vorstellung der Wesensgleichheit innerhalb der Trinität durch die Formel „ein Wesen – drei Seinsweisen“ zu interpretieren ist. Dieses Bekenntnis von Nizäa-Konstantinopel ist bis heute für alle großen Kirchen bindend.

Der Kodex Vaticanus

Neben Kirchenbauten förderte Konstantin aus der Staatskasse auch die Anfertigung von Bibeln, an denen ein immenser Bedarf bestand. Einerseits war es während der diokletianischen Christenverfolgung im großen Stil zur systematischen Vernichtung von Bibelhandschriften gekommen. Andererseits wuchs nach der durch Galerius verkündeten und im Mailänder Edikt bekräftigten Tolerierung des Christentums die Zahl der Gemeinden in atemberaubender Geschwindigkeit an, zumal kaiserliche Erlasse den Reichsbewohnern bald die Annahme des christlichen Glaubens empfahlen. Nach dem Ausbau von Byzanz zur neuen Reichshauptstadt Konstantinopel, die im Jahr 330 feierlich eingeweiht wurde, gab Konstantin bei Eusebius von Cäsarea die Anfertigung von 50 Bibeln auf Staatskosten in Auftrag. Der betreffende Brief des Kaisers mit den konkreten Anweisungen ist in Eusebius' Konstantinbiografie erhalten.

Eine dieser Bibeln war höchstwahrscheinlich der später nach Rom gelangte Kodex Vaticanus, der seinen Namen der Aufbewahrung in der Vatikanischen Bibliothek verdankt. Während die christlichen Bibelhandschriften aus den ersten drei Jahrhunderten nur Einzelschriften oder Schriftengruppen des Neuen Testaments bieten, ist der Kodex Vaticanus eine Vollbibel, die zunächst das Alte Testament in Form der griechischen Übersetzung (Septuaginta) voranstellt und dann das Neue Testament in der griechischen Ursprache folgen lässt. Wie bei allen Bibelhandschriften aus der Frühzeit der Kirche ist der Text in griechischen Großbuchstaben (Majuskeln) geschrieben. Aufgrund von Beschädigungen weist der Kodex allerdings Lücken auf. Im Alten Testament fehlen nahezu das gesamte Buch Genesis und mehr als 20 Psalmen, im Neuen Testament bricht der Text mitten im neunten Kapitel des Hebräerbriefs abrupt ab. Weite Teile des verloren gegangenen Textes wurden im 15. Jahrhundert aus anderen Handschriften ergänzt. Zudem hat man den Kodex Vaticanus

im Mittelalter um Verzierungen und Kolorierungen bereichert.

Mit der Form des Kodex setzte das Christentum von Anfang an eigene Akzente. Die Literatur der Antike ist ganz überwiegend in Form von Schriftrollen überliefert. Einzelblätter aus Papyrus oder Leder wurden in gewünschter Länge zu einer Bahn zusammengeklebt, mit dem Text beschrieben und dann aufgerollt. Dieses Verfahren hat Nachteile. Dadurch, dass die Rolle in aller Regel nur auf der Innenseite beschrieben ist, wird die Hälfte des zur Verfügung stehenden Platzes verschenkt. Zudem sind Rollen recht sperrig, was die Aufbewahrung oder den Transport erschwert. Die christlichen Bibelhandschriften sind dagegen alle in Kodexform erstellt. Dazu nahm man einen Stapel von Papyrus- oder Pergamentblättern und faltete ihn in der Mitte zu einem Bogen. Jedes Blatt wurde auf der Vorder- und Rückseite beschrieben. Am Ende wurden die Bögen mit Fäden zusammengeheftet und zu einem Buch gebunden. Dass das Christentum von Anfang an die Kodexform bevorzugte, dürfte maßgeblich zur schnellen Verbreitung der Bibel beigetragen haben. Der Kodex bot ökonomische und logistische Vorteile. Einerseits konnte man die kostbaren Seiten beim Beschreiben voll ausnutzen. Andererseits entstanden kompakte Bibeln, die sich nicht nur gut transportieren und aufbewahren ließen, sondern auch beim Lesen und Nachschlagen bequemer zu handhaben waren.

Während die christlichen Bibelhandschriften aus der Zeit vor der Konstantinischen Wende aus Papyrus sind, wurde der Kodex Vaticanus aus Pergament gefertigt. Der aus dem Mark der Papyrusstaude hergestellte Papyrus war in der Antike ein relativ preiswertes und durchaus beständiges Beschreibmaterial, das aber unter dem Einfluss von Feuchtigkeit schnell verrottete. Das ungleich beständigere Pergament wurde aus Tierhaut gewonnen und war um ein Vielfaches teurer. Für eine Vollbibel wie den aus der Staatskasse finanzierten Kodex Vaticanus benötigte man etwa 400 gro-

Der Kodex Sinaiticus aus dem 4. Jahrhundert – eine der ältesten erhaltenen Vollbibeln

ße Tierhäute, die aufwendig präpariert werden mussten, bevor sie als Beschreibmaterial dienen konnten.

Bei dem Kodex Vaticanus und dem Kodex Sinaiticus handelt es sich um die ältesten erhalten gebliebenen Vollbibeln. Letzteren entdeckte Konstantin von Tischendorf im 19. Jahrhundert unter spektakulären Begleitumständen im Katharinenkloster auf dem Sinai. Der Kodex Sinaiticus wird ebenfalls zu den von Kaiser Konstantin in Auftrag gegebenen Bibeln gerechnet. Beide Kodizes sind zugleich die wichtigsten Handschriften, wenn es um die Rekonstruktion der ursprünglichen Form des neutestamentlichen Bibeltextes geht. Keine einzige der Schriften des Neuen Testaments hat im Original überlebt. Beim Kopieren der Schriften wurden Fehler gemacht oder bewusst Veränderungen vorgenommen. Der Urtext des Neuen Testaments muss durch Einbeziehung aller zur Verfügung stehenden und zuweilen stark voneinander abweichenden Handschriften mit wissenschaftlichen Methoden rekonstruiert werden.

In den Inventarverzeichnissen der Vatikanischen Bibliothek wird der Kodex Vaticanus seit 1475 geführt. Darüber, wie er von Konstantinopel nach Rom gekommen sein könnte, gibt es keine gesicherten Informationen. Vermutlich handelte es sich um ein Gastgeschenk an Papst Eugen IV. anlässlich des Konzils von Ferrara und Florenz (1438–1445), das ihm die unter Führung des griechischen Theologen Bessarion an den Verhandlungen teilnehmende Delegation der Ostkirchen überreichte.

Die Konstantinische Schenkung

Die Konstantinische Schenkung (*Constitutum Constantini*) ist die wohl wirkmächtigste Fälschung der Weltgeschichte. Sie lieferte vor allem in den konfessionellen Kämpfen der Reformationszeit reichlich Zündstoff. Die betreffende Urkunde begegnet erstmals in Handschriften des 9. Jahrhunderts aus dem französischen Kloster Corbie, die eine Zusammenstellung angeblicher Papstbriefe und anderer kirchenrechtlicher Dokumente bieten. Im Vorwort bezeichnet sich ein Bischof Isidor Mercator, den es aller Wahrscheinlichkeit nach nie gegeben hat, als Urheber der überwiegend aus Falsifikaten bestehenden Sammlung, die in Wirklichkeit auf Initiative des Abtes Paschasius Ratbertus entstanden sein dürfte.

Die von der Konstantinischen Schenkung handelnde Urkunde knüpft an die frühmittelalterliche Legende an, dass der römische Bischof Silvester dem an Aussatz erkrankten Kaiser Konstantin das heilige Sakrament der Taufe spendete und ihn dadurch heilte. Im Gegenzug soll Konstantin dem Bischof von Rom aus Dankbarkeit eine ganze Reihe von Rechten und Privilegien eingeräumt haben. Dazu zählten angeblich der kirchliche Primat Roms vor den großen Patriarchaten des Ostens, die Vorrangstellung der Laterankirche als stadtrömischer Bischofssitz vor allen anderen Kirchen und die Genehmigung zum Tragen einer Krone als Herrschaftszeichen. Zudem soll Konstantin Bischof Silvester für alle Zeit überreiche Besitzungen übertragen und sich dann mit der Begründung nach Konstantinopel zurückgezogen haben, dass in Rom als Herrschaftsbereich des Oberhaupts der Kirche für einen Kaiser kein Platz sei.

Ab dem 11. Jahrhundert, als Papst Leo IX. in seiner Auseinandersetzung mit dem Patriarchen von Konstantinopel das *Constitutum Constantini* zur Untermauerung seiner Primatsansprüche heranzog, zählte das Dokument zum festen Instrumentarium päpstlicher Machtpolitik. Durch Veränderungen am Wortlaut besagte es nun, dass Konstantin an Bischof Silvester und dessen Nachfolger seinen römischen Palast, die Stadt Rom, ganz Italien und die westlichen Regionen übereignet habe. In dieser revidierten Fassung fand das *Constitutum Constantini* im 12. Jahrhundert Aufnahme in das kanonische Kirchenrecht. Damit verfestigte sich die Konzeption einer das gesamte westliche Imperium umfassenden Herrschaftsabtretung des Kaisers an den Papst, die zur Legitimation von Herrschaftsansprüchen herangezogen wurde. So erklärte Papst Urban II. im Jahr 1091, dass mit Konstantins Schenkung alle westlichen Mittelmeerinseln in den Besitz der römischen Kirche übergegangen seien.

Die Kontroversen um die Konstantinische Schenkung begannen im Spätmittelalter und reichten bis tief in die Neuzeit hinein. An der tatsächlichen Ausstellung der Urkunde durch Konstantin kamen zunächst noch keine Zweifel auf. Vielmehr wurde vom christlichen Armutsideal her Kritik daran geäußert, dass die kirchlichen Würdenträger aufgrund von Konstantins Gabe ihre Macht in verschwenderischem Pomp und weltlicher Prachtentfaltung zur Schau stellten, oder man diskutierte darüber, ob Konstantin mit der Schenkung rechtmäßig gehandelt habe.

Im frühen 15. Jahrhundert setzte die historische Kritik an der Urkunde ein und man verwies darauf, dass Nachrichten über die Schenkung Konstantins in anderen authentischen Quellen zum Konstantinischen Zeitalter nicht aufzufinden waren. Den endgültigen Nachweis der Fälschung erbrachte 1440 der Humanist Lorenzo Valla, der in einer längeren philologischen Abhandlung überzeugend die Herkunft des *Constitutum Constantini* aus dem Mittelalter darlegte. Durch Martin Luthers Übersetzung aus dem Jahr 1537 gewann die Abhandlung

Vallas im deutschsprachigen Raum weite Verbreitung und fand Aufnahme in das Arsenal der reformatorischen Waffen gegen das Papsttum.

Die päpstliche Kurie verteidigte trotz der Erkenntnisse Vallas die Echtheit des Dokuments vehement. Ein eindrucksvolles künstlerisches Zeugnis dafür ist die Sala di Costantino im Vatikanpalast. Den für offizielle Empfänge des Papstes dienenden Saal schmücken vier von Raffael und seinen Schülern Anfang des 16. Jahrhunderts gemalte Szenen aus dem Leben Konstantins, und zwar neben der Kreuzerscheinung, dem Sieg an der Milvischen Brücke und der Taufe auch die vermeintliche Schenkung an Bischof Silvester. Erst mit den 1929 geschlossenen Lateranverträgen über die Gründung des Vatikanstaates verlor das *Constitutum Constantini* seine Bedeutung für die Legitimation des päpstlichen Machtanspruchs.

Ungeklärt bleibt nach wie vor die Herkunft der Urkunde. In der Regel wird einer der mittelalterlichen Päpste für den Fälscher des Dokuments gehalten. In diesem Zusammenhang fallen häufig die Namen von Papst Paul I. (757-767) oder Papst Stefan III. (768-772). Es gibt aber auch Mutmaßungen, dass die Legende von der Konstantinischen Schenkung im 9. Jahrhundert in einem der französischen Klöster entstand, um den Frankenkaiser Ludwig den Frommen von Eingriffen in das Kirchenleben abzuhalten und seine Macht kirchenrechtlich in die Schranken zu weisen.

Im Mittelalter nahm man die Konstantinische Schenkung für bare Münze. Das Fresko von 1246 in der Basilika Santi Quattro Coronati in Rom zeigt, wie Kaiser Konstantin die kaiserlichen Herrschaftszeichen Phrygium und Baldachin sowie den Lateranpalast dem Papst Silvester überlässt.

Leo der Große und die Entwicklung des Papsttums

Bischof Dioskur von Alexandria steht auf dem Höhepunkt seiner Macht. Auf dem Konzil von Ephesus 449, das als „Räubersynode" in die Geschichtsschreibung eingehen sollte, setzt er skrupellos die Rehabilitierung des Irrlehrers Eutyches durch, der Christus als reines Gottwesen ohne menschliche Natur betrachtete. Wer Einwände erhebt, wird mit Waffengewalt zum Schweigen gebracht. Die Verlesung eines Lehrbriefs, den Bischof Leo von Rom zu der christologischen Streitfrage verfasste, weiß Dioskur zu verhindern. Auch ein Schreiben Leos an das Konzil, in dem er die Verurteilung der eutychianischen Lehren fordert, kommt nicht zu Gehör. Der römische Delegierte Honorius ergreift aus Sorge um sein Leben und unter Zurücklassung des Gepäcks die Flucht.

Zwei Jahre später wendet sich das Blatt. Das neu gekrönte Kaiserpaar Pulcheria und Markian beruft das Konzil von Chalcedon ein. Mit über 600 teilnehmenden Bischöfen ist es das größte und bedeutsamste Konzil der Alten Kirche. Der Lehrbrief Leos zählt nun zu den amtlichen Bekenntnisdokumenten, die als allgemein verbindliche Glaubenszeugnisse verabschiedet werden. Dem Bischof von Rom ist es erstmals gelungen, einer eigenen Lehrentscheidung autoritative Geltung für die gesamte Christenheit zu verschaffen. Nicht ohne Grund gilt Leo als der erste wirkliche Papst.

Der Ehrentitel Papst und die Idee des Petrusamtes

Das Wort Papst (lat. *papa*, griech. *pappas*) meint in seiner Grundbedeutung „Vater". Es hat als geistlicher Titel ursprünglich weder etwas mit Rom noch mit einem über die eigene Gemeinde hinausgehenden Machtanspruch zu tun, sondern diente in der Alten Kirche allgemein als Ehrenbezeichnung für Bischöfe oder andere höhere Kleriker. Beispielsweise wurde Bischof Cyprian von Karthago in den Briefen, die der römische Klerus Mitte des 3. Jahrhunderts an ihn richtete, als Papst angesprochen. Wenn selbst in der Fachwelt von den römischen Bi-

Leo der Große, Bischof von Rom 440 bis 461, gilt als der erste wirkliche Papst. Gemälde von Francisco de Herrera el Mozo, 17. Jahrhundert

Das Wort Papst ist für den Bischof Marcellinus von Rom (links) erstmals nachweisbar. Darstellung von 1851

schöfen der ersten drei Jahrhunderte als Päpsten die Rede ist, handelt es sich um einen Anachronismus. Der 304 während der diokletianischen Verfolgung gestorbene Marcellinus ist der erste Bischof von Rom, für den der Titel Papst nachweisbar ist, und zwar auf einer ihm gewidmeten Inschrift des Diakons Severus in der Kallist-Katakombe. In der Folgezeit wurde das Wort Papst zur ausschließlichen Ehrenbezeichnung der Bischöfe von Rom, ohne dass sich damit bereits ein Anspruch auf die Oberherrschaft über die gesamte Kirche verband. Dazu bedurfte es noch der Ausprägung und Durchsetzung der Doktrin vom Papst als einzig legitimem Nachfolger des Petrus.

Obwohl in der Frühzeit der Kirche die großen Zentren des Christentums im Osten des Reichs lagen, kam Rom als Welthauptstadt und Ort des letzten Wirkens der Apostel Paulus und Petrus von Anfang an eine besondere Würdestellung zu. Tertullian von Karthago preist um 200 die Stadt glücklich, da hier Petrus und Paulus mit ihrem Märtyrerblut auch die Summe ihrer Lehre ausgeströmt hätten. Immer wieder zog es bedeutende Theologen aus dem Osten des Reichs nach Rom, um sich dort niederzulassen und mit ihren Lehren Anerkennung zu finden. Der sechste Kanon des Konzils von Nizäa (325), wo die althergebrachte Autorität der Bischöfe von Alexandria, Antiochia und Rom über die ihnen unterstehenden Kirchenprovinzen formell festgeschrieben wurde, spiegelt die Bedeutung Roms als eines der drei tonangebenden Bischofssitze im Reich wider.

In den Anfängen des Christentums war das Bischofsamt von Rom allerdings noch nicht mit besonderer Machtfülle versehen. Die Christen organisierten sich in der Ewigen Stadt lange Zeit in Form autonomer Hausgemeinden und christlicher Philosophenschulen, die sich der Eingliederung in eine hierarchische Kirchenstruktur entzogen. Erst ab der Mitte des 2. Jahrhunderts ging die Entwicklung dahin, dass sich der Bischof von Rom als Repräsentant und geistliches Oberhaupt der Mehrzahl der stadtrömischen Gläubigen verstehen konnte.

Vor dem Hintergrund des Kampfes gegen die Gnosis sprach zudem Irenäus von Lyon um 180 dem Bischof von Rom erstmals eine über die eigenen Kirchengrenzen hinausreichende Autorität zu. Irenäus verweist – historisch unzutreffend – auf die Gründung der Gemeinde durch die Apostel Petrus und Paulus und listet dann alle ihm bekannten römischen Bischöfe namentlich auf. Dies soll verbürgen, dass der am Ende der Liste stehende amtierende Bischof von Rom

der wahre Erbe der apostolischen Lehre und damit auch ihr autoritativer Verkünder ist. Da in Rom die von den Aposteln herkommende Tradition durch die Bischöfe bewahrt und weitergegeben worden sei, müssten sich die Gläubigen aus allen Orten dorthin wenden.

Irenäus räumte der Kirche Roms damit noch keine Vormachtstellung über die gesamte Christenheit ein, sondern betrachtete Ephesus im Osten als ebenso bedeutsamen Garanten der apostolischen Tradition. Mit der Betonung der unmittelbar auf Petrus wie Paulus zurückgehenden Rechtgläubigkeit der Kirche Roms und deren authentischer Bewahrung durch die Sukzession der römischen Bischöfe brachte Irenäus allerdings Gedanken hervor, die dem Anspruch Roms auf eine Führungsrolle förderlich waren.

Ein weiterer entscheidender Schritt auf diesem Weg war die Entwicklung der Petrusdoktrin. In den Evangelien sind zentrale Auftrags- und Verheißungsworte Jesu an Petrus überliefert, die ihm eine Vorrangstellung unter den Jüngern geben. Ausgerechnet Cyprian von Karthago, den ein über weite Strecken spannungsreiches Verhältnis mit dem Klerus von Rom verband, gestaltete die Petrusidee wesentlich. Cyprian prägte 251 in seiner Schrift „Über die Einheit der Kirche“ die Vorstellung der einen, vom Licht des Herrn durchfluteten Kirche. Ergänzend fügte er unter Berufung auf das Jesuswort von Petrus als Fels der Kirche (Mt 16,18) und das ihm zugewiesene Hirtenamt (Joh 21,17) hinzu, dass es auch nur ein einziges Episkopat (Bischofsamt) gebe, an dem jeder katholische Bischof in seinem Bereich teilhabe. Dies sei hingegen für die Bischöfe der Gegenkirchen nicht der Fall.

Eine Vorrangstellung Roms hatte Cyprian nicht im Sinn. Es ging ihm nicht zuletzt zur Stärkung seiner eigenen Position in den innerkirchlichen Auseinandersetzungen Kartha-

Auf die Apostel Petrus und Paulus beriefen sich diejenigen, die den römischen Bischof als wahren Verkünder der apostolischen Lehre sahen. Front eines Sarkophags aus dem 2. Jahrhundert

Ausgestaltung der Petrusidee durch Damasus und seine Nachfolger

Erstmals zweifelsfrei bezeugt ist die Vorstellung vom Primat des römischen Bischofs als Nachfolger des Petrus für Damasus. Auf ihn, der wesentlichen Anteil an der Entstehung des Papsttums hat, geht die Bezeichnung des Bischofssitzes von Rom als Apostolischer Stuhl zurück. Damasus, Bischof von 366 bis 384, war eine schillernde Figur, an der sich die Geister schieden. Nach dem Tod von Bischof Liberius zerfiel die römische Gemeinde in zwei Lager. Damasus konnte sich auf die Mehrheit der Gläubigen stützen und wurde in der Lateranbasilika zum neuen Bischof Roms geweiht. Eine Minderheit hielt ihn für untragbar und erhob Ursinus zum Gegenbischof. Danach kam es zu mehrwöchigen gewalttätigen Auseinandersetzungen. Mit Stöcken, Beilen und Schwertern bewaffnete Sympathisanten von Damasus stürmten schließlich die Liberiusbasilika, in der sich die Parteigänger des Ursinus verschanzt hatten. Dabei kamen etwa 150 Menschen ums Leben.

Im Jahr 371 strengte ein Jude namens Isaak auf Veranlassung von Anhängern des Ursinus ein Gerichtsverfahren gegen Damasus an. Dieser sollte sich wegen der Ermordung innerkirchlicher Gegner und der Bestechung kaiserlicher Beamter verantworten. Außerdem lautete die Anklage wohl auch auf Erbschleicherei. Damasus stand in engen Beziehungen zu vornehmen Frauen aus der römischen Oberschicht, die er um-

Damasus, römischer Bischof von 366 bis 384

gos darum, dass jeder Bischof der katholischen Kirche als legitimer Nachfolger des Petrus an dessen von Jesus empfangener Amtsvollmacht partizipiert. Allerdings hatte Cyprian damit unfreiwillig dem Führungsanspruch Roms den Weg geebnet. Es bedurfte nur noch des Beweises, dass allein der römische Bischof wirklicher Nachfolger des Petrus sei.

garnte und dazu bewegte, ihr Vermögen der Kirche zu vermachen. Dies brachte ihm den Spitznamen „Ohrlöffel der Matronen" ein. Das Gerichtsverfahren endete zwar mit einem Freispruch durch den Kaiser, doch musste sich Damasus noch lange Zeit gegen verleumderische Anschuldigungen verteidigen.

Damasus ließ sich wie hohe Staatsbeamte mit einer Kutsche durch Rom fahren und wurde in seinem Auftreten von vielen seiner Zeitgenossen als arrogant empfunden, war aber ein innovativer Denker und kreativer Gestalter auf dem römischen Bischofsstuhl. Auf dem Marsfeld ließ er die dreischiffige Basilica San Lorenzo in Damaso errichten. Im Bereich der Katakomben außerhalb der Stadtmauern erstreckte sich seine Bautätigkeit auf die architektonische Neugestaltung von Märtyrergräbern und die Überbauung von Grabanlagen mit Basiliken. Dies trug zur Intensivierung der Heiligenverehrung bei. Mit seinen Märtyrerepigrammen, welche die Heiligengräber zierten, schuf Damasus eine neue Form der christlichen Poesie. In mehreren Lehrschreiben, die auch im Osten breite Beachtung fanden, trat er entschieden für die Wesenseinheit der Trinität und das Festhalten am Bekenntnis von Nizäa ein, dessen Kernaussagen durch die kaiserliche Religionspolitik zunehmend aufgeweicht worden waren. Dem Bischof Petrus II. von Alexandria, der mit Billigung von Kaiser Valens sein Amt an den Arianer Lucius verloren hatte, gewährte Damasus in Rom Exil.

Kirchenpolitisch bemühte sich Damasus nach Kräften darum, den wachsenden Machtanspruch des Bischofs von Konstantinopel einzudämmen. Konstantinopel war zwar erst 330 eingeweiht worden, strebte aber als neue Reichshauptstadt einen Ehrenplatz in der bis dahin von den Bischofsstühlen Roms, Alexandrias und Antiochias dominierten kirchlichen Rangliste an. Das Ökumenische Konzil von Konstantinopel legte 381 fest, dass dem Bischof von Konstantinopel in der Kirche der zweite Rang nach dem Bischof von Rom gebühre, und begründete dies damit, dass Konstantinopel das neue Rom sei. Damasus attackierte diesen Konzilsbeschluss auf das Heftigste. Er hegte die nicht unberechtigte Befürchtung, dass Rom mit wachsender politischer Bedeutung Konstantinopels an zweite Stelle rutschen würde, und bemühte sich um eine theologische Begründung der Vormachtstellung Roms als Sitz des Apostels Petrus.

Bereits in seinen Märtyrerepigrammen hatte er den Führungsanspruch Roms innerhalb der Christenheit mit dem Wirken des Petrus und Paulus in der Ewigen Stadt begründet und dabei auf die Verheißungsworte Jesu an Petrus verwiesen. Als Reaktion auf den Konzilsbeschluss von Konstantinopel verabschiedete eine 382 in Rom abgehaltene Synode die Lehre von den drei kirchlichen Petrusstühlen, um die Machtansprüche Konstantinopels abzuwehren. Als Petrusstühle galten neben Rom, wo Petrus begraben liege, noch Alexandria, wo sein Schüler Johannes Markus gewirkt habe, und Antiochia, wo Petrus lange gepredigt habe. Rom wurde dabei eine Sonderstellung beigemessen, da allein der Bischof Roms in unmittelbarer Nachfolge Petri stehe und an dessen auf göttlicher Anordnung beruhender Vorrangstellung teilhabe. Konstantinopel dagegen könne kein Petrusstuhl sein, da die Stadt erst von Kaiser Konstantin gegründet wurde und kein Schauplatz des geschichtlichen Wirkens von Petrus war.

In den kirchenpolitischen Rangstreitigkeiten mit Konstantinopel erreichte Damasus wenig, doch wurde der Führungsanspruch Roms nun klar formuliert und theologisch untermauert. Damasus bahnte damit eine Entwicklung an, die bald zu einer Verfestigung der römischen Petrusdoktrin führte und zunehmende Versuche mit sich brachte, ihr in der Praxis Geltung zu verschaffen. Damasus wird auch in dem berühmten Edikt „Cunctos Populos" (An alle Völker) erwähnt, mit dem Theodosius I. im Jahr 380 das Christentum faktisch zur neuen Staatsreligion im Römischen Reich erhob. In dem Edikt erklärte der Kaiser die Beschlüsse des Konzils

Unter Theodosius I. wurde das Christentum zur Staatsreligion. Sein Antlitz ziert diese byzantinische Münze aus dem 4. Jahrhundert.

von Nizäa, zu denen sich „der Pontifex Damasus“ und Bischof Petrus von Alexandria bekannten, zum verbindlichen Dogma für alle Reichsbewohner.

Im Sinne dieser Verfügung erließ Theodosius I. bald eine Reihe von Gesetzen gegen die heidnischen Kulte. Zunächst wurden blutige Opfer und die Haruspizien, die Zukunftsschau aus den Eingeweiden geopferter Tiere, unter Strafe gestellt. Im Jahr 391 erging ein Erlass an den römischen Stadtpräfekten, alle Opferhandlungen der heidnischen Religionen und das Betreten heidnischer Tempel zu unterbinden. Zudem duldete der Staat im gesamten Reich die Zerstörung heidnischer Kultstätten durch fanatische Christen.

Damasus' Nachfolger Siricius versandte als erster römischer Bischof Dekretale, in Urkundenform gefasste und im Befehlston kaiserlicher Anordnungen gehaltene Briefe. Damit verlieh er dem Anspruch Roms Ausdruck, zumindest im lateinischsprachigen Westen des Reichs die oberste Gerichtsinstanz in kirchlichen Streitfällen und Lehrfragen zu sein. Bischof Innozenz, in dessen Amtszeit von 401 bis 417 die erste Eroberung Roms durch die Goten fällt, versuchte die Vormachtstellung Roms im Westen unter Berufung auf die Petrusdoktrin auszubauen. Petrus repräsentiere den Ursprung und die Einheit der Kirche. Seine Tradition werde von der römischen Kirche treu bewahrt, welche damit als einzige apostolische Gründung im Westen die Befolgung ihrer Rechtsgrundsätze verbindlich machen könne. Doch auch hier blieb die kirchliche Praxis zunächst hinter der Idee zurück. Die selbstbewussten Kirchen Galliens, Spaniens und Nordafrikas waren nicht gewillt, Rom bedingungslos zu folgen.

Der Nestorianische Streit und das Dritte Ökumenische Konzil von Ephesus

Während im 4. Jahrhundert der Osten des Reichs durch den Arianischen Streit in Atem gehalten wurde, tobte im 5. Jahrhundert der für den inneren Frieden nicht minder bedrohliche Nestorianische Streit, in den Rom früh involviert war. Konsens aller Streitparteien war die christologische Kernaussage des Bekenntnisses von Nizäa und Konstantinopel, dass Christus als zweite Person der Trinität wesenseins mit Gott sei. Auf dieser Grundlage drehte sich der nächste Streit darum, inwieweit neben der göttlichen Seite noch eine volle menschliche Seite in Christus angenommen werden darf.

Was wie eine abgehobene und weltferne theologische Diskussion wirkt, hat die Menschen auf den Straßen zutiefst bewegt, da es um den Erlösungsglauben ging. Für die einen war Christus nur als Erlöser der gottfernen Welt und sündigen Menschen denkbar, wenn er bei aller Wesensgleichheit mit Gott doch auch ein wirklicher Mensch war. Für die anderen kam alles auf die Gottheit Christi an, weil sie sich die Erlösung als Vergottung vorstellten, bei der die sterbliche Natur des Menschen durch die im Abendmahl bewirkte Teilhabe an dem gottgleichen Erlöser verwandelt wird. Die erbitterten dogmatischen Auseinandersetzungen gewannen durch die schon länger schwelenden Machtkämpfe zwischen den Kirchen Alexandrias, Antiochias, Konstantinopels und Roms zusätzlich an Schärfe.

Die Kontroverse entbrannte, als Nestorius 428 zum Bischof von Konstantinopel geweiht wurde. Kaiser Theodosius II. hatte den rhetorisch wie theologisch hochgebildeten Mönch aus Antiochia in die Reichshauptstadt geholt. Dort machte er sich als religiöser Eiferer und sittenstrenger Moralwächter schnell Feinde. Zudem rief er dadurch Missfallen unter den Gläubigen hervor, dass er in seinen Predigten Kritik an dem beliebten Marienprädikat „Gottesgebärerin" übte.

Die Christologie Antiochias unterschied streng zwischen der göttlichen und menschlichen Natur Christi. Als sich bei der Fleischwerdung Christi das Göttliche mit dem Menschlichen verband, sei die menschliche Natur intakt geblieben. Maria habe den Menschen Jesus geboren. In der Verehrung Marias als Gottesmutter sah Nestorius die Gefahr, Jesus als reines Gottwesen zu betrachten, und trat stattdessen für den Titel „Christusgebärerin" ein. Dabei hatte er allerdings die Emotionen der Marienfrömmigkeit und die kirchenpolitische Dimension der Streitfrage unterschätzt.

Die Gegner des Nestorius sorgten dafür, dass Abschriften seiner umstrittenen Predigten nach Alexandria und Rom gelangten. Zwischen den Kirchen beider Städte hatte eine Eiszeit geherrscht, nachdem Bischof Theophilus von Alexandria 403 auf der sogenannten Eichensynode mit mehr als zweifelhaften Methoden die Exkommunikation und Verbannung des auch in Rom beliebten Konstantinopler Bischofs Johannes Chrysostomus durchgesetzt hatte. Nun aber sahen Kyrill von Alexandria und Coelestin von Rom, denen das Machtstreben der Kirche von Konstantinopel und deren Einfluss am Kaiserhof schon länger ein Dorn im Auge waren, die Chance zur eigenen Profilierung. Sie schmiedeten ein Bündnis gegen Nestorius, das ihn zu Fall bringen sollte.

Bischof Nestorius von Konstantinopel, Wandmalerei in der St.-Demetrius-Kirche im mazedonischen Markova Sušica

Bischof Coelestin beauftragte den in einem Kloster nahe Marseille lebenden Mönch Cassian, als Kenner des Orients die in Rom vorhandenen Predigten des Nestorius einer theologischen Begutachtung zu unterziehen. Zudem

Obwohl der Nestorianismus auf dem Konzil von Ephesus zur Häresie erklärt wurde, verbreitete sich die Strömung über die Seidenstraße nach Osten. Wandmalereien unter anderem in der alten Oasenstadt Chotscho (Gaochang) im Norden der Wüste Taklamakan aus dem 7. bis 8. Jahrhundert zeugen von dem christlichen Glauben: Prozession nestorianischer Priester am Palmsonntag.

wandte er sich nach Alexandria, um sich von Kyrill die Lehren des Nestorius erläutern zu lassen. Einen Brief des Nestorius, in dem dieser schon Ende 428 Rom über den Konflikt informiert und um Unterstützung für seine Position geworben hatte, ließ Coelestin zunächst unbeantwortet. Kyrill, der eine skrupellose Machtpolitik betrieb und einen rücksichtslosen Kampf gegen Andersdenkende führte, war 412 als Nachfolger seines Onkels Theophilus auf den Bischofsstuhl Alexandrias gerückt. Die alexandrinische Christologie warf den Antiochiern ein dualistisches Christusbild vor und betonte die Einheit der beiden Naturen in Christus, wobei die menschliche Natur von der göttlichen Natur beinahe bis zur Unkenntlichkeit umschlungen werde. Kyrill sprach von einer physischen Einigung der beiden Naturen in der einen Seinsform Christi, sodass auch die Lebensäußerungen des Menschen Jesus dem göttlichen Logos zuzuschreiben seien.

Im Frühjahr 430 übersandte Kyrill dem römischen Bischof sein Antwortschreiben, das schwerste Anklagen gegen Nestorius erhob und dem ein umfassendes Dossier über dessen vermeintliche Irrlehren beigefügt war. Auf der Grundlage des vorliegenden Materials verdammte eine im August 430 in Rom einberufene Synode die Lehren des Nestorius. Dieses Urteil wurde in einer Reihe von Briefen allen bedeutsamen Bischofssitzen des Ostens zur Kenntnis gebracht. Kyrill von Alexandria wurde bevollmächtigt, im Osten für die Durchsetzung des römischen Synodenbeschlusses Sorge zu tragen. Zudem richtete Coelestin endlich auch ein längeres Antwortschreiben an Nestorius, dem er in scharfem Tonfall eine Reihe von Gotteslästerungen vorwarf.

Nestorius hatte allerdings in Konstantinopel weiterhin einen Großteil der Gläubigen auf seiner Seite und konnte Kaiser Theodosius II. zur Einberufung eines Ökumenischen Konzils in Ephesus bewegen, das den dogmatischen Streitigkeiten ein Ende setzen sollte. Dort wurde Nestorius unter skandalösen Begleitumständen als Häretiker verurteilt: Während sich die Nestorius unterstützende Delegation aus Antiochia wie auch die römischen Abgesandten noch auf dem Weg nach Ephesus befanden, eröffnete Kyrill am 21. Juni 431 gegen den Willen des kaiserlichen Beauftragten Kandidian das Konzil auf eigene Faust und setzte am nachfolgenden Tag die Verurteilung des Nestorius wegen gottloser Lehren durch. In dem schriftlichen Urteil wurde er als neuer Judas bezeichnet.

Die mit vier Tagen Verspätung eingetroffenen Antiochier sahen sich vor vollendete Tatsachen gestellt und hielten aus Verärgerung ein eigenes Konzil ab, das im Gegenzug die Lehren Kyrills verwarf. Als Anfang Juli schließlich auch die römische Delegation Ephesus erreichte, nahm sie an dem von Kyrill geleiteten Konzil teil und stimmte nach Einsichtnahme in die Sitzungsprotokolle der Absetzung des Nestorius zu. Aus römischer Sicht hatte das Konzil ohnehin nur ein Urteil bestätigt, das Bischof Coelestin bereits im Jahr zuvor gefällt hatte.

Kaiser Theodosius II., der zunächst auf der Seite seines Hofbischofs Nestorius gestanden hatte, erkannte nach einigem Hin und Her schließlich allein die unter Kyrill abgehaltene Synode als rechtmäßig an. Nestorius war damit offiziell verurteilt und wurde später nach Ägypten verbannt, wo er 451 verstarb. Seine Lehre hingegen erfuhr durch die Unionsformel von Antiochia, die Kaiser Theodosius II. 433 zur Wiederherstellung des Religionsfriedens erließ, ein Stück weit eine Rehabilitierung. Diese auch von Kyrill unterzeichnete Glaubensformel billigte einerseits die Verehrung Marias als Gottesgebärerin, sprach aber andererseits von Christus als vollkommenem Gott und vollkommenem Menschen, wobei sich beide Naturen unvermischt vereinigten.

Vertiefung der Petrusdoktrin durch Leo und Eutychianischer Streit

Leo von Rom, Bischof von 440 bis 461, der aus einer vornehmen und reichen Familie stammte, untermauerte den auf der Petrusdoktrin basierenden Anspruch des römischen Bischofs auf eine gesamtkirchliche Vorrangstellung mit neuen Argumenten und vermochte ihn zumindest im Westen auch in die Praxis umzusetzen. Mit ihm begegnet uns der erste eigentliche Papst.

Der Bischof von Rom tritt nach Leos Lehre unmittelbar in das von Christus gestiftete Petrusamt ein und übernimmt damit alle Rechte und Pflichten dieses Erbes. Gleichzeitig übertrug Leo die alte Vorstellung, dass das ewige Rom Mittelpunkt der Erde und Quelle des Friedens sei, von der politischen auf die kirchliche Ebene. Wie das politische Rom das Haupt der Welt ist, so sei das kirchliche Rom das Haupt der Christenheit. In der Praxis versuchte Leo den Primatsanspruch, dass der Bischof von Rom als Petrusnachfolger für den religiösen Frieden in der gesamten Kirche verantwortlich ist, durch sein autoritatives Auftreten in Lehrstreitigkeiten durchzusetzen. Im Westen brachte er im Gegensatz zu seinen Vorgängern die Bischöfe Galliens, Spaniens und Nordafrikas dazu, Rom in Streitfällen als oberste Entscheidungsinstanz anzuerkennen. Dem Osten vermochte Leo dagegen nicht seinen Willen aufzuzwingen, obwohl er bei den Auseinandersetzungen um Eutyches von allen Konfliktparteien umworben wurde und sich als erster römischer Bischof erfolgreich in eine theologische Debatte der griechischsprachigen Kirche einschaltete.

Eutyches war Abt des Hiobklosters in Konstantinopel. Er spitzte den Kampf gegen die Christologie des Nestorius zu und behauptete in Widerspruch zu der Unionsformel von 433, bei der Menschwerdung des Erlösers habe die göttliche Natur die menschliche Natur Jesu vollständig und bis zur Unkenntlichkeit in sich aufgesogen. Wegen dieser radikalen Ein-Naturen-Lehre (Monophysitismus) wurde er 448 von einer Synode unter Vorsitz des Bischofs Flavian von Konstantinopel als Irrlehrer verurteilt. Eutyches fand sich mit dem Urteil nicht ab und wandte sich hilfesuchend an die Bischöfe verschiedener Kirchen, darunter Dioskur von Alexandria und Leo von Rom. Zudem erreichte Eutyches dank seiner guten Kontakte zum Hof, dass sogar Kaiser Theodosius II. persönlich in einem Brief nach Rom Partei für ihn ergriff.

Bischof Leo wollte allerdings kein Urteil fällen, ohne sich ein eigenes Bild von der Sache gemacht zu haben, und ließ sich von Flavian eine Abschrift des Synodalurteils zusenden. Als sich bald darauf die Anzeichen verdichteten, dass der Kaiser auf Betreiben Dioskurs eine Reichssynode zur Rehabilitierung des Eutyches plante, richtete auch Flavian von

Leo I. habe Attila, den Hunnenkönig, im Jahr 452 zum Abzug von Rom bewogen, erzählen die Quellen. Holzstich nach einer Zeichnung von Heinrich Leutemann um 1864

Konstantinopel ein Hilfegesuch nach Rom, in dem er die Gründe für die Verurteilung des Eutyches nochmals ausführlich erläuterte und Leo um eine unterstützende Stellungnahme bat. Leo verfasste daraufhin einen Lehrbrief, in dem er klar für eine christologische Zwei-Naturen-Lehre eintrat, damit einen Positionswechsel Roms in Richtung des Nestorianismus vollzog und auf Konfrontationskurs mit der Kirche von Alexandria ging. In der einen Gestalt Christi seien sowohl die Menschheit als auch die Gottheit unversehrt und unverändert präsent. Während die göttliche Natur die Wundertaten und die Auferstehung bewirkt habe, sei mit der menschlichen Natur das Leiden und Sterben Christi verbunden.

Die Räubersynode von Ephesus und das Konzil von Chalcedon

Dioskur war 444 zum Bischof von Alexandria geweiht worden. In der Wahl seiner Mittel und der Skrupellosigkeit seines Handelns war er aus demselben Holz wie sein Vorgänger Kyrill geschnitzt. Die Verurteilung des Eutyches durch Flavian von Konstantinopel betrachtete Dioskur als offene Kampfansage an die alexandrinische Theologie. Er erreichte durch seine guten Kontakte zum kaiserlichen Hof, dass Theodosius II. 449 zur Klärung des Konflikts ein Ökumenisches Konzil in Ephesus einberief und ihn selbst zum Vorsitzenden bestimmte. Leo ließ sich von Delegierten vertreten, wie es auch bei den vorangegangenen Konzilien vom jeweils amtierenden römischen Bischof gehandhabt worden war.

Diese führten neben dem Lehrschreiben Leos an Flavian einen weiteren Brief mit sich, in dem Leo unter Verweis auf seine Autorität als Nachfolger des Petrus die Konzilsteilnehmer zur Verdammung der eutychianischen Lehren aufforderte. Keines der beiden Dokumente wurde auf dem Konzil verlesen. Dioskur gelang es unter rücksichtsloser Ausnutzung seiner Machtstellung, dass Eutyches rehabilitiert wurde und zahlreiche antiochenische Theologen, darunter auch Flavian von Konstantinopel, ihr Bischofsamt verloren. Bewaffnete Mönche und Laienbrüder sorgten mit Unterstützung kaiserlicher Wachsoldaten dafür, dass Gegenstimmen nicht zu Wort kamen und die überwältigende Mehrheit der Konzilsteilnehmer ihre Unterschrift unter das Urteil setzte. Flavian von Konstantinopel starb bald danach an den Folgen der körperlichen Misshandlungen, die er auf dem Konzil erlitten hatte.

Erst das Ökumenische Konzil von Chalcedon, mit dem das neue Kaiserpaar Pulcheria und Markian einen Kompromiss zwischen den verfeindeten Lagern anstrebte, brachte 451 die Wende. Das Konzil erteilte dem radikalen Monophysitismus des Eutyches eine klare Absage. Dioskur von Alexandria wurde ebenfalls als Irrlehrer verurteilt und verlor sein Bischofsamt. Sowohl der in Richtung des Nestorianismus tendierende Lehrbrief Leos als auch die gegen Nestorius gerichteten Synodalbriefe Kyrills wurden als rechtmäßige Erläuterungen des Glaubensbekenntnisses von Nizäa und Konstantinopel anerkannt.

Zudem verabschiedete das Konzil ein neues Glaubensbekenntnis, das einerseits in Abgrenzung von den Lehren des Nestorius von Maria als Gottesgebärerin spricht, andererseits mit Blick auf Christus eine Zwei-Naturen-Lehre festschreibt. Jesus Christus ist wahrhaft Gott und wahrhaft Mensch, „in zwei Naturen unvermischt, unverwandelt, ungetrennt, ungesondert erkannt, wobei keineswegs die Verschiedenheit der Naturen um der Einung willen aufgehoben wird, sondern die Eigentümlichkeit einer jeden Natur erhalten bleibt und sich zu einer Person und einer Seinsweise (Hypostase) verbindet".

Bischof Leo von Rom, der sich auch in Chalcedon durch Delegierte vertreten ließ, hatte mit der Erhebung seines Lehrbriefs zur amtlichen Bekenntnisurkunde auf ganzer Linie gesiegt. In den Triumph mischte sich allerdings ein Wermutstropfen. Die römische Kirche musste hinnehmen, dass im 28. Kanon des Konzils dem Bischof von Konstantinopel nun die gleichen Ehrenrechte zugeschrieben wurden wie dem Bischof von Rom, auch wenn er weiterhin hinter diesem nur an zweiter Stelle rangierte.

Das feierlich in Gegenwart des Kaiserpaares verkündigte Bekenntnis von Chalcedon sollte Frieden schaffen, wurde aber von den Anhängern Dioskurs als Niederlage empfunden. In den Kirchen des Orients fanden daher die Beschlüsse von Chalcedon kaum Akzeptanz und wurden durch neuerliche Kapriolen in der kaiserlichen Religionspolitik bald aufgeweicht. Angesichts der Proteste und Aufstände gegen die im Bekenntnis von Chalcedon verordnete Glaubenseinheit erließ Kaiser Zeno 482 ein vom Konstantinopler Bischof Acacius entworfenes Einigungsdokument (Henotikon), das die monophysitischen Gläubigen des Orients besänftigen sollte und die Beschlüsse von Chalcedon faktisch außer Kraft setzte. Im Gegenzug kündigte Rom dem Osten die Kirchengemeinschaft. Dieses erste Schisma zwischen Westkirche und Ostkirche währte fast 40 Jahre lang, bis Kaiser Justin 519 auf Druck Roms das Henotikon wieder zurücknahm.

Das Konzil von Chalcedon 451 auf einer Darstellung aus dem 19. Jahrhundert

Von der Spätantike in die Gegenwart

In Rom tagt das Erste Vatikanische Konzil. Der 18. Juli 1870 wird für Papst Pius IX. zum Tag des Triumphs. Die breite Mehrheit der Delegierten votiert für das Lehrdokument „Pastor Aeternus", das die Unfehlbarkeit des Papstes bei Entscheidungen in Glaubens- und Sittenfragen festschreibt. Die erbittert geführte Debatte im Vorfeld hatte die Konzilsteilnehmer in zwei Lager gespalten. Etliche Bischöfe umgingen elegant die Entscheidung, indem sie das Konzil vor der entscheidenden Abstimmung verließen und aus Rom abreisten. Bei der feierlichen Verkündigung des Unfehlbarkeitsdogmas zieht ein gewaltiges Gewitter über dem Petersdom auf. Die einen betrachten die rollenden Donner und hell zuckenden Blitze als Zeichen für Gottes Wohlgefallen über das neue Dogma, die anderen sehen darin einen Ausdruck des himmlischen Zorns. In Deutschland, Österreich und der Schweiz entstehen aus Protest gegen den Konzilsbeschluss bald altkatholische Kirchen. Nach der Sommerpause muss sich das Konzil aufgrund der politischen Entwicklungen in Europa auf unbestimmte Zeit vertagen und wird niemals weitergeführt. Vor dem Einmarsch der italienischen Regierungstruppen in Rom und der Zerschlagung des Kirchenstaats vermag den Papst jedoch auch die neu gewonnene Unfehlbarkeit nicht zu schützen.

Zerfall und Untergang des Weströmischen Reichs

Kaiser Theodosius I., der die paganen Kulte endgültig verbot und das Christentum zur Staatsreligion erhob, war der letzte Alleinherrscher über das Römische Reich. Mit seinem Tod kam es zur Herrschaftsteilung zwischen einem Kaiser des Westens und des Ostens, wie es sie seit den Tagen Diokletians immer wieder gegeben hatte. Anders als in früheren Zeiten zerfiel aber das Reich nun faktisch in zwei Teile, auch wenn man grundsätzlich am Gedanken der Reichseinheit und der gemeinsamen Regierungsverantwortung beider Kaiser über das Gesamtreich festhielt.

Die weitere Geschichte des Westreichs ist durch einen rapiden Niedergang der römischen Herrschaft gekennzeichnet, der mit massiven territorialen Einschnitten und einer akuten Gefährdung des italischen Kernlands einherging. Mit den Goten, Hunnen und Vandalen waren den Römern machtvolle Nachbarn und Konkurrenten erwachsen. Als dem Gotenkönig Alarich im Jahr 410 die Eroberung des vermeintlich ewigen Roms gelang, wurde von Zeitgenossen wie dem Kirchenvater Hieronymus der Untergang der Welt beschworen. Das Weströmische Reich war durch

1929 regelten die Lateranverträge die Staatlichkeit des Vatikans. Zum Staat Vatikanstadt gehören unter anderem der Petersdom, der Petersplatz und die Vatikanischen Museen. Blick auf den Petersdom

Krönung Karls des Großen durch Papst Leo III. im Jahr 800, Buchmalerei aus den „Grandes Chroniques de France“ um 1450

äußere Bedrohung und innere Konflikte in seiner Substanz derart geschwächt, dass sein Ende nicht mehr aufzuhalten war.

Im Laufe des 5. Jahrhunderts gingen Britannien, Gallien, Spanien, Nordafrika und die Donauprovinzen verloren. Im Jahr 455 wurde Rom erneut zum Opfer der Eroberung. Dieses Mal fielen die Vandalen ein, die unter Geiserich in Nordafrika ein Reich mit Karthago als Zentrum errichtet hatten. Der letzte weströmische Kaiser Romulus Augustulus befand sich noch im Kindesalter, als er 476 von dem germanischen Heerführer Odoaker abgesetzt wurde, der sich als von Kaiser Zeno legitimierter Verwalter des Westreichs verstand. Der in Konstantinopel residierende Zeno war damit auf dem Papier zwar Herrscher über das Gesamtreich, hatte aber über dessen Westgebiete im Prinzip keinerlei Macht.

Mit der Herrschaft des formell ebenfalls als Stellvertreter des byzantinischen Kaisers regierenden Gotenkönigs Theoderich über Italien war 493 der Untergang des Weströmischen Reichs besiegelt. Unter Kaiser Justinian gelang es zwar, die Gotenherrschaft zu beseitigen und das westliche Mittelmeergebiet wieder zu einem Bestandteil des Römischen Reichs zu machen, doch fielen schon 568 die Langobarden in Italien ein. Allerdings gelang ihnen nicht die Einnahme Roms, das unter byzantinischer Herrschaft blieb, bis 774 durch Karl den Großen eine neue Epoche eingeleitet wurde. Das Papsttum geriet nun unter den Einfluss der fränkischen und ottonischen Kaiser.

Der Bruch Roms mit der Ostkirche

Die Jahrhunderte nach dem Konzil von Chalcedon waren durch eine wachsende Entfremdung zwischen den Kirchen Roms und Konstantinopels gekennzeichnet. Die Außerkraftsetzung des Bekenntnisses von Chalcedon durch Kaiser Zeno hatte dazu geführt, dass Rom dem Osten die Kirchengemeinschaft aufkündigte. Kaiser Justin, der seit 518 die Herrschaft über das Oströmische Reich innehatte, leitete unter Mitwirkung seines

Neffen und Thronfolgers Justinian einen radikalen Wandel in der Religionspolitik ein. Mit der Rückkehr des Ostens zum Bekenntnis von Chalcedon wurde das nahezu 40-jährige Schisma zwischen den Kirchen Roms und Konstantinopels beendet.

Im 7. Jahrhundert entzündeten sich an der Frage, ob Christus allein einen göttlichen oder daneben auch einen menschlichen Willen habe, neue Konflikte. Rom und das Papsttum standen in dieser Zeit unter byzantinischer Herrschaft. Kaiser Heraclius hatte 638 durch ein Edikt die Lehre vom allein göttlichen Willen Christi festschreiben lassen, was im Westen als Widerspruch zur unvermischten Einung von göttlicher und menschlicher Natur in Christus gesehen wurde, wie sie das Bekenntnis von Chalcedon lehrt. Sein Enkel Konstans II. versuchte Frieden zu schaffen, indem er die Verwendung der Begriffe Wirksamkeit und Wille im Zusammenhang mit Christus einfach verbot.

Papst Martin nahm dies nicht hin und sorgte unter Einfluss des Bekenners Maximus dafür, dass ein römisches Laterankonzil 649 die Lehre von den zwei Willen Christi festschrieb und den Konstantinopler Patriarchen exkommunizierte. Daraufhin verbannte Kaiser Konstans II. den Papst auf die Krim und ließ Maximus die Zunge sowie die rechte Hand abschneiden. Auf dem ökumenischen Konzil von Konstantinopel fanden beide Kirchen 680 wieder eine gemeinsame Glaubensgrundlage und verständigten sich auf die Lehre von den zwei Willen Christi. Allerdings wurde der Frieden schnell wieder brüchig, als 692 ein neuerliches Konzil in Konstantinopel dogmatische und kirchenpolitische Beschlüsse fasste, die in Rom auf Ablehnung stoßen mussten. Dazu zählte eine weitere Aufwertung der innerkirchlichen Würdestellung des Bischofssitzes von Konstantinopel, das Rom politisch längst den Rang abgelaufen hatte und mit der unter Justinian errichteten Hagia Sophia nun den prächtigsten Kirchenbau der antiken Welt aufwies.

Zu weiteren Spannungen zwischen der Kirche Roms und dem Kaiserhof in Konstantinopel kam es im Zuge des Streits um die in der Volksfrömmigkeit beliebte, von Bischöfen aber vielfach als Götzendienst kritisierte Verehrung bildlicher Darstellungen Christi und der Heiligen. Kaiser Leo III. verfügte 730 ein Bilderver-

Die im 6. Jahrhundert errichtete Hagia Sophia wurde nach der Eroberung Konstantinopels durch die Osmanen 1453 zur Moschee umgestaltet.

bot und ließ in großem Umfang Christusbilder wie auch Heiligenbilder zerstören. Eine römische Synode unter Papst Gregor III. verurteilte dies scharf, wobei sich theologische Motive mit zunehmendem Protest gegen die Abhängigkeit der römischen Kirche vom byzantinischen Kaiserhof vermischten. Beendet wurde der Bilderstreit 843 durch eine Synode in Konstantinopel, die das 787 vom ökumenischen Konzil in Nizäa auf Betreiben von Kaiserin Irene festgelegte Dogma der Bilderverehrung bekräftigte und ihm zur bis heute gültigen Akzeptanz in den orthodoxen Kirchen verhalf.

Im 11. Jahrhundert erreichten die Spannungen zwischen Rom und Konstantinopel einen neuen Höhepunkt. Verantwortlich dafür waren Rivalitäten um den Einfluss über Süditalien, Sizilien und Illyrien, wo sich die Machtansprüche beider Kirchenzentren kreuzten. Der Konflikt eskalierte, als Papst Leo IX. den Versuch unternahm, mithilfe des byzantinischen Kaisers die in Süditalien eingedrungenen Normannen zu vertreiben, und der Konstantinopler Patriarch Michael Kerullarios dagegen opponierte. Hinzu kamen dogmatische und liturgische Differenzen. Besonders heftig wurde darüber gestritten, ob die Eucharistie nach römischer Praxis mit ungesäuertem Brot oder nach byzantinischer Praxis mit gesäuertem Brot gefeiert werden sollte.

Im Jahr 1054 reiste eine römische Gesandtschaft unter Führung des päpstlichen Legaten Humbert in den Osten und legte eine Bannbulle gegen den Patriarchen von Konstantinopel und dessen Gesinnungsgenossen auf den Altar der Hagia Sophia. Im Gegenzug berief Michael Kerullarios mit Billigung des Kaisers eine Synode ein, die ihrerseits den Bannfluch über Humbert und seine Begleiter verhängte. Die Zeitgenossen maßen diesen Vorgängen keine allzu große Bedeutung bei, da sie an Zerwürfnisse zwischen beiden Kirchenzentren gewohnt waren. Der weitere Verlauf der Geschichte sollte aber zeigen, dass anders als bei früheren Auseinandersetzungen nun ein irreparabler Bruch eingetreten war, der sich nicht mehr kitten ließ.

Rom im 16. Jahrhundert

Vermutlich im Spätsommer 1511 machte sich der Augustinermönch Martin Luther aus Wittenberg auf den Weg nach Rom und traf dort im Laufe des Oktobers nach mehrwöchigem Fußmarsch ein. Luther erlebte eine dynamische Stadt im Umbruch. Seitdem unter Papst Sixtus IV. die Renaissance Einzug gehalten hatte, glich Rom einer Großbaustelle. An allen Ecken und Enden waren Architekten, Bauarbeiter, Steinmetze und Maler am Werk. Neue Straßenzüge, prachtvolle Kirchenbauten und pompöse Kardinalspaläste schmückten das Stadtbild. Im Vatikan wurde im August 1483 die nach dem Papst benannte Sixtinische Kapelle eingeweiht. Auch die im Norden der römischen Altstadt an der Porta Flaminia gelegene Basilika Santa Maria del Popolo, in deren Augustinerkonvent Luther Quartier nahm, zählte zu den von Sixtus IV. in Auftrag gegebenen Neubauten.

Luthers Romreise fiel in die Zeit von Julius II., Papst von 1503 bis 1513, der Michelangelo mit der Ausmalung der Decke der Sixtinischen Kapelle beauftragte und durch seine ambitionierten Bauprojekte Sixtus IV. noch in den Schatten stellte. Unter ihm erreichte der römische Kirchenstaat, der 756 durch die Pippinische Schenkung begründet worden war, seine größte Ausdehnung und Macht. Die Päpste waren längst nicht nur Oberhäupter der Kirche, sondern auch Territorialherrscher, die sich in der Art der Herrschaftsausübung und Machtentfaltung kaum von den Königen und Kaisern ihrer Zeit unterschieden.

Im Mittelpunkt einer Pilgerfahrt nach Rom stand schon zu Luthers Zeiten traditionell der Besuch der sieben Pilgerkirchen. Hatte man diese an einem Tag aufgesucht, wurde Ablass von den Sünden gewährt. Die exakte Route war nicht streng vorgeschrieben. Der Pilgerweg startete wohl an der Basilika San Paolo fuori le Mura und zog sich über San Sebastiano fuori le mura und San Giovanni in Laterano zu Santa Croce in Gerusalemme hin. Danach führte die Route über San Lorenzo fuori le mura im Norden zurück in die Stadt zu Santa Maria Maggiore, um schließlich im Petersdom, der Basilika San Pietro in Vaticano, ihren Abschluss und Höhepunkt zu finden. In den Jahrzehnten nach Luthers Romreise geriet der Besuch der sieben Pilgerkirchen aus der Mode, bevor der Ritus im späten 16. Jahrhundert wiederbelebt wurde.

Den Petersdom erlebte Luther nur als Großbaustelle. Papst Julius II. hatte einen monumentalen Neubau der aus konstantinischer Zeit stammenden Kirche verfügt. Die Grundsteinlegung für den neuen Petersdom, von dem in den Tagen von Luthers Rombesuch allerdings noch nicht viel zu sehen war, erfolgte am 18. April 1506. Aufgrund von Finanzierungsengpässen, Reformationswirren, Kriegen und Plünderungen verzögerte sich der Bau erheblich und konnte erst 1626 zum Abschluss gebracht werden. Im Veronikapfeiler, der direkt über dem Grundstein des Prachtbaus errichtet wurde, fand mit dem Schweißtuch der Veronika die kostbarste und beliebteste Passionsreliquie der römischen Kirche dauerhaft ihre neue Heimat. Zuvor war sie in einer Seitenkapelle des alten Petersdoms aufbewahrt worden, bis auch diese in der Endphase der Bauarbeiten am neuen Gotteshaus dem Abriss zum Opfer fiel.

Der Legende nach soll sich das Antlitz Jesu in das Tuch eingeprägt haben, als Veronika es in Jerusalem dem Herrn auf dem Weg zur Kreuzigung reichte, damit dieser sich den Schweiß und das Blut aus dem Gesicht wischen konnte. Irgendwann im Mittelalter gelangte das Tuch aus dem Osten nach Rom und wurde im 13. Jahrhundert von Papst Innozenz III. zur authentischen Passionsreliquie erklärt. Das Tuch zog in den nachfolgenden Jahrhunderten Millionen von Pilgern in seinen Bann, die in die Ewige Stadt kamen, um das Antlitz des Herrn zu schauen, Veronika zu verehren und dadurch Ablass von den Sünden zu erlangen.

Der Vatikanstaat

Im Frühjahr 1861 kam die nationale Einigung Italiens unter Führung des Hauses Savoyen zum vorläufigen Abschluss. Vittorio Emanu-

Die heilige Veronika mit dem Schweißtuch Jesu, Gemälde des Meisters von Flémalle aus dem 15. Jahrhundert

ele II. wurde von den neu gewählten Volksvertretern in Turin feierlich zum Herrscher des Königreichs Italien ausgerufen, das die Staatsform einer konstitutionellen Monarchie hatte. Der durch Napoleon säkularisierte und auf dem Wiener Kongress 1815 wiederhergestellte Kirchenstaat, der sich über weite Teile Italiens erstreckt hatte, war nun auf Rom und Latium zusammengeschrumpft. Die Entstehung des italienischen Nationalstaats vollzog sich gegen den Willen von Papst Pius IX., der 1870 schließlich den Verlust Roms an das Königreich Italien und die vollständige Auflösung des Kirchenstaats hinnehmen musste.

Frankreich war seit Juli 1870 in den Krieg mit Preußen verstrickt und konnte seine Aufgabe als Schutzmacht des Kirchenstaats nicht länger wahrnehmen. Napoleon III. zog die französischen Truppen aus Rom ab. Die mit dem Ersten Vatikanischen Konzil verbundenen Entwicklungen führten zur völligen politischen Isolation der römischen Kurie. Diese hatte die Hoffnung gehegt, dass niemand gegen einen Papst vorzugehen wagen würde, dem ein Konzil in feierlicher und autoritativer Form Unfehlbarkeit zugesprochen hatte. In Wirklichkeit beschleunigte das Unfehlbarkeitsdogma den Zusammenbruch der weltlichen Herrschaft des Papstes, da in den europäischen Regierungen nun auch die mit dem Katholizismus sympathisierenden Kräfte nicht mehr zur Unterstützung eines Kirchenstaats bereit waren. Nachdem in Italien der Ruf nach Rom als Hauptstadt des Königreichs immer lauter geworden war, marschierten im September 1870 die Regierungstruppen in die Ewige Stadt ein.

König Vittorio Emanuele II. bezog im Juli 1871 den Palazzo del Quirinale, der den Päpsten lange als Sommerresidenz gedient hatte und heute Amtssitz des italienischen Staatspräsidenten ist. Papst Pius IX. blieb keine andere Wahl, als unter Protest den Rückzug in den Vatikan anzutreten. In einem Garantiegesetz wurde ihm neben der uneingeschränkten Ausübung der geistlichen Herrschaft auch die Verfügungsgewalt über den Vatikan, den Lateran und die Sommerresidenz Castel Gandolfo zugesichert. Es handelte sich um eine einseitige Regelung seitens des Staates, da sich Pius IX. als Gefangener im Vatikan betrachtete und den Abschluss eines formellen Vertrags mit dem Königshaus ablehnte. Zudem untersagte er den Gläubigen die Beteiligung an italienischen Parlamentswahlen.

Die Römische Frage blieb über einen Zeitraum von fast 60 Jahren ein ungeklärtes Konfliktthema zwischen den Päpsten und der italienischen Monarchie. Eine Lösung wurde erst 1929 durch die Lateranverträge mit dem Staat ausgehandelt, in dem mittlerweile die Faschisten das Sagen hatten. Benito Mussolini war an einer Aussöhnung mit dem Papsttum interessiert, um sich des Wohlwollens der im Volk einflussreichen Kirche zu versichern und den neuen politischen Verhältnissen Anerkennung zu verschaffen.

Die Lateranverträge beinhalten ein Konkordat, das den Katholizismus zur Staatsreligion in Italien erklärt, und eine auf dem Garantiegesetz von 1871 basierende Vereinbarung, die dem Papst die Unabhängigkeit als Oberhaupt der Kirche zusichert und das Territorium rund um den Petersdom zum souveränen Staat der Vatikanstadt erhebt. Mit einer Grundfläche von nicht einmal einem halben Quadratkilometer handelt es sich um den kleinsten allgemein anerkannten Staat der Welt. Ergänzend umfasst das Vertragswerk eine Finanzkonvention, in der Entschädigungszahlungen für die mit der Auflösung des Kirchenstaats verbundenen territorialen Verluste vereinbart wurden. Im Gegenzug verzichtete der Heilige Stuhl auf die Gebiete des alten Kirchenstaats und erkannte Rom als italienischen Regierungssitz an.

Mit den Lateranverträgen von 1929 fand eine Entwicklung der stadtrömischen Kirche ihren vorläufigen Abschluss, die sich die ersten Christen in der Ewigen Stadt in ihren kühnsten Träumen nicht hätten ausmalen können. Am Anfang standen kleine Hausgemeinden, die sich bis zur Konstantinischen Wende immer wieder der Kriminalisierung und Verfolgung durch die Staatsorgane ausgesetzt sahen.

Papst Pius IX. setzte das Unfehlbarkeitsdogma durch, Gemälde von 1853.

Im Mittelalter wurden die Päpste selbst zu weltlichen Herrschern und das christianisierte Rom zur Hauptstadt eines Kirchenstaats von beträchtlicher Ausdehnung. Mit dessen Zerschlagung im Zuge der nationalen Einigung Italiens wurde ein neues faszinierendes Kapitel der römischen Kirchengeschichte aufgeschlagen. Die Gründung eines souveränen Staats der Vatikanstadt, der kaum größer als 60 Fußballfelder ist und doch ständige diplomatische Vertretungen in etwa 180 Ländern rund um den Globus unterhält, markiert das einstweilige Ende des aufregenden Wegs der Christen in Rom durch die Geschichte.

LITERATURVERZEICHNIS

Übergreifende Publikationen zur Geschichte, Religion und Kultur des antiken Rom

- Bogen, Steffen/Thürlemann, Felix: Rom. Eine Stadt in Karten von der Antike bis heute, Darmstadt 2009.
- Clauss, Manfred: Die römischen Kaiser. 55 historische Portraits von Caesar bis Iustinian, München 2005.
- Coarelli, Filippo: Rom. Der archäologische Führer, Darmstadt 2013.
- Friedlaender, Ludwig: Sittengeschichte Roms, Essen 1996 (Reprint).
- Gatz, Erwin: Roma Christiana. Vatikan – Rom – römisches Umland. Ein kunst- und kulturgeschichtlicher Führer, Darmstadt ³2008.
- Johrendt, Jochen/Schmitz-Esser, Romedio (Hg.): Rom – Nabel der Welt. Macht, Glaube, Kultur von der Antike bis heute, Darmstadt 2010.
- Keresztes, P.: The Imperial Roman Government and the Christian Church. I. From Nero to the Severi, in: Aufstieg und Niedergang der römischen Welt II.23.1 (1979), 247–315.
- Kolb, Franz: Rom. Die Geschichte der Stadt in der Antike, München ²2002.
- Ders.: Das antike Rom. Geschichte und Archäologie, München 2007.
- Lampe, Peter: Die stadtrömischen Christen in den ersten beiden Jahrhunderten. Untersuchungen zur Sozialgeschichte, Tübingen ²1989.
- Latte, Karl: Römische Religionsgeschichte, München ²1967.
- Ritter, Adolf Martin: Kirchen- und Theologiegeschichte in Quellen Bd. 1. Alte Kirche, Neukirchen-Vluyn ⁸2004.
- Rüpke, Jörg: Römische Religion in republikanischer Zeit, Darmstadt 2014.

1. Der Zauber der Ewigen Stadt

- Dupont, Florence: Rom – Stadt ohne Ursprung. Gründungsmythos und römische Identität, Darmstadt 2013.
- Lörsch, Simon/Neumann, Constanze (Hg.): Rom. Ein literarischer Streifzug, Frankfurt a. M. 2011.
- Strasburger, Hermann: Zur Sage von der Gründung Roms, Heidelberg 1968.
- Waiblinger, Franz Peter (Hg.): Rom. Ein literarischer Reiseführer, Darmstadt 2009.
- Zwierlein, Otto: Die Wölfin und die Zwillinge in der römischen Historiographie, Paderborn 2003.

2. Die Anfänge des Christentums in Rom

- Alvarez Cineira, David: Die Religionspolitik des Kaisers Claudius und die paulinische Mission, Freiburg 1999.
- Botermann, Helga: Das Judenedikt des Kaisers Claudius. Römischer Staat und Christiani im 1. Jahrhundert, Stuttgart 1996.
- Cappelletti, Silvia: The Jewish Community of Rome. From the Second Century B.C. to the Third Century C.E., Leiden/Boston 2006.
- Donfried, Karl P./Richardson, Peter (Hg.): Judaism and Christianity in First-Century Rome, Grand Rapids/Cambridge 1998.
- Förster, Hans: Der Aufenthalt von Priska und Aquila in Ephesus und die juristischen Rahmenbedingungen ihrer Rückkehr nach Rom, in: Zeitschrift für die neutestamentliche Wissenschaft und die Kunde der älteren Kirche 105 (2014), 189–227.
- Klauck, Hans-Josef: Hausgemeinde und Hauskirche im frühen Christentum, Stuttgart 1981.
- Lampe, Peter: Urchristliche Missionswege nach Rom. Haushalte paganer Herrschaft als jüdisch-christliche Keimzellen, in: Zeitschrift für die neutestamentliche Wissenschaft und die Kunde der älteren Kirche 92 (2001), 123–127.
- Stegemann, Ekkehard W./Brändle, Rudolf: Die Entstehung der ersten christlichen Gemeinde Roms im Kontext der jüdischen Gemeinden, in: New Testament Studies 42 (1996), 1–11.
- Wolter, Michael: Der Brief an die Römer (Teilband 1: Röm 1–8), Neukirchen-Vluyn/Ostfildern 2014.

3. Die Christenverfolgung unter Nero

- Betz, Hans Dieter: Der Apostel Paulus in Rom, Berlin/Boston 2012.
- Buckley, Emma (Hg.): A Companion to the Neronian Age, Chichester 2013.
- Elbern, Stephan: Nero. Kaiser, Künstler, Antichrist, Mainz 2010.
- Heid, Stefan (Hg.): Petrus und Paulus in Rom. Eine interdisziplinäre Debatte, Freiburg 2011.
- Krüger, Julian: Nero. Der römische Kaiser und seine Zeit, Köln u. a. 2012.
- Liverani, Paolo/Spinola, Giandomenico/Zander, Pietro: Die Nekropolen im Vatikan, Stuttgart 2010.
- Thümmel, Hans Georg: Die Memorien für Petrus und Paulus in Rom. Die archäologischen Denkmäler und die literarische Tradition, Berlin/New York 1999.
- Zangenberg, Jürgen: Gebeine des Apostelfürsten? Zu den angeblich frühchristlichen Gräbern unter der Peterskirche in Rom, in: Jürgen Zangenberg/Michael Labahn (Hg.), Christians as a Religious Minority in a Multicultural City. Modes on Interaction and Identity Formation in Early Imperial Rome, London/New York 2004, 108–138.
- Zwierlein, Otto: Petrus in Rom: Die literarischen Zeugnisse, Berlin/New York 2009.
- Ders.: Petrus und Paulus in Jerusalem und Rom, Berlin/Boston 2013.

4. Alltagsleben im antiken Rom

- Alföldy, Géza: Römische Sozialgeschichte, Stuttgart ⁴2011.
- André, Jacques: Essen und Trinken im alten Rom, Stuttgart 1998.
- Angela, Alberto: Ein Tag im Alten Rom. Alltägliche, geheimnisvolle und verblüffende Tatsachen, München 2011.
- Della Portella, Ivana: Das unterirdische Rom. Katakomben, Bäder, Tempel, Köln 2000.
- Geist, Hieronymus/Pfohl, Gerhard: Römische Grabinschriften, München ²1979.
- Jacques, François/Scheid, John: Rom und das Reich in der hohen Kaiserzeit (44 v. Chr.–260 n. Chr.). Band I: Die Struktur des Reiches, Stuttgart 1998.
- James, Simon: Rom und das Schwert. Wie Krieger und Waffen die römische Geschichte prägten, Darmstadt 2013.
- Kolb, Anne/Fugmann, Joachim: Tod in Rom. Grabinschriften als Spiegel römischen Lebens, Darmstadt 2008.
- König, Ingemar: Vita Romana. Vom täglichen Leben im alten Rom, Darmstadt 2004.
- Künzl, Ernst: Die Thermen der Römer, Darmstadt 2013.
- Mann, Christian: Die Gladiatoren, München 2013.
- Paoli, Ugo Enrico: Das Leben im alten Rom, Bern ³1979.
- Ramage, Nancy H./Ramage, Andrew: Das Alte Rom. Leben und Alltag, Darmstadt 2012.
- Schlott, Karin: Brot und Spiele. Alltag im Alten Rom, Stuttgart 2014.
- Weeber, Karl-Wilhelm: Luxus im alten Rom. Die öffentliche Pracht, Darmstadt 2006.
- Ders.: Alltag im Alten Rom. Das Leben in der Stadt, Mannheim ⁴2011.
- Wohlmayr, Wolfgang: Die römische Kunst. Ein Handbuch, Darmstadt 2011.

5. Das Christentum unter der Flavierdynastie und den Adoptivkaisern

- Bammel, Caroline P.: Justin der Märtyrer, in: Greschat, Martin (Hg.), Gestalten der Kirchengeschichte Bd. I, Alte Kirche I, Stuttgart 1984, 51–68.
- Bengtson, Hermann: Die Flavier. Vespasian, Titus, Domitian. Geschichte eines römischen Kaiserhauses, München 1979.
- Brox, Norbert: Der Hirt des Hermas, Göttingen 1991.
- Jones, Brian W.: The Emperor Domitian, London/New York 1992.
- Körtner, Ulrich H./Leutzsch, Hermann (Hg.): Papiasfragmente. Hirt des Hermas, Darmstadt 1998.
- Lona, Horacio E.: Der erste Clemensbrief, Göttingen 1998.
- Markschies, Christoph: Valentinus Gnosticus? Untersuchungen zur valentinianischen Gnosis mit einem Kommentar zu den Fragmenten Valentins, Tübingen 1992.

- Osborn, Eric Francis: Justin Martyr, Tübingen 1973.
- Pfeiffer, Stefan: Die Zeit der Flavier. Vespasian – Titus – Domitian, Darmstadt 2009.
- Wehnert, Jürgen (Hg.): Pseudoklementinische Homilien, Göttingen 2010.
- Ders. (Hg.): Der Klemensroman, Göttingen 2015.

6. Der Häretiker Markion

- Beyschlag, Karlmann: Marcion von Sinope, in: Greschat, Martin (Hg.), Gestalten der Kirchengeschichte Bd. I, Alte Kirche I, Stuttgart 1984, 69–81.
- Harnack, Adolf: Das Evangelium vom fremden Gott. Eine Monographie zur Geschichte der Grundlegung der katholischen Kirche, Leipzig ²1924.
- Kinzig, Wolfram: Harnack, Marcion und das Judentum. Nebst einer kommentierten Edition des Briefwechsels Adolf von Harnacks mit Houston Stewart Chamberlain, Leipzig 2004.
- Klinghardt, Matthias: Das älteste Evangelium und die Entstehung der kanonischen Evangelien, 2 Bde., Tübingen 2015.
- May, Gerhard/Greschat, Katharina (Hg.): Marcion und seine kirchengeschichtliche Wirkung – Marcion and His Impact on Church History, Berlin/New York 2002.
- Moll, Sebastian: The Arch-Heretic Marcion, Tübingen 2010.
- Schmid, Ulrich: Marcion und sein Apostolos, Berlin/New York 1995.

7. Die römische Gemeinde in der Zeit um 200

- Baruffa, Antonio: Die Katakomben San Callisto. Geschichte – Archäologie – Glaube, Rom 1992.
- Bertonière, Gabriel: The Cult center of the Martyr Hippolytus on the Via Tiburtina, Oxford 1985.
- Brent, Allen: Hippolytus and the Roman Church in the Third Century. Communities in Tension before the Emergence of a Monarch-Bishop, Leiden 1995.
- Gero, Stephen: Galen on the Christians. A Reappraisal of the Arabian Evidence, in: Orientalia Christiana Periodica 56 (1990), 371–411.
- Gülzow, Henneke: Kallist von Rom. Ein Beitrag zur Soziologie der römischen Gemeinde, in: Zeitschrift für die neutestamentliche Wissenschaft und die Kunde der älteren Kirche 58 (1967), 102–121.
- Huber, Wolfgang: Passa und Ostern. Untersuchungen zur Osterfeier der alten Kirche, Berlin 1969.
- Koch, Hugo: Kallist und Tertullian. Ein Beitrag zur Geschichte der altchristlichen Bußstreitigkeiten und des römischen Primats, Heidelberg 1920.
- Löhr, Winrich A.: Theodotus der Lederarbeiter und Theodotus der Bankier – ein Beitrag zur römischen Theologiegeschichte des zweiten und dritten Jahrhunderts, in: Zeitschrift für die neutestamentliche Wissenschaft und die Kunde der älteren Kirche 87 (1996), 101–125.
- Walzer, Richard: Galen on Jews and Christians, Oxford/London 1949.

8. Verfolgung und Martyrium unter den Soldatenkaisern

- Gülzow, Henneke: Cyprian und Novatian. Der Briefwechsel zwischen den Gemeinden in Rom und Karthago zur Zeit der Verfolgung des Kaisers Decius, Tübingen 1975.
- Haendler, Gert: Der Ketzertaufstreit als ökumenisches Problem, in: ders., Die Rolle des Papsttums in der Kirchengeschichte bis 1200, Göttingen 1993, 49–68.
- Kolb, Franz: Diocletian und die Erste Tetrarchie. Improvisation oder Experiment in der Organisation monarchischer Herrschaft?, Berlin/New York 1987.
- Körner, Christian: Philippus Arabs. Ein Soldatenkaiser in der Tradition des antoninisch-severischen Prinzipats, Berlin/New York 2002.
- Molthagen, Joachim: Der römische Staat und die Christen im zweiten und dritten Jahrhundert, Göttingen ²1975.
- Sommer, Michael: Die Soldatenkaiser, Darmstadt ³2014.
- Vogt, Hermann Josef: Coetus sanctorum. Der Kirchenbegriff des Novatian und die Geschichte seiner Sonderkirche, Bonn 1968.

9. Die Christianisierung Roms durch Konstantin den Großen

- Bella, Francesco/Azzi, Carlo: ^{14}C Dating of the „Titulus Crucis", in: Radiocarbon 44 (2002), 685–689.
- Brandenburg, Hugo: Die frühchristlichen Kirchen Roms vom 4. bis zum 7. Jahrhundert, Regensburg 2004.
- Clauss, Manfred: Konstantin der Große und seine Zeit, München 1996.
- Diefenbach, Steffen: Römische Erinnerungsräume. Heiligenmemoria und kollektive Identitäten im Rom des 3. bis 5. Jahrhunderts n. Chr., Berlin/New York 2007.
- Fried, Johannes: Donation of Constantine and Constitutum Constantini, Berlin/New York 2007.
- Girardet, Klaus Martin: Die konstantinische Wende. Voraussetzungen und geistige Grundlagen der Religionspolitik Konstantins des Großen, Darmstadt ²2007.
- Keil, Volkmar: Quellensammlung zur Religionspolitik Konstantins des Großen, Darmstadt 1989.
- Klug, Stefan: Alexandria und Rom. Die Geschichte der Beziehungen zweier Kirchen in der Antike, Münster 2014, 175–278.
- Piepenbrink, Karin: Konstantin der Große und seine Zeit, Darmstadt 2002.
- Rosen, Klaus: Konstantin der Große. Kaiser zwischen Machtpolitik und Religion, Stuttgart 2013.
- Skeat, Theodore C.: The Codex Sinaiticus, the Codex Vaticanus and Constantine, in: Journal of Theological Studies 50 (1999), 583–625.
- Wallraff, Martin: Sonnenkönig der Spätantike. Die Religionspolitik Konstantins des Großen, Freiburg 2013.

10. Leo der Große und die Entwicklung des Papsttums

- Haendler, Gert: Überblick über die Geschichte des Papsttums von den Anfängen bis zur Weltmacht um 1200, in: ders., Die Rolle des Papsttums in der Kirchengeschichte bis 1200, Göttingen 1993, 17–36.
- Klug, Stefan: Alexandria und Rom. Die Geschichte der Beziehungen zweier Kirchen in der Antike, Münster 2014, 279–488.
- Krannich, Torsten: Von Leporius bis zu Leo dem Großen. Studien zur lateinischsprachigen Christologie im fünften Jahrhundert nach Christus, Tübingen 2005.
- Lippold, Adolf: Ursinus und Damasus, in: Historia 14 (1965), 105–128.
- Reutter, Ursula: Damasus – Bischof von Rom (366–384). Leben und Werk, Tübingen 2009.
- Schimmelpfennig, Bernhard: Das Papsttum. Von der Antike bis zur Renaissance, Darmstadt ⁶2009.
- Wessel, Susan: Leo the Great and the Spiritual Rebuilding of a Universal Rome, Leiden 2008.
- Wojtowytsch, Myron: Papsttum und Konzile von den Anfängen bis zu Leo I. (440–461), Stuttgart 1981.

11. Von der Spätantike in die Gegenwart

- Fuhrmann, Horst: Die Päpste. Von Petrus bis Benedikt XVI., München 2012.
- Hasler, August Bernhard: Pius IX. (1846–1878). Päpstliche Unfehlbarkeit und 1. Vatikanisches Konzil. Dogmatisierung und Durchsetzung einer Ideologie, 2 Bde., Stuttgart 1977.
- Ders.: Wie der Papst unfehlbar wurde, München ²1980.
- Heather, Peter: Die Wiedergeburt Roms. Päpste, Herrscher und die Welt des Mittelalters, Darmstadt 2014.
- König, Ingemar: Die Spätantike, Darmstadt ²2013.
- Krautheimer, Richard: Rom. Schicksal einer Stadt (312–1308), München ³2004.
- Krüger, Jürgen/Wallraff, Martin: Luthers Rom. Die Ewige Stadt in der Renaissance, Darmstadt ²2015.
- Kulikowski, Michael, Die Goten vor Rom, Stuttgart 2009.
- Lill, Rudolf: Geschichte Italiens in der Neuzeit, Darmstadt ⁴1988.
- Schumann, Reinhold: Geschichte Italiens, Stuttgart 1983.

1000 v. Chr. – 100 n. Chr.

- **um 1000 v. Chr.** Erste Hüttensiedlungen auf dem Palatin, Kapitol und Quirinal
- **753 v. Chr.** Legendäre Gründung Roms durch Romulus
- **264–241 v. Chr.** Erster Punischer Krieg
- **218–201 v. Chr.** Zweiter Punischer Krieg
- **149–146 v. Chr.** Dritter Punischer Krieg mit Zerstörung Karthagos
- **146 v. Chr.** Sieg Roms über den Achäischen Bund
- **60 v. Chr.** Erstes Triumvirat (Pompeius, Crassus, Cäsar)
- **44 v. Chr.** Ermordung von Julius Cäsar
- **43 v. Chr.** Zweites Triumvirat (Marcus Antonius, Octavian, Lepidus)
- **30 v. Chr. – 68 n. Chr.** Julisch-claudisches Kaisertum: Octavian Augustus (30 v. Chr. – 14 n. Chr.), Tiberius (14–37), Caligula (37–41), Claudius (41–54), Nero (54–68)
- **ca. 4 v. Chr. – 30 n. Chr.** Jesus von Nazareth
- **um 40 n. Chr.** Erste christliche Hausgemeinden in Rom
- **49 n. Chr.** Judenedikt des Claudius. Vertreibung von Aquila und Priscilla aus Rom
- **56 n. Chr.** Abfassung des paulinischen Römerbriefs in Korinth
- **um 62 n. Chr.** Enthauptung des Paulus in Rom
- **64 n. Chr.** Brand Roms und Christenverfolgungen Neros. Mutmaßlicher Märtyrertod des Petrus
- **69 n. Chr.** Vierkaiserjahr (Otho, Vitellius, Galba, Vespasian)
- **69–96 n. Chr.** Flavisches Kaisertum: Vespasian (69–79), Titus (79–81), Domitian (81–96)
- **um 70 n. Chr.** Abfassung des Markusevangeliums (evtl. in Rom)
- **um 95 n. Chr.** Abfassung des 1. Petrusbriefs (evtl. in Rom) und des 1. Clemensbriefs. Zwangsmaßnahmen Domitians gegen vermutlich christliche Angehörige der stadtrömischen Oberschicht

100 n. Chr. – 255. n. Chr.

- **96–180** Adoptivkaisertum: Nerva (96–98), Trajan (98–117), Hadrian (117–138), Antoninus Pius (138–161), Mark Aurel (161–180)
- **um 110** Römerbrief und Martyrium des Ignatius von Antiochia in Rom
- **um 140** Abfassung des „Hirt des Hermas“ in Rom
- **140–144** Zugehörigkeit Markions zur stadtrömischen Kirche; danach Entstehung der markionitischen Gegenkirche
- **ca. 140–160** Wirken des „Gnostikers“ Valentin in Rom
- **ca. 150–165** Christliche Philosophenschule Justins in Rom
- **180–192** Kaiser Commodus
- **189–199** Bischof Victor. Osterfeststreit zwischen Rom und Kleinasien
- **193–235** Severische Kaiserdynastie: Septimius Severus (193–211), Caracalla (211–217), Elagabal (218–222), Severus Alexander (222–235)
- **199–219** Bischof Zephyrin. Exkommunikation der Theodotianer und Entstehung der theodotianischen Gegenkirche
- **um 200** Entstehung des ältesten erhaltenen Kanonverzeichnisses (Kanon Muratori) und vorläufiger Abschluss des neutestamentlichen Bibelkanons. Erstmalige Erwähnung stadtrömischer Gedenkstätten für Petrus und Paulus
- **219** Wahl Kallists zum Bischof von Rom. Gründung einer Gegenkirche durch den bei der Wahl unterlegenen Hippolyt
- **235** Maximinus Thrax (235–238) läutet das Zeitalter der Soldatenkaiser ein.
- **248** Tausendjahrfeier Roms unter Kaiser Philipp Arabs
- **249–251** Christenverfolgung unter Kaiser Decius. Märtyrertod des Bischofs Fabian von Rom
- **251** Novatian unterliegt Cornelius bei der Bischofswahl in Rom und gründet eine Gegenkirche.
- **um 255** Ketzertaufstreit zwischen Bischof Cyprian von Karthago und Bischof Stephan von Rom

255 n. Chr. – 400 n. Chr.

- **257–260** Christenverfolgung durch Kaiser Valerian. Märtyrertod der Bischöfe Cyprian von Karthago und Sixtus II. von Rom sowie des römischen Diakons Laurentius
- **260–269** Bischof Dionysios von Rom. Auseinandersetzung mit Dionysios von Alexandria um die Trinitätslehre
- **284–305** Kaiser Diokletian. Beginn umfassender Reformen im Römischen Reich
- **286** Ernennung von Maximian zum Mitregenten Diokletians
- **293** Einführung des Herrschaftssystems der Tetrarchie. Neben die Augusti Diokletian und Maximian rücken die Cäsaren Konstantius Chlorus und Galerius.
- **303** Beginn der großen Christenverfolgung unter Diokletian
- **311** Das Toleranzedikt des Galerius erhebt das Christentum zur geduldeten Religion.
- **312** Zerfall der Tetrarchie. Sieg Konstantins über Maxentius in der Schlacht an der Milvischen Brücke. Beginn des Donatistenstreits in Nordafrika
- **313** Mailänder Erklärung von Konstantin und Licinius
- **315** Einweihung des Konstantinsbogens in Rom
- **324** Sieg Konstantins über Licinius und Beginn seiner Alleinherrschaft über das Reich
- **325** Konzil von Nizäa
- **330** Konstantin lässt anlässlich der Einweihung Konstantinopels 50 Bibeln, darunter auch den späteren Kodex Vaticanus, auf Staatskosten anfertigen.
- **337** Tod Konstantins und Aufteilung des Reichs unter seine Söhne Konstantius II. (337–361), Konstantin II. (337–340) und Konstans (337–350)
- **339/40** Flucht des Athanasius von Alexandria nach Rom. Gescheiterter Versuch von Bischof Julius, durch Einberufung einer Synode in Rom den innerkirchlichen Streit um Athanasius beizulegen
- **355** Verbannung von Bischof Liberius von Rom durch Kaiser Konstantius II. wegen seines Eintretens für Athanasius und das Bekenntnis von Nizäa
- **366–384** Bischof Damasus von Rom. Ausgestaltung der Petrusidee und Intensivierung römischer Primatsansprüche
- **380** Erhebung des Christentums zur Staatsreligion und Verbot aller paganen Kulte durch Kaiser Theodosius
- **381** Konzil von Konstantinopel. Ende des Arianischen Streits

seit 400 n. Chr.

- **410** Eroberung Roms durch die Goten
- **422–432** Bischof Coelestin von Rom. Briefwechsel mit Nestorius und Kyrill von Alexandria (ab 428). Verurteilung des Nestorius in Rom
- **431** Konzil von Ephesus. Erster Höhepunkt des Nestorianischen Streits
- **440–461** Bischof Leo von Rom als eigentlicher Begründer des Papsttums
- **449** „Räubersynode" von Ephesus mit Rehabilitierung des Eutyches
- **451** Konzil von Chalcedon. Beendigung des Nestorianischen bzw. Eutychianischen Streits. Aufnahme von Leos Lehrbrief in die amtlichen Bekenntnisdokumente
- **455** Eroberung Roms durch die Vandalen
- **476** Absetzung des letzten weströmischen Kaisers
- **482–519** Schisma zwischen Rom und der Ostkirche wegen der faktischen Aufhebung des Bekenntnisses von Chalcedon durch Kaiser Zeno
- **756** Begründung des Kirchenstaats durch die Pippinische Schenkung
- **um 850** Fälschung der Urkunde über die angebliche Konstantinische Schenkung (*Constitutum Constantini*)
- **1054** Endgültiger Bruch zwischen den Kirchen Roms und Konstantinopels
- **1506** Beginn der Bauarbeiten am neuen Petersdom
- **1511** Romreise Martin Luthers
- **1626** Einweihung des neuen Petersdoms
- **1861** Gründung des Königreichs Italien und Reduktion des Kirchenstaates auf Rom und Latium
- **1870** Erstes Vatikanisches Konzil mit Festschreibung des Dogmas von der Unfehlbarkeit des Papstes in Glaubens- und Sittenfragen. Einmarsch der italienischen Regierungstruppen in Rom
- **1871** Rom wird zur Residenz von König Vittorio Emanuele II. und Hauptstadt Italiens. Auflösung des Kirchenstaats und unfreiwilliger Rückzug von Papst Pius IX. in den Vatikan
- **1929** Lateranverträge zwischen dem Heiligen Stuhl und dem Königreich Italien mit Festschreibung des souveränen Staats der Vatikanstadt

BILDNACHWEIS

Titelbild: akg-images/North Wind Picture Archives

akg-images: 6, 17, 34, 35, 37, 40, 50, 52, 58, 59, 61, 85, 88, 91, 95, 99, 100, 112, 116, 118, 135, 145, 151, 162, 169; akg-images/Erich Lessing: 11, 19, 21, 26/27, 28, 53, 57, 63, 64/65 o., 83, 105, 121, 130/131, 144; akg-images/De Agostini Picture Lib.: 2, 62, 72, 128, 155, 158; akg/North Wind Picture Archives: 12, 36, 38/39; IAM/akg-images: 15; akg-images/bilwissedition: 18, 114, 120; Yvan Travert/akg-images: 20; akg-images/Gerard Degeorge: 24; akg-images/Album/M.G.M: 30; akg/Bildarchiv Steffens: 32, 137; akg-images/MPortfolio/Electa: 42; 65 u.; akg-images/Jean-Claude Varga: 46/47; akg-images/Leo G. Linder: 49; akg-images/Gilles Mermet: 56, 71; akg-images/Werner Forman: 68/69; akg-images/Bildarchiv Monheim/Schütze/Rodemann: 70; akg-images/André Held: 76, 81; akg-images/Bible Land Pictures: 78, 92/93, 102, 148/149; akg-images/Cameraphoto: 80, 124; akg-images/François Guénet: 86, 129; picture alliance/Mary Evans Picture Library: 90, 122; akg-images/Album/Documenta: 96, 163; Bernard Bonnefon/akg-images: 103; akg/Science Photo Library: 107; akg-images/Album/Prisma: 108/109, 138/139, 154, 156; akg-images/Album: 132; akg-images/Album / Oronoz: 134, 171; akg-images/Mondadori Portfolio/Arnaldo Vescovo: 142; akg-images/Pictures From History: 159, 160; akg-images/VISIOARS: 166; Wikimedia Commons: 75 © Sailko, 111 © Bernard Chenal, 141 © Livioandronico2013; public domain: 8, 146, 152; fotolia: 14 © Olexandr, 31 © robiuankenobi, 41 © Gina Sanders, 44/45 © Blickfang, 67 © scaliger, 126 © fusolino, 136 © jarek106, 164 © sborisov, 167 © Fyle; Palm Verlag: 74

Karten: Palm Verlag

IMPRESSUM

Der Palm Verlag ist ein Imprint des Elsengold Verlages, Berlin.

Gestaltung und Satz: Felgner & Zierke, Berlin
Printed in Slovenia
ISBN 978-3-944594-54-5
Besuchen Sie uns im Internet: www.palmverlag.de